学习新思想

冯俊/著

人民出版社

责任编辑:洪　琼
版式设计:顾杰珍

图书在版编目(CIP)数据

学习新思想/冯俊 著. —北京:人民出版社,2019.6
ISBN 978－7－01－020762－9

Ⅰ.①学⋯　Ⅱ.①冯⋯　Ⅲ.①中国特色-社会主义建设模式-研究
Ⅳ.①D616

中国版本图书馆 CIP 数据核字(2019)第 081826 号

学习新思想
XUEXI XIN SIXIANG

冯　俊　著

人 民 出 版 社 出版发行
(100706　北京市东城区隆福寺街 99 号)

中煤(北京)印务有限公司印刷　新华书店经销

2019 年 6 月第 1 版　2019 年 6 月北京第 1 次印刷
开本:710 毫米×1000 毫米 1/16　印张:19.5
字数:300 千字　印数:00,001—15,000 册

ISBN 978－7－01－020762－9　定价:49.00 元

邮购地址 100706　北京市东城区隆福寺街 99 号
人民东方图书销售中心　电话 (010)65250042　65289539

目　录

一、坚持和发展中国特色社会主义

二、新时代　新担当

三、将改革开放进行到底

四、不忘初心、牢记使命

五、新的伟大工程

六、信仰　信念　信心

七、构建人类命运共同体

一、坚持和发展中国特色社会主义

坚持和发展中国特色社会主义的新篇章

党的十九大是在全面建成小康社会决胜阶段、中国特色社会主义进入新时代的关键时期召开的一次十分重要的大会。习近平同志在大会上作了题为《决胜全面建成小康社会　夺取新时代中国特色社会主义伟大胜利》的报告。高举中国特色社会主义伟大旗帜、坚持和发展中国特色社会主义作为一条主线贯穿报告的始终，展示了党的十八大以来，以习近平同志为核心的党中央引领新时代中国特色社会主义实践创新和理论创新的成果。习近平新时代中国特色社会主义思想是马克思主义中国化、21世纪中国马克思主义原创性的理论成果，是全党全国人民为实现中华民族伟大复兴而奋斗的行动指南，是我们党必须长期坚持的指导思想。

一、坚持和发展中国特色社会主义是新时代的主题

中国特色社会主义是改革开放以来党的全部理论和实践的主题。改革开放以来，历次党代会的主题都是围绕着"中国特色社会主义"展开而且不断深化。随着中国特色社会主义伟大实践的不断推进和深入，中国特色社会主义的理论创新也在不断前进和发展。党的十九大高举中国特色社会主义伟大旗帜，坚持和发展中国特色社会主义，拓展和深化了这一主题。

邓小平同志在党的十二大上第一次提出"把马克思主义的普遍真理同我国的具体实际结合起来，走自己的道路，建设有中国特色的社会主义"①。党的十三大的中心任务是加快和深化改革，保证我们沿着有中国特色的社

---

① 邓小平：《中国共产党第十二次全国代表大会开幕词》，《邓小平文选》第三卷，人民出版社1993年10月版，第3页。

会主义道路继续前进。在 1992 年邓小平同志南方谈话之后,党的十四大的任务是,以邓小平同志建设有中国特色社会主义的理论为指导,认真总结十一届三中全会以来 14 年的实践经验,确定今后一个时期的战略部署,动员全党同志和全国各族人民,进一步解放思想,把握有利时机,加快改革开放和现代化建设步伐,夺取有中国特色社会主义事业的更大胜利。党的十五大是在世纪之交承前启后继往开来的一次大会,大会的主题是,高举邓小平理论伟大旗帜,把建设有中国特色社会主义事业全面推向 21 世纪。党的十六大是我们党在新世纪召开的第一次全国代表大会,大会的主题是:高举邓小平理论伟大旗帜,全面贯彻"三个代表"重要思想,继往开来,与时俱进,全面建设小康社会,加快推进社会主义现代化,为开创中国特色社会主义事业新局面而奋斗。党的十七大是在我国改革发展关键阶段召开的一次十分重要的大会,大会的主题是:高举中国特色社会主义伟大旗帜,以邓小平理论和"三个代表"重要思想为指导,深入贯彻落实科学发展观,继续解放思想,坚持改革开放,推动科学发展,促进社会和谐,为夺取全面建设小康社会新胜利而奋斗。

党的十八大是在我国进入全面建成小康社会决定性阶段召开的一次十分重要的大会,大会的主题是:高举中国特色社会主义伟大旗帜,以邓小平理论、"三个代表"重要思想、科学发展观为指导,解放思想,改革开放,凝聚力量,攻坚克难,坚定不移沿着中国特色社会主义道路前进,为全面建成小康社会而奋斗。

党的十九大,习近平同志在报告中指出,"大会的主题是:不忘初心,牢记使命,高举中国特色社会主义伟大旗帜,决胜全面建成小康社会,夺取新时代中国特色社会主义伟大胜利,为实现中华民族伟大复兴的中国梦不懈奋斗"[①]。报告深刻阐述了 5 年来党和国家事业取得的历史性成就和发生的历史性变革,回顾和总结了党的十八大以来坚持和发展中国特色社会主义的历史进程和宝贵经验,深刻阐述了共产党人统揽"四个伟大"新的历史

---

① 习近平:《决胜全面建成小康社会 夺取新时代中国特色社会主义伟大胜利——在中国共产党第十九次全国代表大会上的报告》(2017 年 10 月 18 日),人民出版社 2017 年 10 月版,第 1 页。

使命和在新的历史条件下坚持和发展中国特色社会主义的一系列重大理论和实践问题,科学分析了当前国际国内形势,对于我们所处历史方位作出了科学的判断,宣示我们已经进入中国特色社会主义新时代,揭示了新时代中国特色社会主义思想的精神实质和丰富内涵,描画了实现"两个一百年"奋斗目标的基本路径和发展阶段,深刻阐明了未来一个时期党和国家事业发展的行动纲领和大政方针,提出了一系列新的重要思想、重要观点、重大判断、重大举措,具有很强的思想性、战略性、前瞻性、指导性。

二、中国特色社会主义进入新时代是对历史方位的新判断

党的十九大报告指出:"经过长期努力,中国特色社会主义进入了新时代,这是我国发展新的历史方位。"①

中国特色社会主义的发展是连续性和阶段性相统一的过程。我国社会主义初级阶段不是永远停留在一个水平上,而是不断发展、持续前进、步步登高的过程。由于社会条件、面临的矛盾问题、所确定的目标任务等的变化,必然形成不同的阶段性特征。我国实行改革开放、走中国特色社会主义道路近40年,世情、国情、党情、民情都发生了新变化,进入中国特色社会主义新时代,我们要充分认识和把握新的历史方位和新的时代特征。

新的历史方位的判断使我们认识到,中国特色社会主义新时代有"一个变化,两个没有改变",那就是"我国社会主要矛盾的变化,没有改变我们对我国社会主义所处历史阶段的判断,我国仍处于并将长期处于社会主义初级阶段的基本国情没有变,我国是世界最大发展中国家的国际地位没有变"②。

从党的历史来看,在不同历史时期,由于社会历史条件、国际国内关系变化,国内主要矛盾就会发生变化,我们面临的形势、任务和奋斗目标也会

---

① 习近平:《决胜全面建成小康社会　夺取新时代中国特色社会主义伟大胜利——在中国共产党第十九次全国代表大会上的报告》(2017年10月18日),人民出版社2017年10月版,第10页。

② 习近平:《决胜全面建成小康社会　夺取新时代中国特色社会主义伟大胜利——在中国共产党第十九次全国代表大会上的报告》(2017年10月18日),人民出版社2017年10月版,第12页。

随之发生变化。由于面临的主要矛盾不同,革命的对象和任务不同,斗争的策略和方法也不同。

解放战争胜利后,在七届二中全会上,毛泽东同志科学地分析判断了党和国家面临的形势任务发生的新变化,提出党的工作重心由农村转移到城市,中国共产党的主要任务从革命向执政转变。

新中国成立后,我们党创造性地开辟了一条适合中国特点的社会主义改造道路,到1956年,全国绝大部分地区基本上完成了对生产资料私有制的社会主义改造,社会主义制度在我国已经基本上建立起来,这时"国内主要矛盾已经不再是工人阶级和资产阶级的矛盾,而是人民对于经济文化迅速发展的需要同当前经济文化不能满足人民需要的状况之间的矛盾;全国人民的主要任务是集中力量发展社会生产力,实现国家工业化,逐步满足人民日益增长的物质和文化需要"①。

党的十一届三中全会之后,我国实行改革开放,走上了中国特色社会主义道路,但是这时国内的主要矛盾还没有发生变化。1981年6月,党的十一届六中全会通过的《关于建国以来党的若干历史问题的决议》重申,"在社会主义改造基本完成以后,我国所要解决的主要矛盾,是人民日益增长的物质文化需要同落后的社会生产之间的矛盾。党和国家工作的重点必须转移到以经济建设为中心的社会主义现代化建设上来,大大发展社会生产力,并在这个基础上逐步改善人民的物质文化生活"②。

党的十九大根据我国发展站在新的历史起点上、中国特色社会主义进入新时代这个实际,指出我国社会主要矛盾发生了变化,这是根据国际国内发展的大势作出的新判断、进行的新概括。"中国特色社会主义进入新时代,我国社会主要矛盾已经转化为人民日益增长的美好生活需要和不平衡

---

① 《中国共产党中央委员会关于建国以来党的若干历史问题的决议》,中共中央文献研究室编:《三中全会以来重要文献选编》(下),中央文献出版社2011年6月版,第136页。

② 《中国共产党中央委员会关于建国以来党的若干历史问题的决议》,中共中央文献研究室编:《三中全会以来重要文献选编》(下),中央文献出版社2011年6月版,第168页。

不充分的发展之间的矛盾。"①

经过改革开放 40 多年的发展,首先,人民的生活水平显著提高,总体上实现小康,不久将全面建成小康社会,人民美好生活需要日益广泛,不仅对物质文化生活提出了更高要求,而且在民主、法治、公平、正义、安全、环境等方面的要求日益增长。其次,我国社会生产力水平总体上显著提高,在世界上许多方面从"跟跑"变成"并跑",并且逐渐变成"领跑",我们在许多科技领域已经是世界先进水平。社会生产能力在很多方面进入世界前列,经济实力、科技实力、文化实力、军事实力不断增强,我国经济总量稳居世界第二,对世界经济增长的贡献率达 30%。社会生产已经不再落后,目前更加突出的问题是发展不平衡不充分,这已经成为满足人民日益增长的美好生活需要的主要制约因素。

虽然我国社会主要矛盾发生了变化,但是我国仍处于并将长期处于社会主义初级阶段的基本国情没有变,我们仍然要坚持社会主义初级阶段的基本路线不动摇。

社会主义初级阶段理论的创立和发展,是中国共产党的重大理论创新。我国正处于并将长期处于社会主义初级阶段,这是我们党总结正反两方面历史经验,经过长期探索得出的基本结论。

毛泽东同志在 20 世纪 50 年代末 60 年代初研读苏联政治经济学教科书时,提出社会主义可以分为"不发达"和"比较发达"两个阶段②。邓小平同志提出"社会主义本身是共产主义的初级阶段,而我们中国又处在社会主义的初级阶段,就是不发达的阶段"③。

《关于建国以来党的若干历史问题的决议》第一次提出"我们的社会主义制度还是处于初级的阶段""我们的社会主义制度由比较不完善到比较

---

① 习近平:《决胜全面建成小康社会 夺取新时代中国特色社会主义伟大胜利——在中国共产党第十九次全国代表大会上的报告》(2017 年 10 月 18 日),人民出版社 2017 年 10 月版,第 11 页。

② 参见毛泽东:《读苏联〈政治经济学教科书〉的谈话》(节选),《毛泽东文集》第八卷,人民出版社 1999 年 6 月版,第 116 页。

③ 邓小平:《一切从社会主义初级阶段的实际出发》,《邓小平文选》第三卷,人民出版社 1993 年 10 月版,第 252 页。

完善,必然要经历一个长久的过程"①。

党的十三大报告系统地论述了社会主义初级阶段的理论和党在社会主义初级阶段的基本路线,指出我国正处在社会主义的初级阶段,这个论断包括两层含义:第一,我国社会已经是社会主义社会,我们必须坚持而不能离开社会主义。第二,我国的社会主义社会还处在初级阶段。我国社会主义的初级阶段不是泛指任何国家进入社会主义都会经历的起始阶段,而是特指我国在生产力落后、商品经济不发达条件下建设社会主义必然要经历的特定阶段。党在社会主义初级阶段的基本路线的主要内容就是"一个中心,两个基本点",即以经济建设为中心,坚持四项基本原则,坚持改革开放。党的十四大将党在社会主义初级阶段的基本路线写进了党章。

党的十五大报告再一次深入论述了社会主义初级阶段的基本路线,在党的纲领中明确提出社会主义初级阶段的科学概念,这在马克思主义历史上是第一次。社会主义的初级阶段"至少需要一百年时间。至于巩固和发展社会主义制度,那还需要更长得多的时间,需要几代人、十几代人,甚至几十代人坚持不懈地努力奋斗"②。

党的十七大报告指出,我国仍处于并将长期处于社会主义初级阶段的基本国情没有变,党的基本路线是党和国家的生命线,是实现科学发展的政治保证。十七大修订的党章对社会主义初级阶段的基本路线表述为:"中国共产党在社会主义初级阶段的基本路线是:领导和团结全国各族人民,以经济建设为中心,坚持四项基本原则,坚持改革开放,自力更生,艰苦创业,为把我国建设成为富强民主文明和谐的社会主义现代化国家而奋斗。"③

习近平同志在党的十八届中央政治局第一次集体学习时指出,"因为社会主义初级阶段是当代中国的最大国情、最大实际。我们在任何情况下

---

① 《中国共产党中央委员会关于建国以来党的若干历史问题的决议》,中共中央文献研究室编:《三中全会以来重要文献选编》(下),中央文献出版社 2011 年 6 月版,第166—167 页。

② 江泽民:《高举邓小平理论伟大旗帜,把建设有中国特色社会主义事业全面推向二十一世纪》,中共中央文献研究室编:《十五大以来重要文献选编》(上),中央文献出版社 2011 年 6 月版,第 14 页。

③ 《中国共产党章程》,人民出版社 2007 年 10 月版,第 9 页。

都要牢牢把握这个最大国情,推进任何方面的改革发展都要牢牢立足这个最大实际"①。我们要坚持把以经济建设为中心作为兴国之要,把四项基本原则作为立国之本,把改革开放作为强国之路。

习近平同志在党的十九大报告中指出:"全党要牢牢把握社会主义初级阶段这个基本国情,牢牢立足社会主义初级阶段这个最大实际,牢牢坚持党的基本路线这个党和国家的生命线、人民的幸福线,领导和团结全国各族人民,以经济建设为中心,坚持四项基本原则,坚持改革开放,自力更生,艰苦创业,为把我国建设成为富强民主文明和谐美丽的社会主义现代化强国而奋斗。"②

三、习近平新时代中国特色社会主义思想是新时代的创新理论

习近平新时代中国特色社会主义思想在坚持马克思主义基本原理的基础上,保持和发扬马克思主义政党与时俱进的理论品格,勇于推进实践基础上的理论创新,以更宽广的视野、更长远的眼光来思考和把握国家改革发展所面临的一系列重大战略问题,在理论上拓展了新视野、作出了新概括。习近平新时代中国特色社会主义思想覆盖改革发展稳定、内政外交国防、治党治国治军方方面面,形成了一个逻辑严密、内涵丰富、思想深邃的科学理论体系。

习近平同志指出,"坚持和发展中国特色社会主义是一篇大文章,邓小平同志为它确定了基本思路和基本原则,以江泽民同志为核心的党的第三代中央领导集体、以胡锦涛同志为总书记的党中央在这篇大文章上都写下了精彩的篇章。现在,我们这一代共产党人的任务,就是继续把这篇大文章写下去"③。纵观中国特色社会主义理论的发展,总而论之,一个共同的问

---

① 习近平:《紧紧围绕坚持和发展中国特色社会主义学习宣传贯彻党的十八大精神》(2012 年 11 月 17 日),中共中央文献研究室编:《十八大以来重要文献选编》(上),中央文献出版社 2014 年 9 月版,第 76 页。

② 习近平:《决胜全面建成小康社会　夺取新时代中国特色社会主义伟大胜利——在中国共产党第十九次全国代表大会上的报告》(2017 年 10 月 18 日),人民出版社 2017 年 10 月版,第 12 页。

③ 习近平:《关于坚持和发展中国特色社会主义的几个问题》(2013 年 1 月 5 日),中共中央文献研究室编:《十八大以来重要文献选编》(上),中央文献出版社 2014 年 9 月版,第 114 页。

题就是探索和回答"什么是马克思主义、怎样对待马克思主义"。分而观之，可以说邓小平理论主要是探索和回答"什么是社会主义、怎样建设社会主义"的问题，"三个代表"重要思想主要是探索和回答"建设什么样的党、怎样建设党"的问题，科学发展观主要是探索和回答"实现什么样的发展、怎样发展"的问题，而习近平新时代中国特色社会主义思想主要是探索和回答"新时代坚持和发展什么样的中国特色社会主义、怎样坚持和发展中国特色社会主义"的问题。这个大问题还包括新时代坚持和发展中国特色社会主义的总目标、总任务、总体布局、战略布局和发展方向、发展方式、发展动力、战略步骤、外部条件、政治保证等基本问题，习近平新时代中国特色社会主义思想在理论和实践结合上对这些问题作出了系统回答。

习近平新时代中国特色社会主义思想的精神实质和丰富内涵具体地体现在"八个明确"和"十四条坚持"上。"八个明确"紧紧围绕坚持和发展中国特色社会主义这个鲜明的主题，提出了一系列新理念新思想新战略，涉及生产力与生产关系，经济基础与上层建筑的各种关系，涵盖经济建设、政治建设、文化建设、社会建设、生态文明建设、国防、外交和党的建设各个领域，形成了一个系统完整、逻辑严密的科学理论体系。"十四条坚持"是"八个明确"在实践中的具体化，是新时代坚持和发展中国特色社会主义的基本方略，是对十八大提出的"八个必须坚持"的丰富和发展，体现了十八大以来以习近平同志为核心的党中央在新的历史条件下的理论创新和实践创新，体现了中国特色社会主义理论与时俱进地丰富和拓展。

习近平新时代中国特色社会主义思想，是对马克思列宁主义、毛泽东思想、邓小平理论、"三个代表"重要思想、科学发展观的继承和发展，是马克思主义中国化最新成果，是党和人民实践经验和集体智慧的结晶，是中国特色社会主义理论体系的重要组成部分，是全党全国人民为实现中华民族伟大复兴而奋斗的行动指南，必须长期坚持并不断发展。

党的十九大报告通篇闪耀着马克思主义真理光芒，开辟了马克思主义新境界、中国特色社会主义新境界、治国理政新境界、管党治党新境界，展现出21世纪中国马克思主义更强大、更有说服力的真理力量。我们要学好十九大报告,深入领会和贯彻落实十九大精神,用党的创新理论武装头脑、指导实践、推动工作。

（原载于《光明日报》2017 年 10 月 27 日第 11 版）

改革开放 40 年,重新认识社会主义

中国特色社会主义,是改革开放以来党的全部理论和实践的主题。改革开放以来,随着社会主义实践探索的不断深入,我们对于社会主义的认识也不断丰富和发展,在认识和理论上有了许多新的飞跃和突破。改革开放让我们重新认识社会主义。

一、中国特色社会主义是最适合中国国情的道路

改革开放的实践探索使我们认识到,社会主义的发展模式不是单一的,而是多种多样的,关键是要找到适合本国国情的发展道路。

新中国成立之初,我们向苏联学习社会主义,认为苏联式的社会主义是社会主义的唯一模式。后来毛泽东同志意识到,不能照搬照抄苏联模式,建设社会主义要走适合本国国情的道路,要进行马克思主义基本原理同中国具体实际的第二次结合。《论十大关系》就是毛泽东同志对社会主义中国道路探索的结晶。

1979 年 3 月,邓小平同志说:"过去搞民主革命,要适合中国情况,走毛泽东同志开辟的农村包围城市的道路。现在搞建设,也要适合中国情况,走出一条中国式的现代化道路。""中国式的现代化,必须从中国的特点出发。"[1]这是邓小平同志第一次提出"走一条中国式的现代化道路"的任务,而且强调走这条道路必须"从中国的特点出发"。

1982 年 9 月 1 日,党的十二大召开,邓小平同志为大会致开幕词。他

---

[1] 邓小平:《坚持四项基本原则》,《邓小平文选》第二卷,人民出版社 1994 年 10 月版,第 163、164 页。

说:"我们的现代化建设,必须从中国的实际出发。无论是革命还是建设,都要注意学习和借鉴外国经验。但是,照抄照搬别国经验、别国模式,从来不能得到成功。这方面我们有过不少教训。把马克思主义的普遍真理同我国的具体实际结合起来,走自己的道路,建设有中国特色的社会主义,这就是我们总结长期历史经验得出的基本结论。"①这篇讲话是中国特色社会主义的宣言书,标志着中国特色社会主义的确立。

习近平总书记指出,"中国特色社会主义,是科学社会主义理论逻辑和中国社会发展历史逻辑的辩证统一,是根植于中国大地、反映中国人民意愿、适应中国和时代发展进步要求的科学社会主义"②。

一条是世界社会主义发展之线。习近平总书记要我们从世界社会主义500年的视角来认识中国的社会主义。从英国人托马斯·莫尔的空想社会主义作品《乌托邦》1516年发表以来,社会主义已经有500年的历史,经历了从空想到科学、从理论到实践、从一国到多国、从外国到中国、从苏联模式到中国特色社会主义几个发展阶段。中国特色社会主义,既坚持了科学社会主义基本原则,又有鲜明的中国特色和时代特征。

一条是中国社会历史发展之线。习近平总书记让我们从中华民族5000多年的文明史,近现代民族独立、人民解放和民主革命170多年的历史,中国共产党近100年的历史,新中国70年的历史,改革开放40年的历史来看中国社会主义的产生和发展。社会主义之花能够在中华大地上绽放,决不是偶然的。

改革开放40多年来,我们一直在寻找适合中国国情的发展道路、发展模式、发展的体制机制,让马克思主义的基本原理和中国的具体实际和时代特征结合起来,让世界社会主义发展之线和中国社会历史发展之线交叉融合起来,所以说,中国特色社会主义是科学社会主义的理论逻辑和中国社会历史发展逻辑的统一。

---

① 邓小平:《中国共产党第十二次全国代表大会开幕词》,《邓小平文选》第三卷,人民出版社1993年10月版,第2—3页。

② 习近平:《关于坚持和发展中国特色社会主义的几个问题》(2013年1月5日),《十八大以来重要文献选编》(上),中央文献出版社2014年9月版,第118页。

恩格斯在《共产党宣言》1872年德文版序言中指出:"这个《宣言》中所阐述的一般原理整个说来直到现在还是完全正确的。"但"这些原理的实际运用,正如《宣言》中所说的,随时随地都要以当时的历史条件为转移"①。正如习近平总书记在纪念马克思诞辰200周年大会上所讲的:"当代中国的伟大社会变革,不是简单延续我国历史文化的母版,不是简单套用马克思主义经典作家设想的模板,不是其他国家社会主义实践的再版,也不是国外现代化发展的翻版。社会主义并没有定于一尊、一成不变的套路,只有把科学社会主义基本原则同本国具体实际、历史文化传统、时代要求紧密结合起来,在实践中不断探索总结,才能把蓝图变为美好现实。"②

二、社会主义初级阶段理论和党的基本路线

我们对于社会主义认识的另一个突破就是创造性地提出了社会主义初级阶段理论和党的基本路线。

社会主义初级阶段理论的创立和发展,是中国共产党的重大理论创新。我国正处于并将长期处于社会主义初级阶段,这是我们党总结正反两方面历史经验、经过长期探索得出的基本结论。

毛泽东同志在20世纪50年代末60年代初研读苏联政治经济学教科书时,曾提出社会主义可以分为"不发达"和"比较发达"两个阶段。

党的十一届六中全会通过的《关于建国以来党的若干历史问题的决议》第一次提出"我们的社会主义制度还是处于初级的阶段","我们的社会主义制度由比较不完善到比较完善,必然要经历一个长久的过程"。邓小平同志提出"社会主义本身是共产主义的初级阶段,而我们中国又处在社会主义的初级阶段,就是不发达的阶段"③。

1987年10月,党的十三大报告首次系统地阐明了社会主义初级阶段

---

① 马克思、恩格斯:《"共产党宣言"一八七二年德文版序言》,《共产党宣言》,人民出版社2008年3月版,第3页。
② 习近平:《在纪念马克思诞辰200周年大会上的讲话》(2018年5月4日),人民出版社2018年5月版,第26—27页。
③ 邓小平:《一切从社会主义初级阶段的实际出发》,《邓小平文选》第三卷,人民出版社1993年10月版,第252页。

的理论。这个论断包括两层含义:第一,我国社会已经是社会主义社会,我们必须坚持而不能离开社会主义。第二,我国的社会主义社会还处在初级阶段。我们必须从这个实际出发,而不能超越这个阶段。我国社会主义的初级阶段,是一个什么样的历史阶段呢？它不是泛指任何国家进入社会主义都会经历的起始阶段,而是特指我国在生产力落后、商品经济不发达条件下建设社会主义必然要经历的特定阶段。按照马克思和恩格斯的基本设想,社会主义作为比资本主义更高级的社会形态,是在资本主义充分发展、生产力高度发达、社会化大生产程度和工业化水平都很高的基础上建立起来的,是彻底清除了封建主义残余又克服了资本主义制度弊端的社会主义。而我国的社会主义社会则是在半殖民地半封建社会的农业国中、生产力水平低下、经济落后的基础上建立起来的,是在封建主义残余十分浓厚、资本主义还没有充分发展的基础上建立起来的社会主义。我们认识到,中国的社会主义同马克思当年设想的社会主义在方向上是一致的,在体制制度方面也有相似之处,但是在生产力水平和其他社会条件方面,还有很大的差距。所以,我们改革开放要以经济建设为中心,把发展生产力放在首要位置。

在社会主义的初级阶段,我们还认识到,资本主义将会长期和社会主义在竞争中发展和共存,资本主义制度还会长期存在下去,短期内还不会灭亡。现实的社会主义制度同资本主义制度各有长处和短处,党的十六大报告强调,世界是丰富多彩的,不同社会制度和发展道路应当彼此尊重,长期共存,在竞争比较中取长补短,在求同存异中共同发展。

中国特色社会主义在中国取得了今天的成功,中国举起了社会主义这面鲜艳的旗帜,成为世界社会主义的旗手,改变了世界的格局。由于中国特色社会主义不断成功,冷战结束后世界社会主义万马齐喑的局面得到很大程度的扭转,社会主义在同资本主义竞争中的被动局面得到很大程度的扭转,社会主义优越性得到很大程度的彰显。

所以,以经济建设为中心,坚持四项基本原则,坚持改革开放,"一个中心、两个基本点"这条党的基本路线我们必须长期坚持,永不动摇。

三、在实践中不断丰富发展社会主义的基本原则

在改革开放40多年的实践探索中，我们对于社会主义公有制、计划经济、按劳分配等重要原则的认识有了深化和发展。

1992年初邓小平同志在南方谈话中科学总结了党的十一届三中全会以来的实践探索和基本经验，从理论上深刻回答了长期困扰和束缚人们思想的许多重大问题。邓小平同志说，姓"社"姓"资"的问题，要以"三个有利于"为标准，"应该主要看是否有利于发展社会主义社会的生产力，是否有利于增强社会主义国家的综合国力，是否有利于提高人民的生活水平"①。计划多一点还是市场多一点，不是社会主义与资本主义的本质区别，"计划经济不等于社会主义，资本主义也有计划；市场经济不等于资本主义，社会主义也有市场。计划和市场都是经济手段。社会主义的本质，是解放生产力，发展生产力，消灭剥削，消除两极分化，最终达到共同富裕"②。邓小平同志对社会主义作出了科学的定义，纠正我们以往将计划经济等同于社会主义的错误认识。1984年，党的十二届三中全会《中共中央关于经济体制改革的决定》确认中国经济是"公有制基础上的有计划的商品经济"，这是党在社会主义理论问题上的新突破。1992年10月，党的十四大正式把建立社会主义市场经济体制确立为我国经济体制改革的目标，是我们党在社会主义理论上的认识飞跃。2013年11月，党的十八届三中全会创造性地提出，要使市场在资源配置中起决定性作用和更好发挥政府作用。这是我们党对中国特色社会主义建设规律认识的又一次新突破，标志着社会主义市场经济发展进入一个新阶段。

除了计划和市场的关系外，改革开放使所有制关系和分配关系也发生了改变。在改革开放以前，公有制一统天下，党的十一届三中全会后逐步形成了以公有制经济为主体，个体经济、私营经济、外资经济为补充，多

---

① 邓小平：《在武昌、深圳、珠海、上海等地的谈话要点》，《邓小平文选》第三卷，人民出版社1993年10月版，第372页。

② 邓小平：《在武昌、深圳、珠海、上海等地的谈话要点》，《邓小平文选》第三卷，人民出版社1993年10月版，第373页。

种经济成分长期共同发展,不同经济成分还可以自愿实行多种形式的联合经营。1981年6月,党的十一届六中全会指出,国营经济和集体经济是我国的基本经济形式,一定范围的劳动者个体经济是共有经济的必要补充。党中央正式肯定了个体经济的合法地位。1979年6月,五届全国人大二次会议通过了《中外合资经营企业法》,1983年国家经委宣布对中外合资企业进一步放宽政策,提供方便和优惠。在中央政策的推动下,"三资企业"即中外合资、中外合作和外商独资企业陆续出现。这就打破了单一经济形式,逐步形成了以国有经济和集体经济为主导、其他经济形式为补充,相互竞争、共同发展的经济模式。党的十五大提出,公有制为主体、多种所有制经济共同发展,是我国社会主义初级阶段的一项基本经济制度。党的十八大以来,以习近平同志为核心的党中央多次强调,必须坚持和完善我国社会主义基本经济制度和分配制度,毫不动摇巩固和发展公有制经济,毫不动摇鼓励、支持、引导非公有制经济发展。十八届三中全会提出"积极发展混合所有制经济",把混合所有制经济看作是基本经济制度的重要实现形式。

在社会主义分配制度上,党的十七大报告提出:"要坚持和完善按劳分配为主体,多种分配方式并存的分配制度,健全劳动、资本、技术、管理等生产要素按贡献参与分配的制度,初次分配和再分配都要处理好效率和公平的关系,再分配更加注重公平。"十九大报告提出:"坚持按劳分配原则,完善按要素分配的体制机制,促进收入分配更合理、更有序。""拓宽居民劳动收入和财产性收入渠道。"[1]这和传统上理解"多劳多得"的按劳分配原则相比又有了新的含义。

我们以往认为,公有制、计划经济、按劳分配是社会主义的三条重要原则,改革开放以后,随着实践的发展,我们对这三条基本原则的认识都有了重大丰富和发展。

---

[1] 习近平:《决胜全面建成小康社会 夺取新时代中国特色社会主义伟大胜利——在中国共产党第十九次全国代表大会上的报告》(2017年10月18日),人民出版社2017年10月版,第46—47页。

四、正确认识改革开放前后两个历史时期的关系

习近平总书记论述过,改革开放前和改革开放后两个历史时期是两个相互联系又有重大区别的时期,是我们社会主义建设实践探索的两个不同阶段。

这两个历史时期是"相互联系的",不仅在时间上是连续的,而且在坚持社会主义的发展方向、基本制度、根本任务、奋斗目标基础上是相互联系的。如果没有改革开放前的 30 年的社会主义革命和建设,积累的制度条件、物质基础和正反两方面经验,就不可能有后面的改革开放和中国特色社会主义。这两个历史时期也是有"重大区别"的,区别就在前面没有改革开放,后面搞了改革开放;前一个时期我们没有搞中国特色社会主义,后一个时期我们搞的是中国特色社会主义。

这两个历史时期决不是彼此割裂的、更不是根本对立的、是不能相互否定的。"改革开放前的社会主义实践探索为改革开放后的社会主义实践探索积累了条件,改革开放后的社会主义实践探索是对前一时期的坚持、改革、发展。"①

我们正确认识和处理改革开放前和改革开放后这两个历史时期的关系,就会使我们能够头脑清醒,既不走封闭僵化的老路,也不走改旗易帜的邪路。

五、统筹推进"五位一体"总体布局和协调推进"四个全面"战略布局

改革开放 40 多年,使我们认识到,建设中国特色社会主义要以经济建设为中心,但经济建设不是中国特色社会主义的全部,还需要加强政治建设、文化建设、社会建设、生态文明建设,从三大建设到五大建设,体现了对于社会主义建设规律认识的不断深化。

---

① 习近平:《关于坚持和发展中国特色社会主义的几个问题》(2013 年 1 月 5 日),《十八大以来重要文献选编》(上),中央文献出版社 2014 年 9 月版,第 112 页。

1982 年 9 月,党的十二大从促进社会主义经济的全面高涨、努力建设高度的社会主义精神文明、努力建设高度的社会主义民主三个方面进行了初步描绘。此后,中国特色社会主义事业"三位一体"布局日益明确和完善。2002 年,党的十六大以后,中国特色社会主义事业总体布局发展为社会主义经济建设、政治建设、文化建设、社会建设"四位一体"。2007 年 10 月,党的十七大明确提出"建设生态文明"。在此基础上,2012 年 11 月,党的十八大把生态文明建设纳入中国特色社会主义事业总体布局,明确中国特色社会主义事业总体布局是"五位一体",即坚持以经济建设为中心,发展社会主义市场经济,发展社会主义民主政治,发展社会主义先进文化,构建社会主义和谐社会,建设社会主义生态文明。

党的十八大以来,以习近平同志为核心的党中央在坚持和发展中国特色社会主义进程中逐步提出了"四个全面"战略布局。2014 年 12 月,习近平总书记在江苏调研时提出"协调推进全面建成小康社会、全面深化改革、全面推进依法治国、全面从严治党,推动改革开放和社会主义现代化建设迈上新台阶",第一次提出"四个全面"。2015 年 2 月,在省部级主要领导干部学习贯彻十八届四中全会精神全面推进依法治国专题研讨班开班式上,习近平总书记讲话首次把全面建成小康社会、全面深化改革、全面依法治国、全面从严治党确定为"四个全面"的战略布局。"四个全面"有机统一,具有紧密的内在逻辑。全面建成小康社会是重大战略目标,在"四个全面"战略布局中居于引领地位。全面深化改革和全面依法治国,犹如鸟之两翼、车之双轮,为全面建成小康社会提供动力源泉和法治保障。全面从严治党,为全面建成小康社会、全面深化改革、全面依法治国提供根本保证,起着决定性作用。"四个全面"战略布局相辅相成、相互促进、相得益彰,推动新时代中国特色社会主义事业不断向前发展。

六、正确认识我国发展新的历史方位

在改革开放初期,1981 年 6 月,党的十一届六中全会通过的《关于建国以来党的若干历史问题的决议》对于我国国内主要矛盾的表述基本上沿用了 1956 年 9 月党的八大的提法,社会主义改造基本完成以后,我国所要解决的主要矛盾是:人民日益增长的物质文化需要同落后的社会生产之间的矛盾。经过了改革开放 40 多年,"经过长期努力,中国特色社会主义进入了新时代,这是我国发展新的历史方位"①。我国进入新时代的一个重要标志就是我国国内的主要矛盾已经改变。经过 40 多年的发展,人民的生活水平显著提高,总体上实现小康,不久将全面建成小康社会。人民群众的需要在领域和重心上已经超越了物质和文化的范畴和层次,只讲"物质文化需要"已经不能真实反映人民群众的真实愿望和要求。我国社会生产力水平总体上显著提高,社会生产能力在很多方面进入世界前列,经济实力、科技实力、文化实力、军事实力不断增强,因此原来"人民日益增长的物质文化需要同落后的社会生产之间的矛盾"已经不存在了。党的十九大提出,"中国特色社会主义进入新时代,我国社会主要矛盾已经转化为人民日益增长的美好生活需要和不平衡不充分的发展之间的矛盾。"②

新的历史方位的判断看到变化的同时,也要看到没有变。"我国社会主要矛盾的变化,没有改变我们对我国社会主义所处历史阶段的判断,我国仍处于并将长期处于社会主义初级阶段的基本国情没有变,我国是世界最大发展中国家的国际地位没有变。"③我们正确认识和深刻把握中国特色社会主义新时代的一个改变和两个没有变,就是坚持实事求是的思想路线和历史辩证法。

七、坚定中国特色社会主义的四个自信

中国改革开放 40 多年的历史向世人证明,只有改革开放才能发展中国、发展社会主义、发展马克思主义。我们应该坚定中国特色社会主义的四

---

① 习近平:《决胜全面建成小康社会 夺取新时代中国特色社会主义伟大胜利——在中国共产党第十九次全国代表大会上的报告》(2017 年 10 月 18 日),人民出版社 2017 年 10 月版,第 10 页。

② 习近平:《决胜全面建成小康社会 夺取新时代中国特色社会主义伟大胜利——在中国共产党第十九次全国代表大会上的报告》(2017 年 10 月 18 日),人民出版社 2017 年 10 月版,第 11 页。

③ 习近平:《决胜全面建成小康社会 夺取新时代中国特色社会主义伟大胜利——在中国共产党第十九次全国代表大会上的报告》(2017 年 10 月 18 日),人民出版社 2017 年 10 月版,第 12 页。

个自信。

邓小平同志在 1989 年说过,要坚定地沿着社会主义道路走下去,要对社会主义事业充满信心。他说:"中国肯定要沿着自己选择的社会主义道路走到底。谁也压不垮我们。只要中国不垮,世界上就有五分之一的人口在坚持社会主义。我们对社会主义的前途充满信心。"①

在改革开放 40 多年间,我们形成了中国特色社会主义的道路、理论、制度和文化。中国特色社会主义道路是实现社会主义现代化、创造人民美好生活的必由之路,中国特色社会主义理论体系是指导党和人民实现中华民族伟大复兴的正确理论,中国特色社会主义制度是当代中国发展进步的根本制度保障,中国特色社会主义文化是激励全党全国各族人民奋勇前进的强大精神力量。全党要更加自觉地增强道路自信、理论自信、制度自信、文化自信,保持政治定力,坚持实干兴邦,始终坚持和发展中国特色社会主义。

中国特色社会主义不仅是中国实现社会主义现代化、创造人民美好生活、实现中华民族伟大复兴之路,而且还具有重要的世界意义。这就是习近平总书记在十九大报告中讲到的,"中国特色社会主义道路、理论、制度、文化不断发展,拓展了发展中国家走向现代化的途径,给世界上那些既希望加快发展又希望保持自身独立性的国家和民族提供了全新选择,为解决人类问题贡献了中国智慧和中国方案。"②

关于马克思、恩格斯所确立的科学社会主义,《共产党宣言》所阐述的一般原理整个说来是正确的,但不能要求《共产党宣言》对 170 多年后人类社会发展提出的所有具体问题都提供现成答案。"我们要以科学的态度对待科学,以真理的精神追求真理,不断赋予马克思主义以新的时代内涵。"③在改革开放 40 多年的实践探索中,我们对于社会主义的认识改变了、深化

---

① 邓小平:《改革开放政策稳定,中国大有希望》,《邓小平文选》第三卷,人民出版社 1993 年 10 月版,第 321 页。

② 习近平:《决胜全面建成小康社会 夺取新时代中国特色社会主义伟大胜利——在中国共产党第十九次全国代表大会上的报告》(2017 年 10 月 18 日),人民出版社 2017 年 10 月版,第 10 页。

③ 《习近平在中共中央政治局第五次集体学习时的强调:深刻感悟和把握马克思主义真理力量,谱写新时代中国特色社会新篇章》,《人民日报》2018 年 4 月 25 日第 1 版。

了、发展了,我们重新认识了社会主义。我们更加深切地体会到,只有社会主义才能救中国,只有中国特色社会主义才能发展中国,只有坚持和发展中国特色社会主义才能实现中华民族伟大复兴!我们要不断深化对共产党执政规律、社会主义建设规律、人类社会发展规律的认识,发展21世纪马克思主义、当代中国马克思主义,续写马克思主义中国化新篇章。

(原载于《文汇报》2018年12月13日第12版,收入本书时略有修改)

坚持写好中国特色社会主义这篇大文章

中国共产党第十九次全国代表大会备受全国人民关注、吸引世界各国瞩目。这次大会最大的亮点是,习近平总书记在十九大报告中向全世界庄严宣告:中国特色社会主义进入新时代。

中国特色社会主义进入新时代,这是对我国国情和社会发展所处历史方位做出的科学判断。中国特色社会主义进入新时代,是由党的十八大以来党和国家事业发展取得历史性成就和发生历史性转变来判定的;中国特色社会主义进入新时代,是由我国国内主要矛盾发生变化来判定的;中国特色社会主义进入新时代,是由我们有了习近平新时代中国特色社会主义思想这一我们党必须长期坚持的指导思想和行动指南来判定的。

"中国特色社会主义进入新时代,我国社会主要矛盾已经转化为人民日益增长的美好生活需要和不平衡不充分的发展之间的矛盾。"①我们要在继续推动发展的基础上,着力解决好发展不平衡不充分问题,大力提升发展质量和效益,更好满足人民在经济、政治、文化、社会、生态等方面日益增长的需要,更好推动人的全面发展、社会全面进步。

我们要注意看到中国特色社会主义的变和不变。虽然我国社会主要矛盾改变了,但是我国仍处于并将长期处于社会主义初级阶段的基本国情没有变,我国是世界最大发展中国家的国际地位没有变。社会主义的初级阶段需要几代人、十几代人,甚至几十代人坚持不懈地努力奋斗。全党要牢牢把握社会主义初级阶段这个基本国情,牢牢立足社会主义初级阶段这个最

---

① 习近平:《决胜全面建成小康社会　夺取新时代中国特色社会主义伟大胜利——在中国共产党第十九次全国代表大会上的报告》(2017 年 10 月 18 日),人民出版社 2017 年 10 月版,第 11 页。

大实际,牢牢坚持党的基本路线这个党和国家的生命线、人民的幸福线,不仅在经济总量低时要立足初级阶段,而且在经济总量提高后仍然要牢记初级阶段;不仅在谋划长远发展时要立足初级阶段,而且在日常工作中也要牢记初级阶段。

中国特色社会主义的发展有其历史逻辑。习近平总书记指出:"实现中国梦必须走中国道路。这就是中国特色社会主义道路。这条道路来之不易,它是在改革开放30多年的伟大实践中走出来的,是在中华人民共和国成立60多年的持续探索中走出来的,是在对近代以来170多年中华民族发展历程的深刻总结中走出来的,是在对中华民族5000多年悠久文明的传承中走出来的,具有深厚的历史渊源和广泛的现实基础。"①这是一条中国社会发展的历史之线,中国特色社会主义是中国社会发展的历史结果。

中国特色社会主义的发展有其理论逻辑。从托马斯·莫尔的空想社会主义作品《乌托邦》1516年发表以来,世界社会主义已经有500年的历史,经历了从空想到科学、从理论到实践、从外国到中国、从苏联模式的社会主义到中国特色社会主义几个不同的发展阶段。中国特色社会主义是由社会主义理论逻辑发展而来。"中国特色社会主义,是科学社会主义理论逻辑和中国社会发展历史逻辑的辩证统一,是根植于中国大地、反映中国人民意愿、适应中国和时代发展进步要求的科学社会主义,是全面建成小康社会、加快推进社会主义现代化、实现中华民族伟大复兴的必由之路。"②

中国特色社会主义的发展有其实践逻辑。中国特色社会主义是几代中国共产党人实践探索的结果。以毛泽东同志为核心的党的第一代中央领导集体带领全党全国各族人民完成了新民主主义革命,进行了社会主义改造,确立了社会主义基本制度,成功实现了中国历史上最深刻最伟大的社会变革,为当代中国一切发展进步奠定了根本政治前提和制度基础。在社会主义建设中取得的独创性理论成果和巨大成就,为新的历史时期开创中国特

---

① 习近平:《在第十二届全国人民代表大会第一次会议上的讲话》(2013年3月17日),人民出版社2013年3月版,第3—4页。

② 习近平:《毫不动摇坚持和发展中国特色社会主义》,《习近平谈治国理政》,外文出版社2014年6月版,第21页。

色社会主义提供了宝贵经验、理论准备、物质基础。习近平同志指出："坚持和发展中国特色社会主义是一篇大文章,邓小平同志为它确定了基本思路和基本原则,以江泽民同志为核心的党的第三代中央领导集体、以胡锦涛同志为总书记的党中央在这篇大文章上都写下了精彩的篇章。现在,我们这一代共产党人的任务,就是继续把这篇大文章写下去。"①

中国特色社会主义进入新时代就是要继续高高举起中国特色社会主义的伟大旗帜,就是要坚持和发展中国特色社会主义,就是要接续写好中国特色社会主义这篇大文章。

我们一定能够写好中国特色社会主义这篇大文章,是因为我们有习近平新时代中国特色社会主义思想作为我们的理论指导和行动纲领。习近平新时代中国特色社会主义思想,是对马克思列宁主义、毛泽东思想、邓小平理论、"三个代表"重要思想、科学发展观的继承和发展,是马克思主义中国化最新成果,是党和人民实践经验和集体智慧的结晶,是中国特色社会主义理论体系的重要组成部分,是全党全国人民为实现中华民族伟大复兴而奋斗的行动指南,必须长期坚持并不断发展。

我们一定能够写好中国特色社会主义这篇大文章,是因为我们有中国共产党的坚强领导作保障。办好中国的事情,关键在党。中国特色社会主义最本质的特征,就是中国共产党的领导,中国特色社会主义制度最大的优势,就是中国共产党的领导。习近平总书记在党的十九大报告中说:"中国特色社会主义进入新时代,我们党一定要有新气象新作为。打铁必须自身硬。党要团结带领人民进行伟大斗争、推进伟大事业、实现伟大梦想,必须毫不动摇坚持和完善党的领导,毫不动摇把党建设得更加坚强有力。"②

我们对中国特色社会主义充满了道路自信、理论自信、制度自信、文化

---

① 习近平:《毫不动摇坚持和发展中国特色社会主义》,《习近平谈治国理政》,外文出版社 2014 年 6 月版,第 23 页。

② 习近平:《决胜全面建成小康社会 夺取新时代中国特色社会主义伟大胜利——在中国共产党第十九次全国代表大会上的报告》(2017 年 10 月 18 日),人民出版社 2017 年 10 月版,第 61 页。

自信,在中国特色社会主义的新时代,在以习近平同志为核心的党中央的坚强领导下,我们一定能续写出中国特色社会主义的精彩华章。

（原载于《人民政协报》2017 年 11 月 6 日第 3 版）

深刻认识和把握
我国社会发展的阶段性特征

　　规划和推进党和国家各项工作,必须深入分析和准确判断世情国情党情。习近平总书记指出,党的十八大以来,在新中国成立特别是改革开放以来我国发展取得的重大成就基础上,党和国家事业发生历史性变革,我国发展站到了新的历史起点上,中国特色社会主义进入了新的发展阶段。我们要推进伟大事业,必须科学认识和把握我国社会发展的阶段性特征。

一、我国发展站到了新的历史起点上

　　党的十八大以来的 5 年,是党和国家发展进程中很不平凡的 5 年。以习近平同志为核心的党中央科学把握当今世界和当代中国的发展大势,顺应实践要求和人民愿望,以巨大的政治勇气和强烈的责任担当,举旗定向、谋篇布局、迎难而上、开拓进取,统揽伟大斗争、伟大工程、伟大事业、伟大梦想,统筹推进"五位一体"总体布局、协调推进"四个全面"战略布局,推出一系列重大战略举措,出台一系列重大方针政策,推进一系列重大工作,解决了许多长期想解决而没有解决的难题,办成了许多过去想办而没有办成的大事,取得了改革开放和社会主义现代化建设新的重大成就。这些成就,是在新中国成立特别是改革开放以来我国发展取得的重大成就基础上取得的。这些成就,意味着近代以来久经磨难的中华民族实现了从站起来、富起来到强起来的历史性飞跃,意味着社会主义在中国焕发出强大生机活力并不断开辟发展新境界,意味着中国特色社会主义拓展了发展中国家走向现代化的途径,为解决人类问题贡献了中国智慧、提供了中国方案。这"三个意味着",深刻揭示了中国特色社会主义不断开辟发展新境界的历史意义、时代意义、世界意义,为我们坚定"四个自信"注入了新的思想动力,为我们理解和把握中国特色社会主义进入了新的发展阶段这一重大战略判断提供了科学指引。

二、牢牢把握社会主义初级阶段这个最大国情

正确认识和牢牢把握最大国情,必须自觉坚持和运用马克思主义世界观和方法论,坚持从客观实际出发制定政策、推动工作。我们常讲,无论干革命,还是搞建设,都要坚持一切从实际出发。这个最大的实际,就是中国的基本国情,就是要搞清楚一个国家和社会的根本性质及其所处的发展阶段。当代中国的最大国情、最大实际就是我国仍处于社会主义初级阶段,这是我们认识当下、规划未来、制定政策、推进事业的客观基点,不能脱离这个基本前提。社会主义初级阶段,是党的理论和路线方针政策形成的根本依据和立论基础。坚持和发展中国特色社会主义,必须始终以社会主义初级阶段为总依据,清醒认识和准确把握这个最大国情,由此来思考和解决当代中国的一切问题。把握这一最大国情,必须清醒认识社会主义初级阶段的长期性。应当看到,这些年,我国社会持续快速发展,经济实力、人民生活水平、国际影响力大大提高,中国特色社会主义取得历史性成就。但从根本上说,我国的基本国情没有改变,仍处于并将长期处于社会主义初级阶段。要实现社会主义现代化和全体人民共同富裕,仍需付出长期艰苦的努力。把握这一最大国情,就要在推进任何方面的改革发展过程中牢牢立足这个最大实际。不仅在经济建设中始终立足初级阶段,在政治建设、文化建设、社会建设、生态文明建设中,也要始终牢记初级阶段;不仅在经济总量低时要立足初级阶段,在经济总量提高后仍然要牢记初级阶段;不仅在谋划长远发展时要立足初级阶段,在日常工作中也要牢记初级阶段。

三、科学认识和把握我国社会发展的阶段性特征

社会主义初级阶段是一个相当长的历史发展阶段,在不同时期会显现出不同的阶段性特征。这正是国情的变与不变的辩证法。只有牢牢把握最大国情,又认真分析不同时期具体的阶段性特征,才能科学认识和把握我国

社会发展的阶段性特征。认识和把握我国社会发展的阶段性特征,必须坚持辩证唯物主义和历史唯物主义的方法论,从历史和现实、理论和实践、国内和国际等的结合上进行思考,从我国社会发展的历史方位上来思考,从党和国家事业发展大局出发进行思考,得出正确结论。当前,经过改革开放40多年的发展,我们在取得巨大成就的同时,也面临诸多发展难题。全面深化改革进入深水区和攻坚期;经济发展进入新常态,面临转型升级;我国社会经过长期快速发展,进入了矛盾凸显期;中国积极推进全球治理,前所未有走近世界舞台中心。特别是要看到,人民对美好生活的向往更加强烈,人民群众的需要呈现多样化多层次多方面的特点,期盼有更好的教育、更稳定的工作、更满意的收入、更可靠的社会保障、更高水平的医疗卫生服务、更舒适的居住条件、更优美的环境、更丰富的精神文化生活,等等。我们要更准确地把握我国社会主义初级阶段不断变化的特点,坚持党的基本路线,顺应人民群众对美好生活的新期待,在继续推动经济发展的同时,更好解决我国社会出现的各种问题,更好实现各项事业全面发展,更好发展中国特色社会主义事业,更好推动人的全面发展、社会全面进步。

(原载于《求是》2017 年第 19 期,收入本书时略有修改)

二、新时代　新担当

深入把握新时代的历史使命

习近平同志在党的十九大报告中宣告中国特色社会主义进入新时代，明确了新时代中国共产党的历史使命，阐发了习近平新时代中国特色社会主义思想的精神实质和丰富内涵，擘画了全面建设社会主义现代化国家的战略安排。党的十九大报告高屋建瓴、继往开来，是决胜全面建成小康社会、夺取新时代中国特色社会主义伟大胜利、实现中华民族伟大复兴中国梦的政治宣言和行动纲领。

一、中国特色社会主义进入新时代

习近平同志指出，经过长期努力，中国特色社会主义进入了新时代。这在中华人民共和国发展史上、中华民族发展史上具有重大意义，在世界社会主义发展史上、人类社会发展史上也具有重大意义。

中国特色社会主义进入的新时代，是一个具有诸多历史特点的新时代。它是承前启后、继往开来、在新的历史条件下继续夺取中国特色社会主义伟大胜利的时代，是决胜全面建成小康社会、进而全面建设社会主义现代化强国的时代，是全国各族人民团结奋斗、不断创造美好生活、逐步实现全体人民共同富裕的时代，是全体中华儿女勠力同心、奋力实现中华民族伟大复兴中国梦的时代，是我国日益走近世界舞台中央、不断为人类作出更大贡献的时代。

习近平新时代中国特色社会主义思想深入回答了我们党在新时代举什么旗、走什么路、以什么样的精神状态、担负什么样的历史使命、实现什么样的奋斗目标等重大理论和实践问题。党的十八大以来，国内外形势深刻变化和我国各项事业发展都要求我们党从理论和实践结合上，系统回答新时代坚持和发展什么样的中国特色社会主义、怎样坚持和发展中国特色社会主义这一重大时代课题。我们党坚持以马克思列宁主义、毛泽东思想、邓小平理论、"三个代表"重要思想、科学发展观为指导，坚持解放思想、实事求是、与时俱进、求真务实，坚持辩证唯物主义和历史唯物主义，紧密结合新的时代条件和实践要求，以全新的视野深化对共产党执政规律、社会主义建设规律、人类社会发展规律的认识，进行艰辛理论探索，取得重大理论创新成果，形成了习近平新时代中国特色社会主义思想。习近平新时代中国特色社会主义思想，是对马克思列宁主义、毛泽东思想、邓小平理论、"三个代表"重要思想、科学发展观的继承和发展，是马克思主义中国化最新成果，是党和人民实践经验和集体智慧的结晶，是中国特色社会主义理论体系的重要组成部分，是全党全国人民为实现中华民族伟大复兴而奋斗的行动指南。党的十九大把习近平新时代中国特色社会主义思想确立为党必须长期坚持的指导思想，实现了党的指导思想又一次与时俱进，具有重大的政治意义、理论意义、实践意义。

习近平同志指出，中国特色社会主义进入新时代，我国社会主要矛盾已经转化为人民日益增长的美好生活需要和不平衡不充分的发展之间的矛盾。社会主要矛盾的变化是关系全局的历史性变化，对党和国家工作提出了许多新要求。经过近40年的改革开放，我国稳定解决了十几亿人的温饱问题，总体上实现小康，不久将全面建成小康社会，人民美好生活需要日益广泛，不仅对物质文化生活提出了更高要求，而且在民主、法治、公平、正义、安全、环境等方面的要求也日益增长。同时，我国社会生产力水平总体上显著提高，社会生产能力在很多方面进入世界前列。进入新时代，我国社会更加突出的问题是发展不平衡不充分，这已成为满足人民日益增长的美好生活需要的主要制约因素。我们要在继续推动发展的基础上，着力解决好发展不平衡不充分问题，大力提升发展质量和效益，更好满足人民在经济、政治、文化、社会、生态等方面日益增长的需要，更好推动人的全面发展、社会全面进步。

二、新时代中国共产党的历史使命

习近平同志指出，中国共产党人的初心和使命，就是为中国人民谋幸福,为中华民族谋复兴。这是激励我们共产党人不断前进的根本动力。党的十八大以来,以习近平同志为核心的党中央带领全党全军全国各族人民进行伟大斗争、建设伟大工程、推进伟大事业、实现伟大梦想。"四个伟大"紧密联系、相互贯通、相互作用,其中起决定性作用的是党的建设新的伟大工程。推进伟大工程,要结合伟大斗争、伟大事业、伟大梦想的实践来进行。实现伟大梦想,必须进行伟大斗争、建设伟大工程、推进伟大事业。

实现伟大梦想,必须进行伟大斗争。社会是在矛盾运动中前进的,有矛盾就会有斗争。前行的道路并不平坦、不会一帆风顺,还有许多困难和问题等着我们去克服、去解决。应对重大挑战、抵御重大风险、克服重大阻力、解决重大矛盾,必须进行具有许多新的历史特点的伟大斗争。任何贪图享受、消极懈怠、回避矛盾的思想和行为都是错误的。要敢于斗争、善于斗争,更加自觉地坚持党的领导和我国社会主义制度,坚决反对一切削弱、歪曲、否定党的领导和我国社会主义制度的言行;更加自觉地维护人民利益,坚决反对一切损害人民利益、脱离群众的行为;更加自觉地投身改革创新时代潮流,坚决破除一切顽瘴痼疾;更加自觉地维护我国主权、安全、发展利益,坚决反对一切分裂祖国、破坏民族团结和社会和谐稳定的行为;更加自觉地防范各种风险,坚决战胜一切在政治、经济、文化、社会等领域和自然界出现的困难和挑战。

实现伟大梦想,必须建设伟大工程。历史已经并将继续证明,没有中国共产党的领导,民族复兴必然是空想。打铁必须自身硬。我们党要始终成为时代先锋、民族脊梁,始终成为马克思主义执政党,自身必须始终过硬。办好中国的事情关键在党,必须坚持党要管党、从严治党。我们要更加自觉地坚定党性原则,勇于直面问题,敢于刮骨疗毒,消除一切损害党的先进性和纯洁性的因素,清除一切侵蚀党的健康肌体的病毒,不断增强党的政治领导力、思想引领力、群众组织力、社会号召力,确保我们党永葆旺盛生命力和强大战斗力。只有这样,才能把党建设好、建设强,确保党始终同人民想在一起、干在一起,才能引领承载着中国人民伟大梦想的航船破浪前进,胜利驶向光辉彼岸。

实现伟大梦想,必须推进伟大事业。中国特色社会主义是改革开放以来党的全部理论和实践的主题,是党和人民历尽千辛万苦、付出巨大代价取得的根本成就。中国特色社会主义道路是实现社会主义现代化、创造人民美好生活的必由之路,中国特色社会主义理论体系是指导党和人民实现中华民族伟大复兴的正确理论,中国特色社会主义制度是当代中国发展进步的根本制度保障,中国特色社会主义文化是激励全党全国各族人民奋勇前进的强大精神力量。我们要更加自觉地增强道路自信、理论自信、制度自信、文化自信,既不走封闭僵化的老路,也不走改旗易帜的邪路,保持政治定力,坚持实干兴邦,始终坚持和发展中国特色社会主义。

三、新时代开启社会主义现代化新征程

习近平同志指出,从党的十九大到二十大,是"两个一百年"奋斗目标的历史交会期。我们既要全面建成小康社会、实现第一个百年奋斗目标,又要乘势而上开启全面建设社会主义现代化国家新征程,向第二个百年奋斗目标进军。

党的十九大报告综合分析国际国内形势和我国发展条件,提出分两个阶段在本世纪中叶建成富强民主文明和谐美丽的社会主义现代化强国:从2020年到2035年为第一个阶段,在全面建成小康社会的基础上,再奋斗15年,基本实现社会主义现代化。到那时,我国经济实力、科技实力将大幅跃升,跻身创新型国家前列;人民平等参与、平等发展权利得到充分保障,法治国家、法治政府、法治社会基本建成,各方面制度更加完善,国家治理体系和治理能力现代化基本实现;社会文明程度达到新的高度,国家文化软实力显著增强,中华文化影响更加广泛深入;人民生活更为宽裕,中等收入群体比例明显提高,城乡区域发展差距和居民生活水平差距显著缩小,基本公共服务均等化基本实现,全体人民共同富裕迈出坚实步伐;现代社会治理格局基本形成,社会充满活力又和谐有序;生态环境根本好转,美丽中国目标基本实现。从2035年到本世纪中叶为第二个阶段,在基本实现现代化的基础上,再奋斗15年,把我国建成富强民主文明和谐美丽的社会主义现代化强国。到那时,我国物质文明、政治文明、精神文明、社会文明、生态文明将全面提升,实现国家治理体系和治理能力现代化,成为综合国力和国际影响力

领先的国家,全体人民共同富裕基本实现,我国人民将享有更加幸福安康的生活,中华民族将以更加昂扬的姿态屹立于世界民族之林。

从全面建成小康社会到基本实现现代化,再到全面建成社会主义现代化强国,是新时代中国特色社会主义发展的战略安排。这一战略安排是对改革开放以来"三步走"发展战略和"两个一百年"奋斗目标的深化和拓展,既体现咬定青山不放松、一张蓝图绘到底的坚定决心,又具有极强的前瞻性、引领性和可操作性。分两步走在本世纪中叶建成富强民主文明和谐美丽的社会主义现代化强国,与中华民族从站起来、富起来到强起来的历史逻辑高度契合,符合实现中华民族伟大复兴的现实需要,必将为开启社会主义现代化新征程、夺取新时代中国特色社会主义伟大胜利凝聚起磅礴力量。

（原载于《人民日报》2017 年 11 月 3 日第 7 版）

深刻理解新时代的
一个变化和两个没有变

中国特色社会主义进入新时代,一个重要标志就是我国社会主要矛盾发生了改变。习近平总书记在十九大报告中说:"中国特色社会主义进入新时代,我国社会主要矛盾已经转化为人民日益增长的美好生活需要和不平衡不充分的发展之间的矛盾。"①这是从历史和现实、理论和实践、国内和国际等的结合上进行思考,得出的正确结论。

一

主要矛盾发生变化是社会发展进步的历史规律,是社会主义发展的阶段性特征。

从党的历史来看,在不同的历史时期,由于社会历史条件、国际国内关系的变化,国内的主要矛盾就会发生变化,我们面临的形势、任务和奋斗目标也会随之发生变化。由于面临的主要矛盾不同,革命和工作的对象和任务不同,斗争的策略和方法也不同。因此,我们要根据国内主要矛盾的变化及时地调整党和国家工作的中心,制定出相应的战略策略,调整相关的方针政策。主要矛盾发生变化是社会发展进步的历史规律,也是我们党审时度势制定正确战略决策和工作方案的重要参考坐标。

1922 年 7 月,党的二大通过的《中国共产党第二次全国代表大会宣言》准确判断了第一次世界大战和十月革命后中国所处的国际环境,深入分析

---

① 习近平:《决胜全面建成小康社会 夺取新时代中国特色社会主义伟大胜利——在中国共产党第十九次全国代表大会上的报告》(2017 年 10 月 18 日),人民出版社 2017 年 10 月版,第 11 页。

了中国政治经济状况和社会各阶级的动向及其关系、中国的社会性质和革命任务,在此基础上,提出了党的最高纲领和最低纲领。最高纲领和最低纲领是密不可分的,只有完成党在现阶段的基本任务,然后才能创造条件实现党的最高纲领。因此,中国革命必须是分两步走,第一阶段是民主革命,解决的是无产阶级和帝国主义、封建官僚的矛盾;第二步是无产阶级革命和"与贫苦农民联合的无产阶级专政"①,要解决的是无产阶级和资产阶级的矛盾。

抗日战争爆发后,国内的主要矛盾发生了变化,民族矛盾上升到第一位,毛泽东同志以哲学家的敏锐眼光看到,当帝国主义向我国侵略时,国家的内部各阶级能够暂时地团结起来举行民族战争去反对帝国主义。"这时,帝国主义和这种国家之间的矛盾成为主要的矛盾,而这种国家内部各阶级的一切矛盾(包括封建制度和人民大众之间这个主要矛盾在内),便都暂时地降到次要和服从的地位。"②基于对主要矛盾变化的判断,我们党及时地提出要建立最广泛的抗日民族统一战线、进行第二次国共合作的主张。

在党的七届二中全会上,毛泽东同志科学地分析判断了党和国家面临的形势任务发生的新变化,提出党的工作从以农村为中心转向为以城市为中心,我们要及时地适应我们的主要任务从革命向执政的转变,迎接新的"历史性考试",既要继续革命,不断前进,又要保持谦虚谨慎、不骄不躁和艰苦奋斗的作风。"新民主主义革命在全国胜利和土地制度改革在全国完成以后,国内的主要矛盾已经转为工人阶级和资产阶级之间、社会主义道路和资本主义道路之间的矛盾。"③

新中国成立后,我们党创造性地开辟了一条适合中国特点的社会主义改造道路,到 1956 年,全国绝大部分地区基本上完成了对生产资料私有制

---

① 《中国共产党第二次全国代表大会宣言》(1922 年 7 月),中共中央文献研究室、中央档案馆编:《建党以来重要文献选编》第 1 册,中央文献出版社 2011 年 6 月版,第 133 页。

② 毛泽东:《矛盾论》,《毛泽东选集》第一卷,人民出版社 1991 年 6 月版,第 321 页。

③ 《中国共产党中央委员会关于建国以来党的若干历史问题的决议》,中共中央文献研究室编:《三中全会以来重要文献选编》(下),中央文献出版社 2011 年 6 月版,第 134 页。

的社会主义改造,社会主义制度在我国已经基本上建立起来,这时"国内主要矛盾已经不再是工人阶级和资产阶级的矛盾,而是人民对于经济文化迅速发展的需要同当前经济文化不能满足人民需要的状况之间的矛盾;全国人民的主要任务是集中力量发展社会生产力,实现国家工业化,逐步满足人民日益增长的物质和文化需要"。①

党的十一届三中全会之后,实行了改革开放,走上了中国特色社会主义道路,但是这时国内的主要矛盾还没有发生变化。1981 年 6 月 27 日,中国共产党第十一届中央委员会第六次全体会议通过的《关于建国以来党的若干历史问题的决议》中重申,"在社会主义改造基本完成以后,我国所要解决的主要矛盾,是人民日益增长的物质文化需要同落后的社会生产之间的矛盾。党和国家工作的重点必须转移到以经济建设为中心的社会主义现代化建设上来,大力发展社会生产力,并在这个基础上逐步改善人民的物质文化生活。"②十一届六中全会在《关于建国以来党的若干历史问题的决议》中重申 1956 年确定的国内主要矛盾,主要是强调不再"以阶级斗争为纲",要回到社会主义现代化建设的轨道上来,解决过去 20 多年一直没有解决的矛盾,一心一意搞建设、谋发展。

党的十九大根据我国发展站在新的历史起点上、中国特色社会主义进入新时代这个实际,指出我国国内的主要矛盾发生了变化,这是根据国际国内发展的大势作出的新判断、进行的新概括。

经过改革开放 40 多年的发展,首先,人民的生活水平显著提高,总体上实现小康,不久将全面建成小康社会。人民日益增长的美好生活需要日益广泛也呈现出多样化多层次多方面的特点,期盼有更好的教育、更稳定的工作、更满意的收入、更可靠的社会保障、更高水平的医疗服务、更舒适的居住条件、更优美的环境、更丰富的精神文化生活。不仅对物质文化生活提出了

---

① 《中国共产党中央委员会关于建国以来党的若干历史问题的决议》,中共中央文献研究室编:《三中全会以来重要文献选编》(下),中央文献出版社 2011 年 6 月版,第 136 页。

② 《中国共产党中央委员会关于建国以来党的若干历史问题的决议》,中共中央文献研究室编:《三中全会以来重要文献选编》(下),中央文献出版社 2011 年 6 月版,第 168 页。

更高要求,而且在民主、法治、公平、正义、安全、环境等方面的要求和参与意识、监督意识、维权意识在不断增强。人民群众的需要在领域和重心上已经超越了物质和文化的范畴和层次,只讲"物质文化需要"已经不能真实反映人民群众的真实愿望和要求。其次,我国社会生产力水平总体上显著提高,在许多方面我们与世界水平从"跟跑"变成"并跑",并且逐渐变成"领跑",我们在许多科技领域已经是世界先进水平。社会生产能力在很多方面进入世界前列,经济实力、科技实力、文化实力、军事实力不断增强,我国经济总量稳居世界第二,对世界经济增长的贡献率达30%。我国长期所处的短缺经济和供给不足的状况已经发生了根本性改变,社会生产已经不再落后,再讲"落后的社会生产"已经不符合实际。因此原来"人民日益增长的物质文化需要同落后的社会生产之间的矛盾"已经不存在了。

目前更加突出的问题是发展不平衡不充分,这已经成为满足人民日益增长的美好生活需要的主要制约因素,其他问题归根结底都是由这个问题造成或派生的。发展不平衡主要是指各区域各领域各方面发展不够平衡,制约了全国发展水平提升。发展不充分主要是指一些地区、一些领域、一些方面存在发展不足的问题,发展的任务仍然很重。发展不平衡不充分问题具体地表现在社会生产力、"五位一体"总体布局的不同领域、城乡和区域发展水平、收入分配等很多方面。我们要在继续推动发展的基础上,着力解决好发展不平衡不充分问题,大力提升发展质量和效益,更好满足人民在经济、政治、文化、社会、生态等方面日益增长的需要,更好推动人的全面发展、社会全面进步。

我国社会主要矛盾的变化是关系全局的历史性变化,对党和国家工作提出了许多新要求。党和国家的事业发展面临的情况、要解决的问题、肩负的使命和奋斗的目标都会随之发生变化。

二

虽然我国社会主要矛盾发生了变化,但是我国仍处于并将长期处于社会主义初级阶段的基本国情没有变,我们仍然要坚持社会主义初级阶段的基本路线不动摇。

新的历史方位的判断使我们认识到,中国特色社会主义新时代有"一个变化,两个没有变",那就是"我国社会主要矛盾的变化,没有改变我们对我国社会主义所处历史阶段的判断,我国仍处于并将长期处于社会主义初级阶段的基本国情没有变,我国是世界最大发展中国家的国际地位没有变"①。

社会主义初级阶段理论的创立和发展,是中国共产党的重大理论创新。我国正处于并将长期处于社会主义初级阶段,这是我们党总结正反两方面历史经验,经过长期探索得出的基本结论。

毛泽东同志在 20 世纪 50 年代末 60 年代初研读苏联政治经济学教科书时,曾提出社会主义可以分为"不发达"和"比较发达"两个阶段②。邓小平同志提出"社会主义本身是共产主义的初级阶段,而我们中国又处在社会主义的初级阶段,就是不发达的阶段"③。

党的十一届六中全会通过的《关于建国以来党的若干历史问题的决议》第一次提出"我们的社会主义制度还是处于初级的阶段","我们的社会主义制度由比较不完善到比较完善,必然要经历一个长久的过程"④。

党的十三大报告系统地论述了社会主义初级阶段的理论和党在社会主义初级阶段的基本路线,指出我国正处在社会主义的初级阶段,这个论断包括两层含义:第一,我国社会已经是社会主义社会,我们必须坚持而不能离开社会主义。第二,我国的社会主义社会还处在初级阶段。我国社会主义的初级阶段,是一个什么样的历史阶段呢? 它不是泛指任何国家进入社会主义都会经历的起始阶段,而是特指我国在生产力落后、商品经济不发达条

---

① 习近平:《决胜全面建成小康社会 夺取新时代中国特色社会主义伟大胜利——在中国共产党第十九次全国代表大会上的报告》(2017 年 10 月 18 日),人民出版社 2017 年 10 月版,第 12 页。
② 参见《读苏联〈政治经济学教科书〉的谈话》(节选),《毛泽东文集》第八卷,人民出版社 1999 年 6 月版,第 116 页。
③ 邓小平:《一切从社会主义初级阶段的实际出发》,《邓小平文选》第三卷,人民出版社 1993 年 10 月版,第 252 页。
④ 《中国共产党中央委员会关于建国以来党的若干历史问题的决议》,中共中央文献研究室编:《三中全会以来重要文献选编》(下),中央文献出版社 2011 年 6 月版,第 167 页。

件下建设社会主义必然要经历的特定阶段。社会主义初级阶段基本路线的核心实质就是"一个中心,两个基本点",即以经济建设为中心,坚持四项基本原则,坚持改革开放。党的十四大将党在社会主义初级阶段的基本路线写进了党章。

党的十五大报告再一次深入论述了社会主义初级阶段的基本路线,明确指出,在党的纲领中明确提出社会主义初级阶段的科学概念,这在马克思主义历史上是第一次。社会主义的初级阶段"至少需要一百年时间。至于巩固和发展社会主义制度,那还需要更长得多的时间,需要几代人、十几代人,甚至几十代人坚持不懈地努力奋斗"①。

党的十七大报告指出,我国仍处于并将长期处于社会主义初级阶段的基本国情没有变,党的基本路线是党和国家的生命线,是实现科学发展的政治保证。十七大修订的党章对社会主义初级阶段的基本路线表述为"中国共产党在社会主义初级阶段的基本路线是:领导和团结全国各族人民,以经济建设为中心,坚持四项基本原则,坚持改革开放,自力更生,艰苦创业,为把我国建设成为富强民主文明和谐的社会主义现代化国家而奋斗"②。

习近平总书记在党的十八届中央政治局第一次集体学习时讲道:"因为社会主义初级阶段是当代中国的最大国情、最大实际。我们在任何情况下都要牢牢把握这个最大国情,推进任何方面的改革发展都要牢牢立足这个最大实际。不仅在经济建设中要始终立足初级阶段,而且在政治建设、文化建设、社会建设、生态文明建设中也要始终牢记初级阶段;不仅在经济总量低时要立足初级阶段,而且在经济总量提高后仍然要牢记初级阶段;不仅在谋划长远发展时要立足初级阶段,而且在日常工作中也要牢记初级阶段。党在社会主义初级阶段的基本路线是党和国家的生命线。"③我们要坚持把

---

① 《高举邓小平理论伟大旗帜,把建设有中国特色社会主义事业全面推向二十一世纪》,中共中央文献研究室编:《十五大以来重要文献选编》(上),中央文献出版社2011年6月版,第14页。

② 《中国共产党章程》,人民出版社2007年10月版,第9页。

③ 习近平:《紧紧围绕坚持和发展中国特色社会主义学习宣传贯彻党的十八大精神》(2012年11月17日),中共中央文献研究室编:《十八大以来重要文献选编》(上),中央文献出版社2014年9月版,第76页。

以经济建设为中心作为兴国之要、把四项基本原则作为立国之本、把改革开放作为强国之路，不能有丝毫动摇。

习近平总书记在十九大报告中指出："全党要牢牢把握社会主义初级阶段这个基本国情，牢牢立足社会主义初级阶段这个最大实际，牢牢坚持党的基本路线这个党和国家的生命线、人民的幸福线，领导和团结全国各族人民，以经济建设为中心，坚持四项基本原则，坚持改革开放，自力更生，艰苦创业，为把我国建设成为富强民主文明和谐美丽的社会主义现代化强国而奋斗。"①

三

国内主要矛盾的变化是社会主义初级阶段总的量变过程中的阶段性质变，我们要深刻把握变和不变的辩证法，掌握历史唯物主义的方法论。

中国特色社会主义新时代的"一个变化，两个没有变"，充满了历史发展的辩证法。中国特色社会主义新时代我国主要矛盾的变化是社会主义发展的阶段性特征。中国特色社会主义初级阶段是一个相当长的历史时期，要经历一系列的小的阶段，在这些小的阶段中经常会发生主要矛盾的改变，主要矛盾的改变是长的量变过程中的阶段性质变，这些阶段性质变反映出了总体的量变过程，只有当许许多多的阶段性质变积累到一定的程度才能导致整体或整个过程的质变，到那时中国特色社会主义就走出了初级阶段，向更高阶段迈进。但是，目前我们还处在并将长期处于社会主义的初级阶段没有变，仍然要坚持社会主义初级阶段的基本路线不动摇。我们是世界上最大的发展中国家的国际地位没有变，这就决定了我们还要以经济建设为中心，把发展作为执政兴国的第一要务，坚持新发展理念，继续解放思想，解放和发展生产力，解放和激发社会活力。我们要全面建成小康社会，还要分两步走，基本实现现代化和建成社会主义现代化强国，为实现中华民族伟大复兴的中国梦而奋斗。同时，我们还要为世界上那些既希望加快发展又

---

① 习近平：《决胜全面建成小康社会　夺取新时代中国特色社会主义伟大胜利——在中国共产党第十九次全国代表大会上的报告》(2017 年 10 月 18 日)，人民出版社2017 年 10 月版，第 12 页。

希望保持自身独立性的国家和民族实现现代化提供全新选择,为解决人类问题贡献中国智慧和中国方案,为构建人类命运共同体、促进人类共同发展作出自己的贡献。

习近平总书记说过:"认识和把握我国社会发展的阶段性特征,要坚持辩证唯物主义和历史唯物主义的方法论,从历史和现实、理论和实践、国内和国际等的结合上进行思考,从我国社会发展的历史方位上来思考,从党和国家事业发展大局出发进行思考,得出正确结论。"①我们正确认识和深刻把握中国特色社会主义新时代的"一个改变"和"两个没有变",就是掌握历史发展的辩证法和历史唯物主义的方法论。习近平新时代中国特色社会主义思想探索和回答了一个重大的时代课题,那就是"新时代坚持和发展什么样的中国特色社会主义、怎样坚持和发展中国特色社会主义?"的问题。纵观中国特色社会主义理论体系的发展历程,正是面临不同的时代特征不断地探索和回答问题的过程。

中国特色社会主义的一个重要特点就是不断推进理论创新,党的指导思想既坚持马克思主义的根本原则又不断与时俱进,就是既不丢掉老祖宗又要讲新话,不断回应现实的新情况,不断解决实践的新问题,不断实现理论的新提升新飞跃。

(原载于《中国政协》2018年第1期,收入本书时略有修改)

---

① 习近平:《高举中国特色社会主义伟大旗帜、为决胜全面小康社会实现中国梦而奋斗》,《习近平谈治国理政》第二卷,外文出版社2017年11月版,第61页。

新发展理念是对科学发展观的
新突破新发展

党的十八届五中全会最突出的贡献和亮点是提出了创新、协调、绿色、开放、共享五大发展理念。新发展理念丰富和发展了我们党关于发展的思想理论，是对科学发展观的新突破、新发展，是对以习近平同志为核心的党中央治国理政新理念、新思想、新战略的概括和总结。习近平总书记在《关于〈中共中央关于制定国民经济和社会发展第十三个五年规划的建议〉的说明》中讲道"这五大发展理念，是'十三五'乃至更长时期我国发展思路、发展方向、发展着力点的集中体现，也是改革开放三十多年来我国发展经验的集中体现，反映出我们党对我国发展规律的新认识"。①

一、新发展理念是对时代发展新问题的回应

新发展理念既是以往发展经验的总结，又是新的历史时期实践发展的必然结果。一方面，新发展理念是我国改革开放以来发展经验的总结和提升，是贯彻落实"科学发展观"尤其是党的十八大以来，我们党在新的历史条件下、在领导改革开放和现代化建设的成功实践中，对于共产党执政规律、社会主义建设规律、人类社会发展规律认识的凝练和升华。另一方面，我们所处的历史环境和面临的问题和科学发展观产生时已经大不一样了，发展基础、发展环境、发展条件和发展要求变化了。因此我们的发展理念也必须随之发生变化，这是时代的呼唤和必然。一切以时间、地点和条件为转

---

① 《中共中央关于制定国民经济和社会发展第十三个五年规划的建议》，人民出版社2015年11月版，第48页。

移,具体地分析具体情况是马克思主义活的灵魂。

与科学发展观产生时的历史条件相比,有几个没有变,即我们仍然处于社会主义初级阶段的基本国情没有变;我们仍然是发展中大国的定位没有变;我们现在处于大有作为的重要战略机遇期没有变。但是,又有了几个最突出的变化:

一是重要战略机遇期的深刻内涵发生了变化。我国发展仍处于大有作为的重要战略机遇期,我国发展具有相对稳定的外部环境,经济发展态势可以保持,长期向好的基本面没有变。不过我们应该注意到,与10多年前相比,战略机遇期的内涵已经发生了深刻变化,我们面临着诸多矛盾叠加、风险隐患增多的严峻挑战。例如,在经受了2008年底开始的国际金融危机之后,全球经济贸易增长乏力,贸易保护主义抬头,靠外向型经济的出口来推动增长已经不可能了,更多需要依靠扩大内需来带动经济增长;国际资本向发达国家回流,"再工业化"也使得工业制造业也向发达国家回流,我国人口红利日益减少,各种要素成本不断提高,我国经济必须从原来的要素驱动转向以新一轮的科技革命和产业变革为基础的创新驱动;在中国进入国际贸易组织(WTO)10多年之后,新的国际经贸规则的制定正处在激烈的利益博弈之中,TPP(跨太平洋伙伴关系协定,Trans-Pacific Partnership Agreement)和TTIP(跨大西洋贸易与投资伙伴协议,Transatlantic Trade and Investment Partnership)有对中国形成围堵之势,我们必须要积极参与全球经济治理,保护和扩大我国发展利益;在中国成为世界第二大经济体之后,那些不愿意看到中国发展壮大的势力对我国的戒备和防范心理加重,联手对我国遏制和牵制,地缘政治关系复杂变化,传统安全威胁和非传统安全威胁交织,外部环境不稳定不确定因素增多。因此,我们必须统筹好国际国内两个大局,统筹好内政外交国防,确保我国经济发展有一个安全稳定的外部环境。

二是我国进入了"经济新常态"。新常态下,我国经济发展表现出速度变化、结构优化、动力转换三大特点。增长速度要从高速转向中高速,从原来30多年连续以平均每年接近10%的速度增长转向以每年7%左右的速度增长。发展方式要从规模速度型转向质量效率型,经济结构调整要从增量扩能为主转向调整存量、做优增量并举,尤其是要优先发展第三产业,高附加值产业和绿色低碳环保的产业。发展动力要从主要依靠资源和低成本劳动力等要素投入转向创新驱动。这些变化是经济发展本身的必然规律,我们适应新常态、把握新常态,引领新常态,顺应推动经济保持中高速增长、产业迈向中高端水平的新的要求,将原来加快发展速度的机遇转变为转变经济发展方式的机遇,将原来规模快速扩张的机遇转变为提高发展质量和效益的机遇,将发展动力从主要依靠资源和低成本劳动力等要素投入的驱动转向创新驱动。

三是我国经济社会的发展进入到新阶段,需要解决新问题。党的十八大提出了实现"两个一百年"的目标,尤其是2020年要全面建成小康社会,今后5年是全面建成小康社会的决胜期,小康社会又有了新的目标要求,新的指标体系。新发展理念有着很强的问题意识,是以问题为导向的,都是对应着我们面临的最大最艰巨的任务、针对着最突出的矛盾和问题提出的。创新发展注重解决的是发展动力问题,因为目前我们创新能力不强、科技发展总体水平不高的问题还很突出,科技对于经济的贡献率、对于经济社会发展的支撑能力远低于发达国家。协调发展注重解决的是发展不平衡问题,针对的是区域和城乡,经济和社会,物质文明和精神文明不协调等突出矛盾。绿色发展要解决的是人与自然的和谐问题,针对的是资源约束趋紧、环境污染严重、生态系统遭到破坏等突出矛盾。开放发展重点要解决的是发展内外联动问题,针对的是我们对外开放的水平总体上还不高、用好国际国内两个市场两种资源的能力还不够强、应对国际经贸摩擦、争取经济话语权的能力还比较弱等突出矛盾。共享发展注重解决的是社会公平正义问题,对准的是分配不公、收入差距城乡公共服务差距较大、老百姓在改革发展中的获得感还不强等突出矛盾。习近平总书记在2015年元旦全国政协茶话会上讲话中讲道:问题是时代的声音,人心是最大的政治。推进党和国家各项工作,必须坚持问题导向,倾听人民呼声。我们的目标越伟大,我们的使命越艰巨,就越需要所有人拧成一股绳去干事创业。① 我们所处的环境变

---

① 参见《习近平在全国政协新年茶话会上的讲话》,《人民日报》2015年1月1日第1版。

了,面临的问题变了,我们的发展理念也必须变,需要进行理论创新,新发展理念就是针对时代的新问题、反映了人民的呼声的理论创新。

二、新发展理念对科学发展观的突破和发展

首先我们应该看到,新发展理念和科学发展观是一脉相承的,是对科学发展观的继承和发展。新发展理念和科学发展观之间有五点是共同的。一是"历史使命"是共同的;从中国特色社会主义理论体系的发展脉络看,邓小平理论要回答的是"什么是社会主义? 怎样建设社会主义?"的问题,"三个代表"重要思想要回答的是"要建设一个什么样的党? 怎样建设党?"的问题,科学发展观要回答的是"我们需要什么样的发展? 怎样发展?"的问题,而习近平同志提出的新发展理念要回答的问题仍然是"我们需要什么样的发展? 怎样发展?",理论的历史使命没有变。二是"第一要务"是共同的;发展是硬道理,坚持以经济建设为中心,坚持把发展作为我们党执政兴国的第一要务,这一点也没有变。三是"核心立场"是共同的;科学发展观的核心立场是以人为本,始终把实现好、维护好、发展好最广大人民根本利益作为党和国家一切工作的出发点和落脚点,尊重人民首创精神,保障人民各项权益,不断在实现发展成果由人民共享、促进人的全面发展上取得新成效。新发展理念的核心立场就是要坚持人民的主体地位,坚持以人民为中心的发展思想,把增进人民福祉、促进人的全面发展作为发展的出发点和落脚点,发展人民民主,维护社会公平正义,保障人民平等参与、平等发展权利。可见二者的核心立场是一样的。四是"基本要求"是共同的;科学发展观的基本要求是全面协调可持续,落实"五位一体"的总体布局,促进现代化建设各个方面相协调。新发展理念仍然坚持全面协调可持续,"五位一体"的总体布局。五是"根本方法"也是共同的;科学发展观的根本方法是统筹兼顾,新发展理念中的协调发展与科学发展观中的统筹兼顾是对应的、一致的。

但是,相对于科学发展观,新发展理念又有新突破新发展。首先,新发展理念把创新放在前所未有的重要的位置。党的十六大以后,我们党提出"要始终把改革创新贯彻到治国理政各个环节","提高自主创新能

力,建设创新型国家"。但是,创新发展并没有成为科学发展观中的主要内容。党的十八大提出了创新驱动发展战略,"把改革贯穿于经济社会发展各个领域各个环节,以改革促创新发展"。而到党的十八届五中全会,则把创新看作是"引领发展的第一动力",要求"必须把创新摆在国家发展全局的核心位置"。把创新放在前所未有的重要的位置,这既是时代发展的要求,也是发展理念和发展思路的重要调整。讲创新并不单纯是指科技创新,而是包含"理论创新、制度创新、科技创新、文化创新"等各方面创新。创新中第一位的是理论创新,"四个全面"战略布局是理论创新,新发展理念是理论创新,理论是先导,是灵魂,是总开关,有了新理论的引领,发展方向就明了,路径就清晰;其次是制度创新,国家治理体系和治理能力的现代化既是全面深化改革的总目标,也是最大的制度创新,制度创新为其他创新提供保障;科技创新是关键,是最有活力的创新,要推动新技术、新业态、新产业的形成;文化创新这里是指广义的文化,既指各种文化艺术形式,文化事业、文化产业的创新,还应该包括社会主义核心价值观和精神文化、政治文化和道德文化等领域的创新。"让创新贯穿党和国家一切工作,让创新在全社会蔚然成风",①这是对科学发展观的一大突破。

第二,新发展理念突出了开放发展。改革开放 40 年,在本世纪初我们就提出了实施"引进来"和"走出去"相结合的对外开放战略。在科学发展观中肯定包含有开放的思想,但是没有把开放单独作为一个发展理念。党的十八大以来,开放的局面也发生了很大的变化,过去开放更注重的是引进来,是接受世界政治经济的秩序,是利用别人的舞台宣传自己、展示自己;今天我们更多的是要"走出去",要自己搭建国际合作的舞台,建设政治经济的新秩序,例如"一带一路"的倡议,亚洲基础设施投资银行、丝路基金和自贸区的建设等。开放发展要求在新的形势下,顺应我国经济深度融入世界经济的趋势,坚持统筹国际国内两个大局,发展更高层次的开放型经济,完

---

① 《中共中央关于制定国民经济和社会发展第十三个五年规划的建议》,人民出版社 2015 年 11 月版,第 8 页。

善对外开放战略布局,形成对外开放新体制,打造陆海内外联动、东西双向开放的全面开放的新格局,利用好国际国内两种资源和两个市场。积极参与全球经济治理,提高我们在国际规则制订中的话语权,构建广泛的利益共同体。中国已经是世界上第二大经济体,要体现出我们是一个负责任的大国,要积极承担国际责任和义务。开放发展理念是在新的国际环境下对开放的新审视、新思考,是对科学发展观的新发展。

第三,新发展理念强调了共享发展。改革开放过程中,原来重视发展速度与效率、效益,现在越来越重视民生,越来越强调公平正义。党的十六大以后,我们提出了要坚持"共同建设、公共享有"的原则,形成"社会和谐人人有责,和谐社会人人共享"的局面。共享发展体现出了人民性和以人为本,要"人人参与,人人尽力,人人享有",把人民群众的根本利益作为出发点和落脚点,人民群众的期盼就是我们努力的方向。党的十八届五中全会提出的共享发展的最大特点是民生导向、公平导向,例如缩小收入差距,坚持居民收入增长和经济增长同步,劳动报酬提高和劳动生产率提高同步;要实施脱贫攻坚工程,精准扶贫,精准脱贫;积极应对人口的老龄化,建设多层次的养老服务体系,增加养老服务和产品供给;推进健康中国建设,实施食品安全战略;促进人口均衡发展,全面实施一对夫妇可生育两个孩子政策。[1] 这些都是亮点,体现出新意,都是新发展。

第四,新发展理念更加注重协调发展的整体性。讲协调发展和科学发展观中讲"全面协调"是对应的,但是协调发展的理念除了讲"推动区域协调发展、推动城乡协调发展""新型工业化、信息化、城镇化和农业现代化同步发展"外,新提出了要"推动物质文明和精神文明协调发展""推动经济建设和国防建设融合发展",使协调的范围更大更广了,这才是真正的"全面协调",整体的协调,而不仅仅是经济领域的协调。第一次把精神文明建设也纳入协调发展的范围,真正体现了物质文明和精神文明两手抓,两手都要硬。[2] "两个

① 《中共中央关于制定国民经济和社会发展第十三个五年规划的建议》,人民出版社2015 年 11 月版,第 32—39 页。

② 《中共中央关于制定国民经济和社会发展第十三个五年规划的建议》,人民出版社2015 年 11 月版,第 19—22 页。

文明"协调发展是坚持和发展中国特色社会主义的必然要求,也是全面建成小康社会的基本内容。

第五,新发展理念更加强化人和自然和谐共生的绿色发展。应该使绿色发展成为一种生产方式和生活方式,一种社会风尚。"绿色发展"和科学发展观中讲的"可持续"是对应的,但是比"可持续"的含义更丰富了,除了"推动低碳循环发展、全面节约和高效利用能源、加大环境治理力度、筑牢生态安全屏障"之外,还要"坚持绿色富国,绿色惠民,为人民提供更多优质生态产品,推动形成绿色发展方式和生活方式,协同推进人民富裕,国家富强,中国美丽"。① 和以往相比,更加突出了人与自然和谐共生的理念,更加强调主体功能区概念,还要建设美丽中国。

这些突破和发展体现出发展理论的与时俱进,体现了思维方式、思维方法的变革,其中包含了辩证思维、系统思维、底线思维等思维方式方法的综合运用。

三、新发展理念是解决发展问题的科学理论指导和行动指南

习近平总书记说:"发展理念是发展行动的先导,是管全局、管根本、管方向、管长远的东西,是发展思路、发展方向、发展着力点的集中体现。发展理念搞对了,目标任务就好定了,政策举措也就跟着好定了。"②

发展问题是当今世界共同的主题,各国的发展都有自己的特殊性,但是也有一些带共性的问题。发展问题最根本的是理念问题,发展战略的竞争反映的是发展理念的竞争。以新的发展理念来引领新的发展实践,以发展理念的转变引领发展方式的转变,以发展方式的转变推动发展质量和效益的提升。新发展理念体现了对新的发展阶段基本特征的深刻洞悉,体现了对社会主义本质要求和发展方向的科学把握,标志着我们党对经济社会发展规律的认识达到了一个新的高度。新发展理念是对于发展规律的把握,

---

① 《中共中央关于制定国民经济和社会发展第十三个五年规划的建议》,人民出版社2015年11月版,第23—27页。

② 习近平:《关于〈中共中央关于制定国民经济和社会发展第十三个五年规划的建议〉的说明》,《人民日报》2015年11月4日第2版。

"我们的发展必须是遵循规律的科学发展,必须是遵循自然规律的可持续发展,必须是遵循社会规律的包容性发展"。① 新发展理念既总结了我国发展的经验教训,也吸取了世界各国发展的经验教训;既把握了中国发展的特殊规律,也体现了世界发展的共同规律。因此,它们不仅是解决我国发展问题的科学理论指导和行动指南,同时对于解决当今世界发展的共同难题都有很强的指导作用和借鉴意义。

新发展理念是有着内在逻辑和有机联系的理论体系,它们都不可或缺,相互支撑。创新是引领发展的第一动力,协调是持续健康发展的内在要求,绿色是永续发展的必要条件,开放是国家繁荣发展的必由之路,共享是中国特色社会主义的本质要求。新发展理念既然是科学理论指导和行动指南,要去解决它们所针对和对准的那些问题,它们必定是和重大部署和重大举措联系在一起的。坚持创新发展,着力提高发展质量和效益;坚持协调发展,着力形成平衡发展结构;坚持绿色发展,着力改善生态环境;坚持开放发展,着力实现合作共赢;坚持共享发展,着力增进人民福祉。还要针对全面建成小康社会决胜阶段存在的突出问题,在补齐短板上狠下功夫。因此,新发展理念是管用的理论,是实践哲学。

新发展理念科学地回答了我们全面建成小康社会决胜时期和长远发展的重要理论问题和实践问题,是我们党关于发展理论的一次重大理论创新,将中国特色社会主义理论体系推进到了一个新的境界和新的阶段。"四个全面"的战略布局和新发展理念是我们实现"两个一百年"奋斗目标和中华民族伟大复兴中国梦的理论武器和行动指南。

（原载于《中国浦东干部学院学报》2016 年第 1 期,
原题为《五大发展理念是对科学发展观的新突破
新发展》,收入本书时略有修改）

---

① 　人民日报评论员:《发展必须是遵循经济规律的科学发展——新常态下我们怎样发展》(上),《人民日报》2014 年 8 月 26 日第 1 版。

治国理政需要哲学社会
科学更好地发挥作用

中国共产党在治国理政的过程中要做到科学执政、民主执政、依法执政，迫切需要哲学社会科学提供更多更好的理论支持和智力供给。习近平总书记在哲学社会科学工作座谈会上的讲话中，接连用了五个"面对"、五个"如何"和五个"迫切需要"，对哲学社会科学寄予厚望："这是一个需要理论而且一定能够产生理论的时代，这是一个需要思想而且一定能够产生思想的时代。"①哲学社会科学应在马克思主义的指导下，反映时代呼声，引领时代步伐，发现中国问题，提供中国方案，总结中国经验，发出中国声音，为治国理政当好参谋和智库。

一、治国理政需要哲学社会科学提供理论指导、立场观点和思维方法

哲学社会科学的研究和发展必须以马克思主义为指导，同时，哲学社会科学的重要任务就是推进马克思主义的中国化时代化大众化，继续发展21世纪的马克思主义、当代中国马克思主义。研究和总结共产党执政规律、社会主义建设规律、人类社会发展规律是哲学社会科学义不容辞的责任。中国共产党治国理政必须是以中国化的、发展着的马克思主义为理论指导，这需要哲学社会科学对于中国特色社会主义的最新实践不断地从理论上进行总结凝练、提升和升华，把马克思主义中国化的最新成果系统化、理论化。

---

① 习近平：《在哲学社会科学工作座谈会上的讲话》（2016 年 5 月 17 日），人民出版社 2016 年 5 月版，第 8 页。

共产党治国理政首先要解决立场观点、为什么人的问题,领导者要始终牢记是为谁服务、为谁理政,必须树立为人民服务的宗旨观念,必须清楚社会主义国家是人民当家做主,治国理政要代表最广大人民群众的根本利益,以人民群众的根本利益为出发点和落脚点,以国家繁荣和人民幸福为根本价值取向。因此,哲学社会科学要研究和弘扬马克思主义的人民观,维护和增进人民的权力和利益。

哲学社会科学要为治国理政提供世界观和方法论。马克思主义哲学,辩证唯物主义和历史唯物主义的基本原理是科学的世界观和方法论,是治国理政的总开关,是每一位执政者应该掌握的看家本领和基本功。习近平总书记倡导广大干部学好马克思主义哲学,学会系统思维、战略思维、创新思维、历史思维、法治思维、底线思维等思维方法,学会调查研究、具体情况具体分析、两点论和重点论、十个指头弹钢琴和统筹兼顾等工作方法,这些都需要哲学社会科学来深入研究和推广普及。

二、治国理政需要哲学社会科学把握时代脉搏、世界大势和中国国情

哲学社会科学的理论创新需要聆听时代的声音,回应时代的呼唤,认真研究解决时代提出的重大而紧迫的问题。治国理政首先就需要认清我们是在什么环境下执政,人类面临的问题是什么,中国面临的问题是什么,世界的大潮大势是朝哪个方向发展,需要认清历史方位,辨认前进方向,掌握我国社会发展、人类社会发展的大逻辑大趋势。

当今世界经济全球化、政治多极化风云际会,国家领土主权问题,国际事务争议问题,能源资源争夺问题,科技和经济的人才、信息争抢问题,环境和气候变化问题,反恐和国家安全问题,意识形态的渗透和文化霸权问题等,都涉及政治学、经济学、金融学、社会学、国际法学、民族宗教理论等哲学社会科学众多学科以及自然科学许多门类的深入研究和跨学科的合作研究。

当今中国仍然处于并将长期处于社会主义初级阶段,我国仍然是世界上最大的发展中国家。经过 40 多年的改革开放,中国虽然成为世界第二大

经济体,但是我们面临的困难和问题还很多,改革进入了攻坚期和深水区,中国经济处于增长速度换挡期、结构调整阵痛期、前期刺激政策消化期"三期叠加",经济发展进入了新常态,如何适应、把握和引领经济新常态,需要进行供给侧结构性改革,去产能、去库存、去杠杆、降成本、补短板等,对于中国国情的这些认识、思考和对策既是哲学社会科学以往研究取得的成果,同时还要求哲学社会科学对中国的基本国情和发展趋势作出更为深入的研究和全面的判断。

中国共产党作为执政党和治国理政的主体,正经受着长期执政考验、改革开放考验、市场经济考验、外部环境考验,正面临着精神懈怠危险、能力不足危险、脱离群众危险、消极腐败危险。如何保持自身的先进性和纯洁性,如何从严治党,从而保证党始终成为中国特色社会主义的领导核心,这也需要哲学社会科学从党史、党建、经济、法律、历史学、政治学等多学科的研究,提供中国共产党长期执政、国家长治久安的方略。

三、治国理政需要哲学社会科学提出中国问题、总结中国经验、发出中国声音

习近平总书记说:"问题是创新的起点,也是创新的动力源","坚持以马克思主义为指导,必须落到研究我国发展和我们党执政面临的重大理论和实践问题上来,落到提出解决问题的正确思路和有效办法上来"[①]。问题是时代的声音。时代的变化和实践的发展给治国理政和哲学社会科学都提出了许多重大而紧迫的理论和实际问题。从哲学社会科学自身发展需要和治国理政的需要来看,中国的哲学社会科学需要关注中国现实,提出中国问题,不仅要提供解决中国问题的方案,还要为解决人类面临的共同问题贡献中国智慧、提供中国方案。

在全面建成小康社会、全面深化改革的过程中,我们面临许多新情况新困难新问题,正如邓小平同志所言,发展起来后和未发展起来相比不是问题

---

① 习近平:《在哲学社会科学工作座谈会上的讲话》(2016 年 5 月 17 日),人民出版社 2016 年 5 月版,第 14 页。

少了而是问题更多、更为复杂了。如何破解这些难题,既要提出问题,还要分析和解决问题,这些既是治国理政的当务之急,也是哲学社会科学紧迫的课题。哲学社会科学应该树立问题意识,坚持问题导向。

习近平总书记说,"各级党委和政府要发挥哲学社会科学在治国理政中的重要作用",要加强中国特色新型智库建设,建立健全决策咨询制度,建设中国特色新型智库。"要建设一批国家亟需、特色鲜明、制度创新、引领发展的高端智库,重点围绕国家重大战略需求开展前瞻性、针对性、储备性政策研究。"①对于改革发展稳定、治党治国治军所面临的重大现实问题和突出矛盾问题,对于国家中长期发展的战略性前瞻性前沿性的问题,对于党情政情社情中反映出来的紧迫问题,哲学社会科学都要加紧研究、重点研究或全力研究。这些研究既能助力治国理政,也能促进理论创新。

改革开放和走中国特色社会主义道路40多年,中国的实践和探索有许多经验值得总结,例如中国的城镇化、农业现代化、公共服务均等化、基础设施建设、扶贫脱贫问题、救灾减灾和灾后重建问题,还有共产党领导下的多党合作制度、协商民主制度、民主集中制、党的法规和制度建设、党的基层组织建设、反腐倡廉建设等,许多发展中国家和外国政党都觉得中国的经验可学可用,但是这些中国经验还需要哲学社会科学更好地总结提炼。对于中国特色社会主义的道路、理论和制度要以国际上听得懂的话语方式讲好中国故事,发好中国声音。"要善于提炼标识性概念,打造易于为国际社会所理解和接受的新概念、新范畴、新表述,引导国际学术界展开研究和讨论。"②要改变有理说不出、说了传不开的局面,打破西方的话语霸权,要让世界接受中国话语、习惯中国话语,使中国话语成为世界话语体系中的重要组成部分。

---

① 习近平:《在哲学社会科学工作座谈会上的讲话》(2016年5月17日),人民出版社2016年5月版,第26页。
② 习近平:《在哲学社会科学工作座谈会上的讲话》(2016年5月17日),人民出版社2016年5月版,第24页。

四、治国理政需要哲学社会科学助力推进国家治理体系和治理能力的现代化

习近平总书记指出:"推进国家治理体系和治理能力现代化,就是要适应时代变化,既改革不适应实践发展要求的体制机制、法律法规,又不断构建新的体制机制、法律法规,使各方面制度更加科学、更加完善,实现党、国家、社会各项事务治理制度化、规范化、程序化。"①习近平总书记给国家治理体系和治理能力现代化指明了方向、明确了任务,重点在体制机制、法律法规的建设,治理制度化、规范化、程序化的建设,这些就是哲学社会科学的重要任务和努力的方向。

党的十八大以来,以习近平同志为核心的党中央统筹推进中国特色社会主义的"五位一体"总体布局,协调推进"四个全面"战略布局,治国理政取得了新成就,进入了新阶段,推向了新境界。下一阶段,要完成好习近平总书记提出的推进国家治理体系和治理能力现代化的任务,仍然要围绕统筹推进"五位一体"总体布局和协调推进"四个全面"战略布局来进行。加强社会主义市场经济、民主政治、先进文化、社会治理和生态文明的体制机制、法律法规的建设,促进国家治理的制度化、规范化、程序化。

在加强全面建成小康社会的决胜阶段,通过"十三五"时期的目标规划、顶层设计、统筹部署、协调推进,稳步有序地完成各项任务,确保第一个一百年目标的实现;在全面深化改革的进程中,要推进社会主义制度的自我完善和发展,破除不适应或制约经济社会发展突出的体制机制障碍;在推进全面依法治国的进程中,要不断完善以宪法为核心的法律制度体系,完善各种具体的制度安排和各种规章、规范和规矩,学会用法治思维和法治方式治理国家;在推进全面从严治党的进程中,要把思想建党和制度治党、依规管党结合起来,把党的领导、人民当家做主和依法治国结合起来,提高党科学执政、民主执政和依法执政的水平。

---

① 习近平:《切实把思想统一到党的十八届三中全会精神上来》(2013 年 11 月 12 日),中共中央文献研究室编:《十八大以来重要文献选编》(上),中央文献出版社 2014 年 9 月版,第 549 页。

习近平总书记强调,"坚持和发展中国特色社会主义,需要不断在实践和理论上进行探索、用发展着的理论指导发展着的实践。在这个过程中,哲学社会科学具有不可替代的重要地位,哲学社会科学工作者具有不可替代的重要作用"①。习近平总书记在哲学社会科学工作座谈会上的讲话,充分肯定了哲学社会科学和哲学社会科学工作者对于治国理政的重要地位和重要作用,哲学社会科学的繁荣和发展迎来了新的春天,治国理政和国家治理也必将书写出更新更美的篇章。

（原载于《光明日报》2016 年 7 月 20 日第 13 版,
收入本书时略有修改）

---

① 习近平:《在哲学社会科学工作座谈会上的讲话》(2016 年 5 月 17 日),人民出版社2016 年 5 月版,第 2 页。

明确新时代哲学社会科学的历史使命

2019 年全国"两会"期间,习近平总书记在看望参加全国政协十三届二次会议的文化艺术界、社会科学界委员时强调,要坚定文化自信、把握时代脉搏、聆听时代声音,坚持与时代同步伐、以人民为中心、以精品奉献人民、用明德引领风尚。这一讲话与习近平总书记在文艺工作座谈会和哲学社会科学工作座谈会上的重要讲话精神一脉相承,进一步明确了文化文艺工作和哲学社会科学工作在新时代的历史使命和光荣任务。

作为哲学社会科学工作者,学习习近平总书记的重要讲话,我们进一步明确了使命和任务,增强了责任感和使命感。

哲学社会科学首先要明确为了谁、依靠谁和我是谁的问题,核心要解决好为什么人的问题。为谁著书、为谁立说,为什么人的问题是根本性、原则性问题,哲学社会科学必须坚持以人民为中心的研究导向。哲学社会科学工作者要遵照习近平总书记的嘱托,多到实地调查研究,了解百姓生活状况、把握群众思想脉搏,着眼群众需要解疑释惑、阐明道理,把学问写进群众心坎里。一切有理想、有抱负的哲学社会科学工作者都应该立时代之潮头、通古今之变化、发思想之先声,积极为党和人民述学立论、建言献策,担负起历史赋予的光荣使命。

哲学社会科学要坚持与时代同步伐,勇于回答时代课题,承担记录新时代、书写新时代、讴歌新时代的使命。哲学社会科学的研究应该反映现实、观照现实,应该解决现实问题、回答现实课题。哲学社会科学应立足中国现实,植根中国大地,把当代中国发展进步和当代中国人精彩生活表现好、展示好,把中国精神、中国价值、中国力量阐释好。哲学社会科学应深刻反映新中国成立 70 周年来党和人民的奋斗实践,深刻解读新中国 70 年历史性变革中所蕴藏的内在逻辑。

哲学社会科学要坚持以马克思主义为指导,坚持马克思主义基本原理同中国具体实际相结合,运用马克思主义立场、观点、方法研究解决各种重大理论和实践问题,不断推进马克思主义中国化。不坚持以马克思主义为指导,哲学社会科学就会失去灵魂、迷失方向。我国哲学社会科学的一项重要任务就是继续推进马克思主义中国化、时代化、大众化,继续发展21世纪马克思主义、当代中国马克思主义。

哲学社会科学要构建充分体现中国特色、中国风格、中国气派的学科体系、学术体系、话语体系。我们要坚持不忘本来、吸收外来、面向未来,立足中国、借鉴国外,挖掘历史、把握当代,关怀人类、面向未来的思路,围绕我国和世界发展面临的重大问题,着力提出能够体现中国立场、中国智慧、中国价值的理念、主张、方案,更好地用中国理论解读中国实践。推出更有分量的学术成果和精品力作,为人类文明作出更大的贡献。

哲学社会科学要坚持用明德引领风尚。哲学社会科学工作者肩负着启迪思想、陶冶情操、温润心灵的重要职责,承担着以文化人、以文育人、以文培元的使命。哲学社会科学界紧紧围绕举旗帜、聚民心、育新人、兴文化、展形象的使命任务,明方向、正导向,转作风、树新风,出精品、育人才。哲学社会科学工作者不仅要通过自己的作品和研究成果弘扬和培育社会主义核心价值观,同时自身还要有信仰、有情怀、有担当,树立高远的理想追求和深沉的家国情怀,以高远志向、良好品德、高尚情操为社会做出表率。

(原载于《光明日报》2019年3月11日第6版)

研究新时代是中国智库义不容辞的责任

第一,中国智库应该深入研究和把握中国特色社会主义新时代的时代脉搏,研究和回应重大时代课题。

习近平总书记在十九大报告中指出,"经过长期努力,中国特色社会主义进入了新时代,这是我国发展新的历史方位。"①这是一个重大的政治判断,这是对于我国社会主义发展的阶段性特征和社会主义初级阶段社会发展规律的新认识。

要把握中国特色社会主义新时代的时代脉搏,就要深刻认识党的十八大以来,党和国家事业取得的历史性成就、发生的历史性变革,要深入研究和总结之所以能取得历史性成就、发生历史性变革的根本经验和历史启示。

要把握中国特色社会主义新时代的时代脉搏,就要深刻认识我国社会主要矛盾发生了改变。国内主要矛盾是怎样发生变化的,发生变化后我们该怎么办? 人民对美好生活有哪些新需要? 不平衡、不充分的发展到底体现在哪些方面? 到了什么程度? 如何去改变这种不平衡、不充分的发展? 这些正是需要智库去研究的问题。

要把握中国特色社会主义新时代的时代脉搏,就要深刻领会和把握习近平新时代中国特色社会主义思想,研究和回应重大时代课题,这就是必须从理论和实践结合上系统回答新时代坚持和发展什么样的中国特色社会主义、怎样坚持和发展中国特色社会主义。这就呼唤和要求智库对于这一重大时代课题做出更为广泛和深入的研究,从而更加准确地把握新时代的

---

① 习近平:《决胜全面建成小康社会 夺取新时代中国特色社会主义伟大胜利——在中国共产党第十九次全国代表大会上的报告》(2017 年 10 月 18 日),人民出版社2017 年 10 月版,第 10 页。

深刻内涵、历史特征和伟大意义,适应新时代,引领新时代。

第二,中国智库应该深入研究和阐发习近平新时代中国特色社会主义思想的精神实质和丰富内涵,推进马克思主义中国化和中国特色社会主义的理论创新。

习近平新时代中国特色社会主义思想是马克思主义中国化最新成果,具有原创性和时代性,是21世纪的马克思主义。智库应该对于习近平新时代中国特色社会主义思想的时代背景、理论贡献、实践价值和世界意义有更深入的研究。

习近平新时代中国特色社会主义思想的精神实质和丰富内涵具体地体现在"八个明确"和"十四个坚持"上,这些都是智库需要研究的课题,只有把这些关系弄清楚了,我们才能回答坚持和发展什么样的中国特色社会主义、怎样坚持和发展中国特色社会主义这一重大时代课题。

习近平新时代中国特色社会主义思想具有十分重要的历史地位和重大的理论意义。深入阐发习近平新时代中国特色社会主义思想的历史地位和理论意义应该是智库义不容辞的责任。

第三,中国智库应该深入研究和推进全面深化改革和对外开放,推进国家治理体系和治理能力的现代化,为实现新时代的新目标保驾护航。

从党的十九大到二十大,是"两个一百年"奋斗目标的历史交会期。我们既要全面建成小康社会、实现第一个百年奋斗目标,又要乘势而上开启全面建设社会主义现代化国家新征程,向第二个百年奋斗目标进军。党的十九大确定了"分两步走"的战略安排,第一个阶段,从2020年到2035年,在全面建成小康社会的基础上,再奋斗15年,基本实现社会主义现代化。第二个阶段,从2035年到本世纪中叶,在基本实现现代化的基础上,再奋斗15年,把我国建成富强民主文明和谐美丽的社会主义现代化强国。蓝图已经绘就,巨轮已经起航。如何把蓝图变为现实,巨轮怎样才能胜利驶向光辉的彼岸,这里需要智库的智慧和努力。

要实现新时代的新目标,就要坚定不移高举改革开放旗帜,贯彻新发展理念,全面深化改革,不断把改革开放推向前进。从现在起到本世纪中叶建设社会主义现代化强国要实施的每一个战略、要打赢的每一场攻坚战、要完成的每一项历史任务都需要智库去思考、去设计、去研究、去攻关。

第四，中国智库应该深入研究中国共产党自身建设规律和执政规律，为落实新时代党的建设总要求、推动全面从严治党向纵深发展献计献策。

中国智库需要坚持马克思主义的指导，坚持党的领导，坚持以人民为中心的研究导向，需要从党的历史和理论中汲取营养和智慧。反过来，中国共产党的自身建设也需要智库贡献智慧和方案，中国共产党在领导全国各族人民进行伟大的社会革命和党进行伟大的自我革命过程中，同样需要智库总结社会治理、政党治理和全球治理的经验和规律，深化和丰富对共产党执政规律、社会主义建设规律和人类社会发展规律的认识。

我们要深刻认识党面临的"四大考验"的长期性和复杂性，认识"四种危险"的尖锐性和严峻性，坚持问题导向，保持战略定力，推动全面从严治党向纵深发展，不断增强我们党自我净化、自我完善、自我革新、自我提高能力。习近平总书记在党的十九大报告中提出了"新时代党的建设总要求"，这是党的建设理论创新的一大亮点。这一总要求包括根本方针、工作思路、工作布局、迫切任务和总目标，同时还提出了达到这一总要求的八项举措，涵盖了党的建设的方方面面，构成了一个完整的体系。"新时代党的建设总要求"也给智库提出了一系列重要的研究课题，党的建设的每一项任务、每一条举措都需要智库去深入研究和助力推进。

（原载于《社会科学报》2018 年 3 月 22 日第 3 版）

讲出中国故事背后的道理来

一、讲事实说服人讲道理影响人

讲好中国故事是一个非常重要的新课题。习近平总书记在哲学社会科学工作座谈会上的讲话中提出,构建中国特色哲学社会科学的学科体系、学术体系、话语体系。其中的话语体系,就包括跨文化交流中的话语方式和可翻译性,就是让不同的文化能够相互交流和理解。而要达到相互交流和理解,最便捷的方式就是讲故事。讲故事就是讲事实、讲形象、讲情感、讲道理。这是因为,讲事实才能说服人,讲形象才能打动人,讲情感才能感染人,讲道理才能影响人。学术界讲中国故事,不应该只讲表浅的故事、零散的故事,还要保留故事的生动性,同时应该讲出故事背后的道理来,讲出完整的故事来。

二、既讲好一个人的故事也讲好一个时代的故事

一是通过故事来讲"道"。深层次地看,我们在国际上有理说不清的一个重要原因,就是我们的对外传播话语体系没有完全建立起来。话语的背后是思想、是"道"。不要为了讲故事而讲故事,而要把"道"融于故事之中,通过引人入胜的方式启人入"道",通过循循善诱的方式让人悟"道"。要把"道"贯穿于故事之中,不仅讲清楚改革开放以来发生了什么,还讲清楚为什么。

二是把讲好小故事和大故事、讲好今天的故事和历史的故事结合起来。比如,在讲上海的故事时,就讲了上海名称的由来,讲了百余年上海如何逐渐成长为具有海派文化特质的城市,继而如何在改革开放中崛起成为亚太区域中心城市,以及如何逐步成为现代化国际大都市的。总体来看,既要讲

好一个人、一个家庭、一个村庄、一个社区的小故事,也要讲好一座城市、一个国家、一个民族和一个时代的大故事;既要讲好今天的发展,也要讲好来龙去脉、发展源流和中华优秀传统。

三、采用融通中外的表述更好地阐释"四个伟大"

如何运用讲故事的方法,更好地传播好十九大重要精神?要紧紧抓住一个核心,就是讲好以习近平同志为核心的党中央领导全国各族人民进行伟大斗争、建设伟大工程、推进伟大事业、实现伟大梦想的故事。

一是要讲好中国故事的时代背景,把握好中国特色社会主义的阶段性特征,让世界看到中国站在新的发展起点上,中国特色社会主义进入新的发展阶段。

二是要把讲好中国故事和总结好中国经验结合起来。党的十八大以来,中央推出一系列重大战略举措,出台一系列重大方针政策,推进一系列重大工作,解决了许多长期想解决而没有解决的难题,办成了许多过去想办而没有办成的大事。社会主义在中国焕发强大生机活力并不断开辟发展新境界,我们要总结好建设规律,总结好中国经验。

三是要把讲好中国故事与提供中国方案结合起来。中国特色社会主义拓展了发展中国家走向现代化的途径,为解决人类问题贡献了中国智慧、提供了中国方案。我们要把好的经验、好的案例讲出来,以便对其他国家的发展有所助益。

四要创新对外话语表达方式,提高讲故事的艺术。要采用融通中外的概念、范畴、表述,把我们"想讲的"和国外受众"想听的"结合起来,把"陈情"和"说理"结合起来,把"自己讲"和"别人讲"结合起来,使故事更多为国际社会所接受和认同。

（原载于《解放日报》2017 年 10 月 17 日第 14 版,原文为记者李小佳访谈,收入本书时仅保留核心观点）

让五四精神在新时代发扬光大

2019 年是伟大的五四运动 100 周年。五四运动是一场以先进青年知识分子为先锋、广大人民群众参加的彻底反帝反封建的伟大爱国革命运动，是一场中国人民为拯救民族危亡、捍卫民族尊严、凝聚民族力量而掀起的伟大社会革命运动，是一场传播新思想新文化新知识的伟大思想启蒙运动和新文化运动。五四运动是中国旧民主主义革命走向新民主主义革命的转折点，在近代以来中华民族追求民族独立和发展进步的历史进程中具有里程碑意义。习近平总书记在纪念五四运动 100 周年大会上发表重要讲话，对于我们深刻认识五四精神的丰富内涵、历史意义和时代价值、在新时代继承和发扬五四精神具有重要的指导意义。

五四精神是五四运动创造的宝贵精神财富。今天，我们纪念五四运动、发扬五四精神，必须加强对五四运动和五四精神的研究。前不久在中央政治局第十四次集体学习时，习近平总书记要求我们从四个方面加强对五四运动和五四精神的研究。要加强对五四运动历史意义的研究，深刻揭示五四运动对当代中国发展进步的深远影响；要加强对五四精神时代价值的研究，深入揭示新时代发扬五四精神的意义和要求；要加强对五四运动以来中国青年运动的研究，深刻把握当代中国青年运动的发展规律；要加强对五四运动史料和文物收集、整理、保护，为后人继承和发扬五四精神留下历史记忆。

我们应该坚持大历史观，把五四运动放到中华民族 5000 多年文明史、中国人民近代以来 170 多年斗争史、中国共产党 90 多年奋斗史中来认识和把握。十月革命一声炮响给中国送来了马克思列宁主义，五四运动使马克思主义理论与中国工人运动相结合，中国的无产阶级作为一个独立的阶级走上了历史舞台。五四运动推动了中国社会进步,促进了马克思主义在中国的传播,促进了马克思主义同中国工人运动的结合,为中国共产党成立做了思想上干部上的准备,为新的革命力量、革命文化、革命斗争登上历史舞台创造了条件。

五四运动以来百年,中华民族迎来了从站起来、富起来到强起来的伟大飞跃!中国特色社会主义迎来了从创立、发展到完善的伟大飞跃!中国人民迎来了从温饱不足到小康富裕的伟大飞跃!历史证明,没有共产党就没有新中国,只有社会主义才能救中国,只有中国特色社会主义才能发展中国,只有坚持和发展中国特色社会主义才能实现中华民族伟大复兴。

"五四运动,孕育了以爱国、进步、民主、科学为主要内容的伟大五四精神,其核心是爱国主义。"

今天我们纪念五四运动 100 周年,就是要学习和弘扬这种忧国忧民、热爱祖国的爱国主义精神,爱国主义是我们民族精神的核心,是中华民族团结奋斗、自强不息的精神纽带。"当代中国,爱国主义的本质就是坚持爱国和爱党、爱社会主义高度统一。"在新时代我们要发扬爱国主义精神为建设社会主义现代化强国、为实现中华民族伟大复兴的中国梦而努力奋斗。

今天我们纪念五四运动 100 周年,就是要学习和弘扬积极进取、勤奋工作、无私奉献、追求进步的精神,自觉地把自己的人生追求同祖国和民族的命运自觉地联系在一起,将个人理想与学习工作统一到实现中国梦的伟大实践中去,在实现中国梦的伟大实践中实现自我的人生价值。"中国人民和中华民族从斗争实践中懂得,中国社会发展,中华民族振兴,中国人民幸福,必须依靠自己的英勇奋斗来实现,没有人会恩赐给我们一个光明的中国。"

今天我们纪念五四运动 100 周年,就是要学习和弘扬解放思想、敢于创新、倡导民主、理性启蒙的精神,完善和发展中国特色社会主义制度,推进国家治理体系和治理能力的现代化,坚持中国特色社会主义的政治发展道路,推进中国特色社会主义协商民主广泛多层制度化,坚定中国特色社会主义的道路自信、理论自信、制度自信、文化自信。

今天我们纪念五四运动 100 周年,就是要学习和弘扬追求真理、热爱科学、勇于探索、严谨求实的精神,用马克思主义的科学世界观和方法论,指导我们研究自然、社会和当今世界的发展和变革,推进科学技术的发展和生产力的进步,促进哲学社会科学的发展和繁荣。

今天,我们应该把研究五四精神同研究民族精神和时代精神统一起来,同研究党领导人民在革命、建设、改革中创造的革命文化和社会主义先进文化统一起来,使之成为激励人民奋勇前进的精神力量。研究五四精神,目的就在于在新时代能更好地发扬五四精神。青年是继承和弘扬五四精神的主体。习近平总书记寄语当代青年,新时代中国青年要树立远大理想,热爱伟大祖国,担当时代责任,勇于砥砺奋斗,练就过硬本领,锤炼品德修为。青年是国家的未来,也是世界的未来。无论过去、现在还是未来,中国青年始终是实现中华民族伟大复兴的先锋力量!一代人有一代人的长征,一代人有一代人的担当。建成社会主义现代化强国,实现中华民族伟大复兴,是一场接力跑。新时代的中国青年将和全国人民一道,在习近平新时代中国特色社会主义思想的指引下,在五四精神激励下,为决胜全面建成小康社会、夺取新时代中国特色社会主义伟大胜利、实现中华民族伟大复兴的中国梦不懈奋斗。

（原载于《人民政协报》2019 年 5 月 9 日第 3 版）

三、将改革开放进行到底

思想解放的伟大力量

　　1978 年 5 月 11 日,《光明日报》发表了《实践是检验真理的唯一标准》一文,掀起了一场全国性的真理标准大讨论,成为改革开放、建设中国特色社会主义的思想先导,揭开了改革开放和中国特色社会主义道路的序幕。今天,回望改革开放 40 多年风雨历程,我们更加深刻地感悟到思想解放的伟大力量。

一、思想解放是伟大革命的先导

　　伟大的革命需要伟大的思想。习近平总书记指出:"人类社会每一次重大跃进,人类文明每一次重大发展,都离不开哲学社会科学的知识变革和思想先导。"①无论是大的社会制度的更替,如推翻封建制度的资产阶级革命、推翻资本主义制度的无产阶级革命,还是重大的社会变革,如社会主义革命和建设、改革开放,无不有伟大的思想解放作先导,用新的思想理论取代旧的思想理论,用革命理论指导伟大的革命实践。

　　170 多年前发表的《共产党宣言》对于资本主义制度和资产阶级的统治产生了史无前例的震撼,是人类历史上一次前所未有的思想解放。继《共产党宣言》之后,《资本论》揭示了剩余价值产生的秘密和无产阶级作为资本主义掘墓人的历史使命,《社会主义从空想到科学的发展》等对于社会主义代替资本主义历史必然性的论证,对于无产阶级来说无疑是巨大的思想解放和启蒙,为无产阶级革命运动提供了科学理论指导。马克思创建的唯

---

　　① 习近平:《在哲学社会科学工作座谈会上的讲话》(2016 年 5 月 17 日),人民出版社2016 年 5 月版,第 3 页。

物史观,揭示了人类社会发展的一般规律,为人类指明了从必然王国向自由王国飞跃的途径。马克思主义犹如壮丽的日出,照亮了人类探索历史规律和寻求自身解放的道路。列宁创造性地运用马克思主义理论并付诸实践,在俄国建立起世界上第一个无产阶级政权和社会主义制度的国家。

中国共产党的诞生就是中华民族和中国人民以及先进的无产阶级思想解放的结果。十月革命一声炮响,给中国送来了马克思列宁主义,马克思主义理论与中国工人运动相结合产生了无产阶级的政党——中国共产党。以毛泽东同志为代表的中国共产党人把马克思主义的基本原理同中国革命的具体实际相结合的过程就是不断解放思想的过程。在长期的革命斗争中他们同教条主义作斗争,坚决反对把马克思主义看作是僵死的教条。在延安时期,毛泽东同志倡导解放思想,主要是为了解决什么是中国革命、在中国怎样进行革命的问题。毛泽东同志反复强调,全党要坚持理论联系实际的原则,要求"在党内发动一个启蒙运动,使我们同志的精神从主观主义、教条主义的蒙蔽中间解放出来"[1]。他把党的思想路线概括为"实事求是",通过延安整风和党的七大,实事求是的思想路线在全党确立起来。

回顾历史,每当我们党、国家和民族处于重大的转折关头、重要的发展阶段,都是紧紧依靠解放思想这个强大的思想武器才取得一个又一个胜利。解放思想使我们党从小到大、从弱到强,使我们国家兴旺发达、繁荣富强,使中国特色社会主义呈现出勃勃生机。

二、解放思想焕发出中国特色社会主义的磅礴力量

中国特色社会主义的发展进程就是一个不断解放思想的过程。改革开放40多年来,我们党团结带领人民不断解放思想,探索形成了中国特色社会主义道路,推动中国发生了天翻地覆的变化。

1978年12月13日,邓小平同志在中央工作会议上发表了题为《解放思想,实事求是,团结一致向前看》的重要讲话,他说:"一个党,一个国家,

---

[1] 毛泽东:《整顿党的作风》,《毛泽东选集》第三卷,人民出版社1991年6月版,第827页。

一个民族,如果一切从本本出发,思想僵化,迷信盛行,那它就不能前进,它的生机就停止了,就要亡党亡国","从这个意义上说,关于真理标准问题的争论,的确是个思想路线问题,是个政治问题,是个关系到党和国家的前途和命运的问题。"①邓小平同志对于真理标准问题讨论重大意义的评价,其实就是对于解放思想重要性的评价,这篇讲话也成为中国特色社会主义的宣言书。

什么叫解放思想? 邓小平同志说:"我们讲解放思想,是指在马克思主义指导下打破习惯势力和主观偏见的束缚,研究新情况,解决新问题。"②从这段论述中我们不难看出:解放思想一是要在马克思主义的指导下,完整地准确地理解毛泽东思想,解放思想和坚持四项基本原则是一致的,离开四项基本原则去"解放思想",只能是胡思乱想。二是要打破习惯势力和主观偏见的束缚,实现思想观念的更新、思维方式的变革、精神状况的改造。三是要以问题为中心,研究新情况解决新问题,"要向前看,就要及时地研究新情况和解决新问题,否则我们就不可能顺利前进"③。

解放思想和实事求是在本质上是一致的。邓小平同志指出:"解放思想,就是使思想和实际相符合,使主观和客观相符合,就是实事求是。"④解放思想的出发点是一切从实际出发而不是从主观臆断、固有经验和本本出发,解放思想落脚点是主观符合客观、理论符合实际、解决实际问题、认识世界和改造世界。因此,解放思想必须实事求是,敢于坚持实事求是就是解放思想,不敢于坚持实事求是就谈不上解放思想。要实事求是就必须解放思想,不解放思想就不能实事求是。我们越是坚持解放思想就越能实事求是,越是坚持实事求是就越能解放思想。

---

① 邓小平:《解放思想,实事求是,团结一致向前看》,《邓小平文选》第二卷,人民出版社 1994 年 10 月版,第 143 页。
② 邓小平:《坚持党的路线,改进工作方法》,《邓小平文选》第二卷,人民出版社 1994 年 10 月版,第 279 页。
③ 邓小平:《解放思想,实事求是,团结一致向前看》,《邓小平文选》第二卷,人民出版社 1994 年 10 月版,第 149 页。
④ 邓小平:《贯彻调整方针,保证安定团结》,《邓小平文选》第二卷,人民出版社 1994 年 10 月版,第 364 页。

改革开放 40 多年的伟大历程,既是不断解放和发展社会生产力的过程,又是不断解放思想、实事求是、与时俱进的过程。正如习近平总书记所指出的那样:"中国人民坚持解放思想、实事求是,实现解放思想和改革开放相互激荡、观念创新和实践探索相互促进,充分显示了思想引领的强大力量。"①经过 40 多年砥砺奋进,今天的中国已经成为世界第二大经济体、第一大工业国、第一大货物贸易国、第一大外汇储备国。40 多年来,按照可比价格计算,中国国内生产总值年均增长约 9.5%;以美元计算,中国对外贸易额年均增长 14.5%。中国人民生活从短缺走向充裕、从贫困走向小康,现行联合国标准下的 7 亿多贫困人口成功脱贫,占同期全球减贫人口总数 70% 以上。我国社会生产力水平显著提高,社会生产能力在很多方面进入世界前列,经济实力、科技实力、国防实力、综合国力不断增强;科技整体能力持续提升,一些重要领域方向跻身世界先进行列,某些前沿方向开始进入并行、领跑阶段;连续多年对世界经济增长的贡献率达 30%,成为世界经济增长的主要稳定器和动力源,等等,这些巨大成就的取得都是不断解放思想的结果。

三、进行伟大社会革命和自我革命的行动指南

党的十八大以来,在以习近平同志为核心的党中央坚强领导下,我们进一步解放思想、锐意改革、开拓创新,中国特色社会主义进入了新时代。我们党以全新的视野深化对共产党执政规律、社会主义建设规律、人类社会发展规律的认识,进行艰辛理论探索,取得重大理论创新成果,形成了习近平新时代中国特色社会主义思想。这一重要思想对发展马克思主义作出了一系列原创性贡献,是马克思主义中国化最新成果,是当代中国马克思主义、21 世纪马克思主义,是中国特色社会主义理论体系的重要组成部分,是全党全国人民为实现中华民族伟大复兴而奋斗的行动指南,必须长期坚持并不断发展。习近平新时代中国特色社会主义思想既是解放思想的结果,又

---

① 习近平:《开放共创繁荣 创新引领未来——在博鳌亚洲论坛 2018 年年会开幕式上的主旨演讲》(2018 年 4 月 10 日),人民出版社 2018 年 4 月版,第 4 页。

是进一步解放思想的指南。

一个思想理论的主题,是由这个理论所处的历史条件及其要解决的历史课题所决定的。科学社会主义的历史任务是实现无产阶级和全人类的解放。这是人类历史上最伟大最艰巨的事业,需要一代又一代人坚持不懈地努力奋斗。在这个漫长的历史过程中,社会主义在各个历史时期所面临的主题是不同的。坚持和发展中国特色社会主义是改革开放以来党的全部理论和实践的主题,也是不断解放思想的主题。邓小平理论围绕着"什么是社会主义,怎样建设社会主义"的问题解放思想,"三个代表"重要思想围绕着"建设什么样的党,怎样建设党"的问题解放思想,科学发展观围绕着"实现什么样的发展,怎样发展"的问题解放思想。习近平新时代中国特色社会主义思想围绕着"新时代坚持和发展什么样的中国特色社会主义、怎样坚持和发展中国特色社会主义"的问题解放思想,问题的接续和深化体现出解放思想的递进和发展。

解放思想永无止境。习近平新时代中国特色社会主义思想昭示我们,改革开放的过程就是解放思想的过程,没有思想大解放,就不会有改革大突破。实践发展永无止境,解放思想永无止境,改革开放也永无止境。解放思想不是脱离国情的异想天开,也不是闭门造车的主观想象,更不是毫无章法的莽撞蛮干。解放思想的目的在于更好地实事求是,要坚持解放思想和实事求是的有机统一,进一步解放思想、进一步解放和发展社会生产力、进一步解放和增强社会活力。解放思想是前提,是解放和发展社会生产力、解放和增强社会活力的总开关,解放思想、解放和增强社会活力,是为了更好解放和发展社会生产力。解放思想就要树立以人民为中心的思想,就要有勇于创新的精神。

习近平新时代中国特色社会主义思想是进行伟大社会革命和自我革命的行动指南。习近平总书记强调,要把新时代坚持和发展中国特色社会主义这场伟大社会革命进行好,我们党必须勇于进行自我革命,把党建设得更加坚强有力。[①] 我们要在习近平新时代中国特色社会主义思想的指引下,

---

① 参见《人民日报》2018 年 1 月 6 日第 1 版。

学习新思想

紧密团结在以习近平同志为核心的党中央周围,不断增强"四个意识",坚定"四个自信",统揽"四个伟大",统筹推进"五位一体"总体布局、协调推进"四个全面"战略布局,进一步解放思想,奋力把"两个伟大革命"推向前进。

（原载于《求是》2018 年第 10 期,收入本书时略有修改）

改革开放的辩证法

40多年来中国取得举世瞩目的历史性成就,原因是多方面的,其中一个重要的原因就是,中国共产党在领导中国改革开放的历史进程中始终坚持以辩证唯物主义和历史唯物主义为指导,自觉运用马克思主义的世界观和方法论。党的十八大以来,习近平总书记带领中央政治局集体学习辩证唯物主义基本原理和方法论、历史唯物主义基本原理和方法论,不断增强辩证思维、战略思维能力,努力提高解决我国改革发展基本问题的本领。习近平总书记关于全面深化改革方法论的重要论述,是全面深化改革的重要指导思想,是改革开放的辩证法,是对辩证唯物主义和历史唯物主义基本原理的深化和发展,是马克思主义中国化最新成果的重要组成部分。

一、正确理解解放思想和实事求是的关系,处理好改革开放中能改和不能改的关系、变与没有变的关系

改革开放是从解放思想开始的,关于真理标准问题的讨论是一场伟大的思想解放运动,成为党的十一届三中全会召开的思想先导,为改革开放拉开了序幕。没有解放思想,我们党就不可能作出把党和国家工作中心转移到经济建设上来、实行改革开放的历史性决策,走上中国特色社会主义道路。

解放思想和实事求是紧密联系、相辅相成,二者在本质上是一致的。首先,解放思想的出发点是一切从实际出发而不是从主观臆断、固有经验和本本出发,解放思想落脚点是主观符合客观、理论符合实际、解决实际问题、认识世界和改造世界。邓小平同志说过:"解放思想,就是使思想和实际相符

合,使主观和客观相符合,就是实事求是。"①邓小平同志使"解放思想"和
"实事求是"八个大字紧紧地联系在一起,党的十四大以后,"解放思想、实
事求是"被概括为党的思想路线。

今天我们全面深化改革仍然需要"进一步解放思想、进一步解放和发
展社会生产力、进一步解放和增强社会活力"。如果我们不进一步解放思想,
我们党就不可能在实践中不断推进理论创新和实践创新、应对前进路上的各
种风险和挑战、把改革开放不断推向前进、始终走在时代的前列。习近平总
书记说,在这"三个进一步解放"中,"解放思想是前提,是解放和发展社会
生产力、解放和增强社会活力的总开关","解放和发展社会生产力、解放和
增强社会活力,是解放思想的必然结果,也是解放思想的重要基础"②。然
而,在这"三个进一步解放"中,进一步解放和发展社会生产力是最根本最
紧迫的任务,也是最终目的。"解放思想、解放和增强社会活力,是为了更
好解放和发展社会生产力"③。

在正确理解解放思想和实事求是关系的基础上,我们要处理好改革开
放中能改的和不能改的关系。在改革开放之初,邓小平同志就曾指出:"什
么叫解放思想? 我们讲解放思想,是指在马克思主义指导下打破习惯势力
和主观偏见的束缚,研究新情况,解决新问题。解放思想决不能够偏离四项
基本原则的轨道,不能损害安定团结、生动活泼的政治局面。"④今天我们推
进全面深化改革的目的是要坚持和改善党的领导,坚持和完善中国特色社
会主义制度,不能偏离这一条。一些敌对势力和别有用心的人把改革定义
为往西方政治制度的方向改,否则就认为是不改革。习近平总书记有针对

① 邓小平:《贯彻调整方针,保证安定团结》,《邓小平文选》第二卷,人民出版社 1994 年
10 月版,第 364 页。
② 习近平:《切实把思想统一到党的十八届三中全会精神上来》(2013 年 11 月 12 日),
中共中央文献研究室编:《十八大以来重要文献选编》(上),中央文献出版社 2014 年
9 月版,第 549 页。
③ 习近平:《切实把思想统一到党的十八届三中全会精神上来》(2013 年 11 月 12 日),
中共中央文献研究室编:《十八大以来重要文献选编》(上),中央文献出版社 2014 年
9 月版,第 549 页。
④ 邓小平:《坚持党的路线,改进工作方针》,《邓小平文选》第二卷,人民出版社 1994 年
10 月版,第 279 页。

性地讲道:"我们的改革开放是有方向、有立场、有原则的","我们的改革是在中国特色社会主义道路上不断前进的改革,既不走封闭僵化的老路,也不走改旗易帜的邪路"①。"问题的实质是改什么、不改什么,有些不能改的,再过多长时间也是不改,不能把这说成是不改革。我们不断推进改革,是为了推动党和人民事业更好发展,而不是为了迎合某些人的'掌声',不能把西方的理论、观点生搬硬套在自己身上。要从我国国情出发、从经济社会发展实际出发,有领导有步骤推进改革,不求轰动效应,不做表面文章,始终坚持改革开放正确方向。"②改革开放涉及举什么旗、走什么路的大是大非问题,我们要保持头脑清醒,要坚持正确方向,处理好能改的和不能改的关系,应该改、又能改的坚决改,不应该改的坚决守住,不能改的坚决不改,保持改革的定力,决不能犯颠覆性的错误。要从我国国情出发、从经济社会发展实际出发,有领导有步骤地进行改革,这就是实事求是的态度。

在正确理解解放思想和实事求是关系的基础上,我们还要处理好改革开放中对于我国基本国情判断的变与没有变的关系。经过改革开放40多年,我国社会的主要矛盾不再是人民日益增长的物质文化需要同落后的社会生产之间的矛盾,党的十九大报告指出:"中国特色社会主义进入新时代,我国社会主要矛盾已经转化为人民日益增长的美好生活需要和不平衡不充分的发展之间的矛盾。"③我们在看到变的同时还要看到没有变,"我国社会主要矛盾的变化,没有改变我们对我国社会主义所处历史阶段的判断,我国仍处于并将长期处于社会主义初级阶段的基本国情没有变,我国是世界最大发展中国家的国际地位没有变"④。

---

① 习近平:《在广东考察工作时的讲话》(2012年12月7日至11日),中共中央文献研究室编:《习近平关于全面深化改革论述选编》,中央文献出版社2014年5月版,第14页。

② 习近平:《在中共十八届三中全会第二次全体会议上的讲话》(2013年11月12日),《习近平关于全面深化改革论述选编》,中央文献出版社2014年5月版,第20页。

③ 习近平:《决胜全面建成小康社会 夺取新时代中国特色社会主义伟大胜利——在中国共产党第十九次全国代表大会上的报告》(2017年10月18日),人民出版社2017年10月版,第11页。

④ 习近平:《决胜全面建成小康社会 夺取新时代中国特色社会主义伟大胜利——在中国共产党第十九次全国代表大会上的报告》(2017年10月18日),人民出版社2017年10月版,第12页。

同样,我们既要看到世界处于百年未有之大变局,又要看到我国处于近代以来最好的发展时期;我们既要看到中国经济发展进入新常态,又要看到在面临国际国内风险的时候,我们仍需要稳中求进,保持战略定力。准确把握我国不同发展阶段的新变化、新特点,使主观世界更好符合客观实际,按照实际决定工作方针,这就是坚持实事求是的思想路线和科学的方法论。

二、学习掌握事物矛盾运动的基本原理,处理好全面深化改革整体推进和重点突破的关系

习近平总书记指出:要学习掌握事物矛盾运动的基本原理,不断强化问题意识,积极面对和化解前进中遇到的矛盾。问题是事物矛盾的表现形式,我们强调增强问题意识、坚持问题导向,就是承认矛盾的普遍性、客观性,就是要善于把认识和化解矛盾作为打开工作局面的突破口。[1]

矛盾是普遍存在、客观存在的。不回避矛盾,敢于斗争,善于解决矛盾,这才是正确的态度。习近平总书记在党的十九大报告中讲道:"社会是在矛盾运动中前进的,有矛盾就会有斗争。我们党要团结带领人民有效应对重大挑战、抵御重大风险、克服重大阻力、解决重大矛盾,必须进行具有许多新的历史特点的伟大斗争,任何贪图享受、消极懈怠、回避矛盾的思想和行为都是错误的。"[2]要实现伟大梦想,必须进行伟大斗争,例如,要同一切削弱、歪曲和否定党的领导和社会主义制度的言行做斗争;要同一切损害人民利益、脱离群众的行为做斗争;在改革中,要同一切顽瘴痼疾做斗争;要同一切分裂祖国、破坏民族团结和社会和谐稳定的行为做斗争;要同一切在政治、经济、文化、社会等领域和自然界出现的困难和挑战做斗争。对待矛盾的正确态度,应该是直面矛盾,并运用矛盾相辅相成的特性,在解决矛盾的过程中推动事物发展。

---

[1] 参见《习近平在中共中央政治局第二十次集体学习时强调　坚持运用辩证唯物主义世界观方法论　提高解决我国改革发展基本问题本质》,《人民日报》2015 年 1 月 24 日第 1 版。

[2] 习近平:《决胜全面建成小康社会　夺取新时代中国特色社会主义伟大胜利——在中国共产党第十九次全国代表大会上的报告》(2017 年 10 月 18 日),人民出版社2017 年 10 月版,第 15 页。

唯物辩证法的对立统一规律通常被称作"两点论",即我们看问题、做事情都要看到矛盾的两个方面,要看到正反两个方面的相互斗争、相互平衡、相互依存、相互转化,做到了这些就是坚持了"两点论",看问题、做事情就不至于简单、片面、僵化。我们在坚持"两点论"的同时还要坚持"重点论",一件事物往往是矛盾的集合体,在众多矛盾中必定有一个是主要矛盾,主要矛盾决定着事物的性质和发展方向,抓住主要矛盾,其他矛盾就会迎刃而解。在一个矛盾中,矛盾的两个方面也不是完全对等和平衡的,矛盾的主要方面决定着矛盾的性质和发展方向,我们一定要注意抓住矛盾的主要方面,注意在何种条件下矛盾的主要方面和次要方面会相互转化。在众多矛盾中抓住主要矛盾,在一个矛盾中抓住矛盾的主要方面,做到了这些就是坚持了"重点论"。

习近平总书记提出,要优先解决主要矛盾和矛盾的主要方面,以此带动其他矛盾的解决。例如,协调推进全面建成小康社会、全面深化改革、全面依法治国、全面从严治党,是当前党和国家事业发展中必须解决好的主要矛盾。习近平总书记还强调,要学习和掌握社会基本矛盾分析法,深入理解全面深化改革的重要性和紧迫性。只有把生产力和生产关系的矛盾运动同经济基础和上层建筑的矛盾运动结合起来观察,把社会基本矛盾作为一个整体来观察,才能全面把握整个社会的基本面貌和发展方向。

要完成好党在中国特色社会主义新时代的历史使命,习近平总书记指出:"在统揽伟大斗争、伟大工程、伟大事业、伟大梦想中,起决定性作用的是新时代党的建设新的伟大工程。"抓住了伟大工程就是抓住了主要矛盾。习近平总书记还提出了"两个革命"思想,一个是社会革命,一个是自我革命,坚持和发展中国特色社会主义是社会革命,党要管党、全面从严治党是自我革命。"要把新时代坚持和发展中国特色社会主义这场伟大社会革命进行好,我们党必须勇于进行自我革命,把党建设得更加坚强有力。"①党的自我革命最重要,只有党的自我革命搞好了,才能更好地推动党领导人民进行伟大社会革命。

---

① 《习近平在学习贯彻党的十九大精神研讨班开班式上发表重要讲话强调 以时不我待只争朝夕的精神投入工作 再创新时代中国特色社会主义事业新局面》,《人民日报》2018 年 1 月 6 日第 1 版。

在全面深化改革的过程中,改革的任务重,量大面广。需要整体推进,全面落实,但是在整体推进中必须注意重点突破,突出重点,纲举目张。政治、经济、文化、社会、生态文明和党的建设,领域众多,纷繁复杂,经济体制改革是全面深化改革的重点,"在全面深化改革中,我们要坚持以经济体制改革为主轴,努力在重要领域和关键环节改革上取得新突破,以此牵引和带动其他领域改革"①。

全面深化改革是整体推进和重点突破的统一,要坚持整体推进,学会十个指头弹钢琴。整体推进不是平均用力、齐头并进,而是要注重抓主要矛盾和矛盾的主要方面,注重抓重要领域和关键环节,这就坚持了"两点论"和"重点论"的统一。

三、学习掌握认识和实践辩证关系的原理,处理好改革开放中顶层设计和摸着石头过河的关系

习近平总书记指出:要学习掌握认识和实践辩证关系的原理,坚持实践第一的观点,不断推进实践基础上的理论创新。我们推进各项工作,要靠实践出真知。理论必须同实践相统一。②

改革开放过程也是一个不断摸索、汲取人民群众智慧的过程。摸着石头过河是富有中国智慧的改革方法,既符合中国国情,也符合马克思主义的认识论和实践论。在过去的40多年中,中国的许多改革都是人民群众自己的创造,先实践、在局部干起来,试点探索,投石问路,再总结经验,上升为政策和制度在全国推广。邓小平同志在南方谈话中讲道:"农村搞家庭联产承包,这个发明权是农民的。农村改革中的好多东西,都是基层创造出来,我们把它拿来加工提高作为全国的指导。"③习近平总书记说:"我国改革开

---

① 习近平:《切实把思想统一到党的十八届三中全会精神上来》(2013年11月12日),《习近平关于全面深化改革论述摘编》,中央文献出版社2014年5月版,第61页。

② 参见《习近平在中共中央政治局第二十次集体学习时强调 坚持运用辩证唯物主义世界观方法论 提高解决我国改革发展基本问题本领》,《人民日报》2015年1月25日第1版。

③ 邓小平:《在武昌、深圳、珠海、上海等地的谈话要点》,《邓小平文选》第三卷,人民出版社1993年10月版,第382页。

放就是这样走过来的,是先试验、后总结、再推广不断积累的过程,是从农村到城市、从沿海到内地、从局部到整体不断深化的过程。这种渐进式改革,避免了因情况不明、举措不当而引起的社会动荡,为稳步推进改革、顺利实现目标提供了保证。摸着石头过河,符合人们对客观规律的认识过程,符合事物从量变到质变的辩证法。"①

在改革开放的初期,我们的主要方法是摸着石头过河,随着改革开放的不断深入和全面深化,经验积累越来越丰富,对于改革规律的认识越来越深刻,顶层设计也显得越来越重要。在顶层设计的时候需要我们具有系统思维和全局思维,需要综合平衡和统筹兼顾。"全面深化改革,全面者,就是要统筹推进各领域改革,就需要有管总的目标,也要回答推进各领域改革最终是为了什么、要取得什么样的整体结果这个问题。"②要做好统筹谋划,我们既要"在深入调查研究的基础上提出全面深化改革的顶层设计和总体规划,提出改革总体方案、路线图、时间表"③,又要"五位一体"全面推进,对经济体制、政治体制、文化体制、社会体制、生态文明体制作出统筹设计和具体安排,必须大力提升改革决策的科学性。全面深化改革是关系党和国家事业发展全局的重大部署,不是某个领域某个方面的单项改革,要从全局出发,要有长远眼光,要真正向前展望,超前思维,提前谋局。要"正确处理中央和地方、全局和局部、长远和当前的关系,正确对待利益格局调整,坚决克服地方和部门利益的掣肘"④。

我们今天的改革仍然"要采取试点探索、投石问路的方法,取得了经验,形成了共识,看得很准了,感觉到推开很稳当了,再推开,积小胜

---

① 习近平:《十八届中央政治局第二次集体学习时的讲话》(2012 年 12 月 31 日),《习近平关于全面深化改革论述摘编》,中央文献出版社 2014 年 5 月版,第 34 页。

② 习近平:《省部级干部学习贯彻十八届三中全会专题研讨班上的讲话》(2014 年 2 月 17 日),《习近平关于全面深化改革论述摘编》,中央文献出版社 2014 年 5 月版,第 26 页。

③ 习近平:《在广东考察工作时的讲话》(2012 年 12 月 7 日—11 日),《习近平关于全面深化改革论述摘编》,中央文献出版社 2014 年 5 月版,第 32 页。

④ 习近平:《在中共十八届三中全会第二次全体会议上的讲话》(2013 年 11 月 12 日),《习近平关于全面深化改革论述摘编》,中央文献出版社 2014 年 5 月版,第 142 页。

为大胜"①。摸着石头过河，不是漫无目的地瞎摸，"摸着石头过河也是有规则的，要按照已经认识到的规律来办，在实践中再加深对规律的认识，而不是脚踩西瓜皮，滑到哪里算哪里。"②中国是一个大国，地缘辽阔，人口众多，民族、地理差异大，经济发展水平、文化教育和科技水平差异大，我们想问题、作决策都要从当地的条件出发，因地制宜，不能莽撞蛮干，不能千篇一律、一刀切，决不能在根本性问题上出现颠覆性的失误。摸着石头过河是我们探索出的一种符合中国国情的改革方法。因此，"摸着石头过河和加强顶层设计是辩证统一的，推进局部的阶段性改革开放要在加强顶层设计的前提下进行，加强顶层设计要在推进局部的阶段性改革开放的基础上来谋划"③。

四、学习把握尊重客观规律和发挥主观能动性的关系，处理好改革开放中胆子要大和步子要稳的关系

习近平总书记指出："要处理好尊重客观规律和发挥主观能动性的关系。要坚持一切从实际出发，按照客观规律办事，一张蓝图抓到底，抓好打基础利长远的工作。另一方面，要鼓励地方、基层、群众大胆探索、先行先试，勇于推进理论和实践创新，不断深化对改革规律的认识。"④

1992年邓小平同志在南方谈话中就讲道："改革开放胆子要大一些，敢于试验，不能像小脚女人一样。看准了的，就大胆地试，大胆地闯。"⑤没有一点"闯"的精神、"冒"的精神，就干不成新的事业。邓小平同志还希望有条件的地区，把经济搞上去，步子可以快一点。中国的改革开放是渐进式的

① 习近平：《十八届中央政治局第二次集体学习时的讲话》（2012年12月31日），《习近平关于全面深化改革论述摘编》，中央文献出版社2014年5月版，第35页。
② 习近平：《在中共十八届三中全会第二次全体会议上的讲话》（2013年11月12日），《习近平关于全面深化改革论述摘编》，中央文献出版社2014年5月版，第43页。
③ 习近平：《在十八届中央政治局第二次集体学习时的讲话》（2012年12月31日），《习近平关于全面深化改革论述摘编》，中央文献出版社2014年5月版，第35页。
④ 《习近平在十八届中央政治局第十一次集体学习时的讲话（2013年12月3日）》，《习近平关于全面深化改革论述摘编》，中央文献出版社2014年5月版。
⑤ 邓小平：《在武昌、深圳、珠海、上海等地的谈话要点》，《邓小平文选》第三卷，人民出版社1993年10月版，第372页。

改革,稳妥审慎,"稳中求进"是中国改革开放的基本策略。有些国家搞所谓的"休克疗法",结果引起了剧烈的社会动荡和社会动乱,教训是很深刻的。我们改革政策举措出台之前都是反复论证和科学评估,从点到面,逐步推广,不"翻烧饼"。所以,处理好胆子大和步子稳的关系一直是改革开放的重要方法论之一。

习近平总书记论述了胆子大和步子稳的辩证关系,他说:"胆子要大,就是改革再难也要向前推进,敢于担当,敢于啃硬骨头,敢于涉险滩。步子要稳,就是方向一定要准,行驶一定要稳,尤其是不能犯颠覆性错误。"①"推进改革胆子要大,但步子一定要稳。胆子大不是蛮干,蛮干一定会导致瞎折腾。对一些重大改革,不可能毕其功于一役,可以提出总体思路和方案,但推行起来还是要稳扎稳打,通过不断努力逐步达到目标,积小胜为大胜。这就叫'图难于其易,为大于其细。天下难事,必作于易;天下大事,必作于细'。"②

在客观存在的自然界和社会及其客观规律面前,人总是在发挥自己的主观能动性去认识世界和改造世界。改革开放是一种全新的创造,解放思想,主动作为,敢闯敢干,胆子大一些,这就是发挥人的主观能动性;但是改革开放还必须尊重客观规律、按客观规律办事。"解放思想不是脱离国情的异想天开,也不是闭门造车的主观想象,更不是毫无章法的莽撞蛮干"③。发挥主观能动性,也不是"人有多大胆,地有多大产"的主观唯心主义。改革开放既要发挥人的主观能动性,又要充分尊重客观规律,这样步子才能走得稳。

五、学习掌握系统思维处理好改革发展稳定的关系,更加注重改革的系统性、整体性、协同性

习近平总书记强调:我们"提出要制定一个全面深化改革的方案,是因

---

① 习近平:《在俄罗斯索契接受俄罗斯电视台专访时的答问》(2014年2月7日),《习近平关于全面深化改革论述摘编》,中央文献出版社2014年5月版,第51页。

② 习近平:《在中共十八届三中全会第二次全体会议上的讲话》(2013年11月12日),《习近平关于全面深化改革论述摘编》,中央文献出版社2014年5月版,第41—42页。

③ 习近平:《在海南建省30周年庆祝大会上的讲话》(2018年4月13日),《人民日报》2018年4月14日,第2版。

为要解决我们面临的突出矛盾和问题,仅仅依靠单个领域、单个层次的改革难以奏效,必须加强顶层设计、整体谋划,增强各项改革的关联性、系统性、协同性。"①

改革开放和全面深化改革是一项巨大的系统工程,涉及无数因素和变量,往往是牵一发而动全身,全面深化改革要坚持全局和局部相配套,治本和治标相结合,渐进和突破相促进。因此,我们应该运用系统思维,来把握全面深化改革这样一个巨系统。

改革、发展、稳定三者有着紧密和复杂的关系。首先,改革是为了发展,"只有紧紧围绕发展这个第一要务来部署各方面改革,以解放和发展社会生产力为改革提供强大牵引,才能更好推动生产关系与生产力、上层建筑与经济基础相适应"②。其次,发展促进改革,存在的许多问题只有在发展中解决,只有发展了许多改革的措施才好出台,只有发展了才能改得动、改得掉。再次,稳定为改革和发展提供了安定和谐的环境保障,如果没有一个稳定的局面,改革和发展都谈不上;反过来,如果不改革和发展,人民群众的生活没有得到改善、没有获得感,社会也难以稳定。因此,"我们要坚持把改革的力度、发展的速度和社会可承受的程度统一起来,把改善人民生活作为正确处理改革发展稳定关系的结合点,在保持社会稳定中推进改革发展,通过改革发展促进社会稳定"③。

处理好改革发展稳定的关系,必须增强改革的系统性、整体性、协同性。第一,要坚定不移推进改革开放,改革不停顿,开放不止步。我们要以更大的政治勇气和智慧推动下一步改革。全面深化改革触及深层次的社会关系和利益调整,难免触动一些人的"奶酪",突破既得利益,不可能是皆大欢喜。要让改革措施落地就需要有勇气、有胆识、有担当。坚持改革的正确方向,敢于啃硬骨头,敢于涉险滩,勇于突破思想观念的障碍,勇于突破利益固

① 习近平:《在十八届中央政治局第十一次集体学习时的讲话》(2013年12月3日),《习近平关于全面深化改革论述摘编》,中央文献出版社2014年5月版,第47页。
② 习近平:《在十八届中央政治局第十一次集体学习时的讲话》(2013年12月3日),《习近平关于全面深化改革论述摘编》,中央文献出版社2014年5月版,第48页。
③ 习近平:《在十八届中央政治局第二次集体学习时的讲话》(2012年12月31日),《习近平关于全面深化改革论述摘编》,中央文献出版社2014年5月版,第36页。

化的藩篱。第二，要凝聚改革的共识，没有广泛的共识就难以形成改革开放的合力。"现在，经济体制深刻变革，社会结构深刻变动，利益格局深刻调整，思想观念深刻变化，凝聚改革共识难度加大，统筹兼顾各方面利益任务艰巨而繁重。这就更需要下功夫去凝聚共识。凝聚共识很重要，思想认识不统一时要找最大公约数……把最大公约数找出来，在改革开放上形成聚焦，做事就能事半而功倍"①。我们要团结一切可以团结的力量，调动一切可以调动的积极因素，汇成推进改革开放的强大合力。第三，要科学施策，不能盲目推进改革。我们要按照中央要求来推进，不要超出中央确定的界限来推进；要有序推进改革，不抢跑，不拖延，该试点的不要仓促面上推开，不要急于求成。第四，要协同推进，每一项改革都会对其他改革产生重要影响，每一项改革又都需要其他改革协同配合。我们要注重改革的关联性和耦合性，避免畸轻畸重、顾此失彼，避免各行其是、相互掣肘。"随着改革开放不断深入，改革开放的关联性和互动性明显增强，这就要求我们更加注重各项改革的相互促进，良性互动"②。我们要把握好全面深化改革的重大关系，使各项改革举措在政策取向上相互配合，在实施过程中相互促进，在改革成效上相得益彰，形成改革开放的强大合力。

六、不断增强辩证思维能力，准确把握和妥善处理全面深化改革不同领域中的各种重大关系

习近平总书记要求：要学习掌握唯物辩证法的根本方法，不断增强辩证思维能力，提高驾驭复杂局面、处理复杂问题的本领。我们的事业越是向纵深发展，就越要不断增强辩证思维能力。③

---

① 习近平：《在广东考察工作时的讲话》（2012 年 12 月 7 日至 11 日），《习近平关于全面深化改革论述摘编》，中央文献出版社 2014 年 5 月版，第 31 页。

② 习近平：《在十八届中央政治局第二次集体学习时的讲话》（2012 年 12 月 31 日），《习近平关于全面深化改革论述摘编》，中央文献出版社 2014 年 5 月版，第 35—36 页。

③ 参见《习近平在中共中央政治局第二十次集体学习时强调　坚持运用辩证唯物主义世界观方法论　提高解决我国改革发展基本问题本质》，《人民日报》2015 年 1 月 25 日第 1 版。

全面深化改革面临各种难题和挑战,这就要求我们善于处理局部和全局、当前和长远、重点和非重点的关系,在权衡利弊中趋利避害、作出最为有利的战略抉择。要加强调查研究,坚持发展地而不是静止地、全面地而不是片面地、系统地而不是零散地、普遍联系地而不是单一孤立地观察事物,准确把握客观实际,真正掌握规律,妥善处理各种重大关系。

改革的过程也是协调处理各种关系的过程,在改革的不同领域要处理好各种不同重大关系。

党的十八届三中全会提出的全面深化改革总目标是由两句话组成的,即"完善和发展中国特色社会主义制度"和"推进国家治理体系和治理能力现代化",我们要正确理解全面深化改革总目标中两句话之间的关系,以及第二句话中国家治理体系和治理能力之间的关系。"前一句,规定了根本方向,我们的方向就是中国特色社会主义道路,而不是其他什么道路。后一句,规定了在根本方向指引下完善和发展中国特色社会主义制度的鲜明指向"①。这两句话构成了一个整体,只有放在一起来理解才是完整理解和把握全面深化改革的总目标。在第二句话中,我们还要正确理解和把握国家治理体系和治理能力的关系。习近平总书记对国家治理体系和治理能力关系的论述有三层意思。其一,两者的作用不同,相辅相成,缺一不可;"两者相辅相成,单靠哪一个治理国家都不行。治理国家,制度是起根本性、全局性、长远性作用的。然而,没有有效的治理能力,再好的制度也难以发挥作用"②。其二,两者相互促进;"有了好的国家治理体系才能提高治理能力,提高国家治理能力才能充分发挥国家治理体系的效能"③。其三,国家治理体系和治理能力虽然有密切联系,但又不是一码事,不能完全相等同;"不

---

① 习近平:《在省部级主要领导干部学习贯彻十八届三中全会精神全面深化改革专题研讨班上的讲话》(2014年2月17日),《习近平关于全面深化改革论述摘编》,中央文献出版社2014年5月版,第21页。

② 习近平:《在省部级主要领导干部学习贯彻十八届三中全会精神全面深化改革专题研讨班上的讲话》(2014年2月17日),《习近平关于全面深化改革论述摘编》,中央文献出版社2014年5月版,第27—28页。

③ 习近平:《切实把思想统一到党的十八届三中全会精神上来》(2013年11月12日),《习近平关于全面深化改革论述摘编》,中央文献出版社2014年5月版,第24页。

是国家治理体系越完善,国家治理能力自然而然就越强。综观世界,各国各有其治理体系,而各国治理能力由于客观情况和主观努力的差异又有或大或小的差距,甚至同一个国家在同一种治理体系下不同历史时期的治理能力也有很大差距"①。因此,国家治理体系和治理能力是既相互区别,又相辅相成的有机整体,是辩证统一的关系。

改革和开放也是一对关系,也要处理好。在改革开放进程中,改革了,才有可能开放,改革有了深度,开放才有广度。而开放又倒逼和促进改革,开放开阔了视野、开阔了思路、开通了渠道,又进一步促进深化改革的力度。

在经济体制改革中,我们要注意处理好政府、市场、社会的关系,让市场在资源配置中发挥决定性作用和更好地发挥政府的作用。要处理好大和小、收和放、管理和服务的关系,公有经济和非公经济的关系,还要处理好经济发展和生态环境保护的关系。在政治体制改革中,我们要注意处理好坚持党的领导、人民当家作主、依法治国三者统一的关系。在发展方式上,要注意处理好创新发展、协调发展、绿色发展、开放发展、共享发展之间的关系。

改革开放是我们党在新的时代条件下带领中国人民进行的新的伟大革命,是当代中国最鲜明的特色,也是我们党最鲜明的旗帜。改革开放永无止境,只有进行时没有完成时。要全面深化改革,进一步改革开放,就必须不断接受马克思主义哲学智慧的滋养,一刻也不能离开马克思主义的世界观和方法论的指导,一刻也不能离开唯物辩证法。要自觉地运用唯物辩证法来指导我们的行动,在改革开放的实践中运用辩证法,发展辩证法。习近平新时代中国特色社会主义思想闪耀着唯物辩证法的光辉,是中国共产党集体智慧的结晶,是马克思主义中国化的最新成果,是当代中国的马克思主义,21世纪的马克思主义。

(原载于《光明日报》2018 年 11 月 19 日第 15 版,

收入本书时略有修改)

---

① 习近平:《在省部级主要领导干部学习贯彻十八届三中全会精神全面深化改革专题研讨班上的讲话》(2014 年 2 月 17 日),《习近平关于全面深化改革论述摘编》,中央文献出版社 2014 年 5 月版,第 28 页。

改革开放是坚持和发展
中国特色社会主义的必由之路

中国特色社会主义是改革开放以来党的全部理论和实践的主题。改革开放是坚持和发展中国特色社会主义的必由之路。中国改革开放 40 多年的历程向世人证明，只有改革开放才能发展中国、发展社会主义、发展马克思主义。改革开放的实践探索丰富和发展了科学社会主义，使我们对于社会主义建设规律有了新的认识飞跃和理论突破。

改革开放的实践探索使我们认识到，社会主义的发展模式不是单一的，而是多种多样的，关键是要找到适合本国国情的发展道路。改革开放之初，邓小平同志就说过，过去搞民主革命，要适合中国的情况，走毛泽东同志开辟的农村包围城市的道路，现在搞建设，也要适合中国的情况，走一条中国式的现代化道路。习近平总书记指出："当代中国的伟大社会变革，不是简单延续我国历史文化的母版，不是简单套用马克思主义经典作家设想的模板，不是其他国家社会主义实践的再版，也不是国外现代化发展的翻版。社会主义并没有定于一尊、一成不变的套路，只有把科学社会主义基本原则同本国具体实际、历史文化传统、时代要求紧密结合起来，在实践中不断探索总结，才能把蓝图变为美好现实。"①

改革开放的实践探索使我们认识到，社会主义初级阶段理论和"一个中心、两个基本点"党的基本路线必须长期坚持、永不动摇。我国正处于并将长期处于社会主义初级阶段，这是我们党总结正反两方面历史经验，经过

---

① 习近平：《在哲学社会科学工作座谈会上的讲话》(2016 年 5 月 17 日)，人民出版社 2016 年 5 月版，第 21 页。

长期探索得出的基本结论。党的十一届六中全会通过的《关于建国以来党的若干历史问题的决议》第一次提出"我们的社会主义制度还是处于初级的阶段"。党的十三大报告首次系统地阐明了社会主义初级阶段的理论。党的十五大报告明确指出,社会主义的初级阶段"至少需要一百年时间。至于巩固和发展社会主义制度,那还需要更长得多的时间,需要几代人、十几代人,甚至几十代人坚持不懈地努力奋斗"①。

改革开放的实践探索使我们认识到,社会主义的基本原则会在实践中不断丰富发展。公有制、计划经济、按劳分配是社会主义的三条重要原则,改革开放以后,随着实践的发展,我们对这三条基本原则的认识都有了重大变化和发展。党的十四大正式把建立社会主义市场经济体制确立为我国经济体制改革的目标。党的十八届三中全会创造性地提出,要使市场在资源配置中起决定性作用和更好地发挥政府作用。党的十八届三中全会提出"积极发展混合所有制经济",把混合所有制经济看作是社会主义基本经济制度的重要实现形式。党的十九大报告提出:"坚持按劳分配原则,完善按要素分配的体制机制,促进收入分配更合理、更有序。"②

改革开放的实践探索使我们认识到,中国特色社会主义进入新时代,我国社会主要矛盾已经发生改变。党的十九大报告提出,"中国特色社会主义进入新时代,我国社会主要矛盾已经转化为人民日益增长的美好生活需要和不平衡不充分的发展之间的矛盾"③。目前突出的问题是发展不平衡不充分,这已经成为满足人民日益增长的美好生活需要的主要制约因素。同时,我国社会主要矛盾的变化,没有改变我们对我国社会主义所处历史阶

---

① 《高举邓小平理论伟大旗帜,把建设有中国特色社会主义事业全面推向二十一世纪》,中共中央文献研究室编:《十五大以来重要文献选编》(上),中央文献出版社2011年6月版,第14页。

② 习近平:《决胜全面建成小康社会 夺取新时代中国特色社会主义伟大胜利——在中国共产党第十九次全国代表大会上的报告》(2017年10月18日),人民出版社2017年10月版,第46页。

③ 习近平:《决胜全面建成小康社会 夺取新时代中国特色社会主义伟大胜利——在中国共产党第十九次全国代表大会上的报告》(2017年10月18日),人民出版社2017年10月版,第11页。

段的判断,我国仍处于并将长期处于社会主义初级阶段的基本国情没有变,我国是世界最大发展中国家的国际地位没有变。

(原载于《光明日报》2018 年 11 月 16 日第 6 版,

收入本书时略有修改)

让改革开放成果更好惠及广大群众

改革开放不仅深刻改变了中国,也深刻影响了世界。我们用几十年的时间走过了西方发达国家几百年走过的现代化历程,实现了从落后于时代到大踏步赶上时代、引领时代的历史性跨越,迎来了从站起来、富起来到强起来的伟大飞跃,前所未有地接近实现民族复兴的伟大目标。

党的十八大后习近平总书记第一次外出调研就去了改革开放的前沿地区广东。改革开放40年之际,习近平总书记再一次来到了深圳的莲花山下和前海石前,向世界宣示中国改革不停顿、开放不止步。要不忘改革开放初心,认真总结改革开放40多年成功经验,提升改革开放质量和水平。要坚持以人民为中心,把为人民谋幸福作为检验改革成效的标准,让改革开放成果更好惠及广大人民群众。回顾改革开放40多年的历史,就要认真总结历史经验,向历史学习,以利于更好地将中国特色社会主义事业推向前进。

回顾改革开放40多年的光辉历程,我们可以从历史经验中得出一些根本性、指导性的历史启示。

坚持解放思想、实事求是、与时俱进、求真务实的思想路线,将马克思主义的基本原理与中国的具体实际和时代特征结合起来,寻找适合中国国情的发展道路。马克思主义只有同本国国情和时代特征紧密结合,在实践中不断丰富和发展,才能更好发挥指导实践的作用。一切从实际出发,理论联系实际,实事求是,在实践中检验真理和发展真理,这条思想路线贯穿于中国改革开放的全过程。改革开放是从解放思想开始的,今天我们全面深化改革仍然需要"进一步解放思想、进一步解放和发展社会生产力、进一步解放和增强社会活力"。习近平总书记说,在这"三个进一步解放"中,"解放思想是前提,是解放和发展社会生产力、解放和增强社会活力的总开关"。

"解放和发展社会生产力、解放和增强社会活力,是解放思想的必然结果,也是解放思想的重要基础。"①改革开放一定要从中国的具体国情出发,无论是革命和建设,都不能照搬外国经验、照抄外国模式,必须走自己的路。改革开放的40多年,我们在中国特色社会主义的伟大实践探索中,在马克思主义中国化的进程中,形成了中国特色社会主义道路、理论、制度、文化,增强了"四个自信"。

坚持改革开放的正确方向,不走封闭僵化的老路,也不走改旗易帜的邪路,坚持走中国特色社会主义道路不动摇。改革开放不是要改成别的什么主义,而是要建设中国特色社会主义,不能偏离这一条。不断推进改革开放,是为了推进党和人民事业更好发展,而不是为了迎合某些人的掌声,不能把西方的理论、观点生搬硬套在自己身上。全面深化改革的总目标就是完善和发展中国特色社会主义制度,推进国家治理体系和治理能力的现代化。习近平总书记很有针对性地讲道:"我们的改革开放是有方向、有立场、有原则的。我们当然要高举改革旗帜,但我们的改革是在中国特色社会主义道路上不断前进的改革,既不走封闭僵化的老路,也不走改旗易帜的邪路。"②

坚持党对改革开放的全面领导,党政军民学,东西南北中,党是领导一切的。中国特色社会主义的本质特征是中国共产党的领导,中国特色社会主义制度最大的优势是中国共产党的领导。始终坚持了党对改革开放的全面领导,在改革开放的过程中,提高党把方向、谋大局、定政策、促改革的能力和定力,确保党始终总揽全局、协调各方。党是推进中国特色社会主义伟大事业的领导核心,为改革开放提供了坚强的政治保障。

坚持以经济建设为中心,把集中力量发展社会生产力摆在首要地位。生产力是社会发展的最终决定力量。社会主义的根本任务是发展生产力。

---

① 习近平:《切实把思想统一到党的十八届三中全会精神上来》(2013年11月12日),中共中央文献研究室编:《十八大以来重要文献选编》(上),中央文献出版社2014年9月版,第549页。

② 习近平:《在广东考察工作时的讲话》(2012年12月7日至11日),中共中央文献研究室编:《习近平关于全面深化改革论述选编》,中央文献出版社2014年5月版,第14页。

发展是第一要务,发展是硬道理。无论遇到什么情况,都不能动摇和影响经济建设这个中心。40多年来我们坚持以经济建设为中心,一方面,通过科学技术的发展和创新推进生产力的发展和进步,通过生产力的发展和进步推动经济的发展和繁荣;另一方面,通过改革不适应或者限制生产力发展的生产关系,来解放和发展生产力,解放和激发社会活力。在"三个进一步解放"中,进一步解放和发展社会生产力是最根本最紧迫的任务,也是最终目的。"解放思想、解放和增强社会活力,是为了更好解放和发展社会生产力。"[1]

坚持以人民为中心,人民群众是改革开放的主力军,又是改革开放的受益者,改革开放的非凡历史成就是广大人民群众创造的,实现和维护广大人民群众的利益是改革开放和现代化建设的出发点和落脚点。40多年来,无论是农村改革,还是城市改革、企业改革,很多政策和决策都是来自人民群众的创造和智慧。中国共产党把人民对美好生活的向往作为奋斗目标,改革开放坚持在发展中保障和改善民生,实现和维护广大人民群众的根本利益是改革开放和现代化建设的出发点和落脚点。要把为人民谋幸福作为检验改革成效的标准,让改革开放成果更好惠及广大人民群众,坚持多谋民生之利、多解民生之忧,让人民得实惠,增强人民群众的获得感、幸福感、安全感,不断促进人的全面发展、全体人民共同富裕。

坚持正确的方法论指导,正确运用系统思维、辩证思维、创新思维、法治思维、底线思维,处理好改革开放中的各种辩证关系。改革开放和全面深化改革是一项巨大的系统工程,涉及无数因素和变量,往往是牵一发而动全身,全面深化改革要坚持全局和局部相配套,治本和治标相结合,渐进和突破相促进。因此,要以马克思主义科学的世界观和方法论为指导,处理好改革开放过程中的各种辩证关系,如处理好解放思想和实事求是的关系;处理好整体推进和重点突破的关系,全局和局部、中央和地方、长远和当前的关系;处理好胆子要大和步子要稳的关系;处理好改革发展稳定的关系,更加

---

[1] 习近平:《切实把思想统一到党的十八届三中全会精神上来》(2013年11月12日),中共中央文献研究室:《十八大以来重要文献选编》(上),中央文献出版社2014年9月版,第549页。

注重改革的系统性、整体性、协同性等等。

改革开放永无止境。改革开放只有进行时，没有完成时。改革开放是坚持和发展中国特色社会主义的必由之路，只有改革开放才能发展中国。让我们在以习近平同志为核心的党中央坚强领导下，继续改革开放，推进高质量发展，坚持和发展中国特色社会主义，促进世界和平发展、共同繁荣，为实现中华民族伟大复兴的中国梦而努力奋斗。

（原载于《人民政协报》2018 年 12 月 14 日第 7 版，收入本书时略有修改）

四、不忘初心、牢记使命

进行新的伟大斗争的政治宣言

　　习近平同志在庆祝中国共产党成立 95 周年大会上的重要讲话,站在历史和全局的高度,全面回顾了我们党 95 年波澜壮阔的奋斗历程,深刻阐明了近代以来我国社会发展的规律性认识,深刻阐明了我们党的执政理念和执政方略,深刻阐明了我们党对重大国内外问题的原则立场,以不忘初心、继续前进为主题,对加强党的建设、推进党和人民事业发展提出了明确要求。讲话是对"不忘初心"的告诫和宣示,是对"继续前进"的激励和动员,高屋建瓴、内涵丰富,思想深邃、充满激情,通篇闪耀着马克思主义真理的光辉,是全党在新的历史条件下进行具有许多新的历史特点的伟大斗争的政治宣言,是指引我们党奋力推进中国特色社会主义伟大事业和全面推进党的建设新的伟大工程的纲领性文献。

一、科学总结历史贡献,为不忘初心、继续前进提供精神动力

　　习近平同志的重要讲话,以宏阔的视角回顾历史,深刻揭示了中华民族从"遭受了前所未有的苦难"到"迎来了实现伟大复兴的光明前景"这一伟大历史转变中蕴含的历史法则,深刻阐明了中国共产党成立的重大历史意义、中国共产党为实现中华民族伟大复兴作出的伟大历史贡献。

　　中华民族是一个伟大的民族,创造了悠久灿烂的中华文明,为人类社会发展、人类文明进步作出了举世公认的巨大贡献。但从鸦片战争后,在西方列强的一再侵略下,中国逐步沦为半殖民地半封建社会,陷入灾难深渊。近代以来中国历史发展中的屈辱和曲折,中华民族所遭受的前所未有的苦难,将实现中华民族伟大复兴的历史任务摆在了中国人民面前。实现中华民族伟大复兴,是近代以来中国人民最伟大的梦想,也是近代以来中国历史的

主题。

中国人民为实现中华民族伟大复兴进行了不屈奋斗和不懈探索,但只有当中国共产党成立后,中国人民和中华民族的命运才出现了伟大转折。习近平同志用"三个深刻改变"概括了中国共产党成立的重大历史意义,这就是:深刻改变了近代以后中华民族发展的方向和进程,深刻改变了中国人民和中华民族的前途和命运,深刻改变了世界发展的趋势和格局。[①] "三个深刻改变"揭示了中国共产党成为实现中华民族伟大复兴事业领导核心的历史必然性。近代以来,中华民族面临两大历史任务:一是求得民族独立和人民解放,二是实现国家富强和人民富裕。谁能够带领人民完成前一个历史任务并不断完成后一个历史任务,谁就能够成为引领中国社会发展方向的领导力量。在中国近代历史舞台上,中国的农民阶级、资产阶级改良派和资产阶级革命派都先后出演过主角,但都因其自身的局限性,无法承担起救国救民的历史重任。实现中华民族伟大复兴的重任,历史地落到了中国共产党身上。"三个深刻改变"使中国共产党的成立具备了"开天辟地的大事变"的性质和作用,成为中国近代历史上的一个鲜明界限。中国共产党的诞生,是近代中国历史发展的必然结果,是中国人民在救亡图存斗争中顽强求索的必然结果。自从有了中国共产党,中国革命就有了正确前进方向,中国人民踏上了争取民族独立、人民解放的光明道路,开启了实现国家富强、人民富裕的壮丽征程。

习近平同志的讲话以开阔的历史视野来审视历史运动的结果,将中国共产党95年奋斗所作出的伟大历史贡献放到5000年中华文明、500年社会主义运动、60多年新中国建设,特别是30多年改革开放历史进程中来认识,提出了实现三个"伟大飞跃"、焕发三个"蓬勃生机"的崭新结论。三个"伟大飞跃",就是实现了中国从几千年封建专制政治向人民民主的伟大飞跃;实现了中华民族由不断衰落到根本扭转命运、持续走向繁荣富强的伟大飞跃;实现了中国人民从站起来到富起来、强起来的伟大飞跃。三个"蓬勃

① 参见习近平:《在庆祝中国共产党成立95周年大会上的讲话》(2016年7月1日),人民出版社2016年7月版,第2页。

生机",就是让中华文明在现代化进程中焕发出新的蓬勃生机;让科学社会主义在21世纪焕发出新的蓬勃生机;使中华民族焕发出新的蓬勃生机。讲话把历史、现实和未来贯通起来,把革命、建设和改革衔接起来,用三个"伟大飞跃"证明了中国共产党95年奋斗的重大历史意义,用三个"蓬勃生机"赋予中国共产党95年奋斗以崇高的历史地位。中国共产党就是这样一个为中华民族作出伟大历史贡献的党,党的伟大历史贡献是全党不忘初心、继续前进的强大精神动力。

二、深刻揭示历史规律,为不忘初心、继续前进汲取历史智慧

习近平同志在讲话中强调:"今天,我们回顾历史,不是为了从成功中寻求慰藉,更不是为了躺在功劳簿上、为回避今天面临的困难和问题寻找借口,而是为了总结历史经验、把握历史规律,增强开拓前进的勇气和力量。"[①]我们党的自信来自于对历史经验的深刻总结、对历史规律的深刻认识。习近平同志的重要讲话,总结历史经验、把握历史规律,充满了让历史告诉未来的豪迈和激情。深入学习习近平同志重要讲话精神,我们就能正确把握历史发展趋势、顺应历史发展潮流、引领历史发展方向。

"历史是最好的教科书。"善于通过对历史规律的揭示,为正确认识现实、改造现实提供历史依据和历史智慧,是我们党的优良传统。习近平同志在讲话中以高度的历史自觉和强烈的使命担当,通过对历史规律的把握得出了三个"永不动摇"的结论:历史和人民选择中国共产党领导中华民族伟大复兴的事业是正确的,必须长期坚持、永不动摇;中国共产党领导中国人民开辟的中国特色社会主义道路是正确的,必须长期坚持、永不动摇;中国共产党和中国人民扎根中国大地、吸纳人类文明优秀成果、独立自主实现国家发展的战略是正确的,必须长期坚持、永不动摇。三个"永不动摇"不是主观臆断的产物,而是深刻的历史启示,是从历史演变中得出的根本结论,是已经被实践反复证明了的历史规律。

---

① 习近平:《在庆祝中国共产党成立95周年大会上的讲话》(2016年7月1日),人民出版社2016年7月版,第7页。

坚持中国共产党的领导永不动摇,根本原因在于"办好中国的事情,关键在党"①。95 年来的实践证明,无论遇到什么样的风险、危机和艰难险阻,我们党都能带领人民战胜它们,不断从胜利走向胜利。我们党之所以有这样的伟力,是因为我们党坚持把马克思主义基本原理同中国实际和时代特点紧密结合起来,推进理论创新、实践创新,始终把马克思主义作为自己的行动指南,并坚持在实践中不断丰富和发展马克思主义。我们党之所以有这样的伟力,是因为我们党有坚定的共产主义远大理想和中国特色社会主义共同理想,不断把为崇高理想奋斗的伟大实践推向前进。理想之光不灭,信念之光不灭。我们党之所以有这样的伟力,是因为我们党坚信党的根基在人民、党的力量在人民,坚持一切为了人民、一切依靠人民,坚持全心全意为人民服务,始终同人民群众保持血肉联系。

坚持中国特色社会主义发展道路永不动摇,根本原因在于中国特色社会主义是实现社会主义现代化的必由之路,是创造人民美好生活的必由之路。习近平同志指出:"方向决定道路,道路决定命运。中国特色社会主义不是从天上掉下来的,是党和人民历尽千辛万苦、付出巨大代价取得的根本成就。"②对于这样一条千辛万苦才找到的发展道路,我们一定要倍加珍惜。我们要坚持中国特色社会主义道路自信、理论自信、制度自信、文化自信。5000 多年文明发展孕育的中华优秀传统文化、95 年党和人民伟大斗争孕育的革命文化和社会主义先进文化,给了我们强大的文化自信,也使我们的道路自信、理论自信和制度自信更有底气、更加深厚持久。

坚持扎根中国大地、吸纳人类文明优秀成果、独立自主实现国家发展的战略永不动摇,根本原因在于中国的发展遵循规律、坚持创新,中国共产党人和中国人民完全有信心为人类对更好社会制度的探索提供中国方案。中国的发展站立在 960 多万平方公里的广袤土地上,吸吮着中华民族漫长奋斗积累的文化养分,拥有 13 亿多中国人民聚合的磅礴之力,坚持独立自主

---

① 习近平:《在庆祝中国共产党成立 95 周年大会上的讲话》(2016 年 7 月 1 日),人民出版社 2016 年 7 月版,第 22 页。

② 习近平:《在庆祝中国共产党成立 95 周年大会上的讲话》(2016 年 7 月 1 日),人民出版社 2016 年 7 月版,第 12 页。

走自己的路,同时又吸纳人类文明优秀成果。正因为如此,中国发展越来越好,中国共产党和中国人民越来越自信。我们要始终把以经济建设为中心作为兴国之要,把四项基本原则作为立国之本,把改革开放作为强国之路,坚持党的基本路线不动摇。中国的发展已经证明并将继续证明,我们党实现国家发展的战略是完全正确的,必将为人类对更好社会制度的探索提供中国方案。

三、再次强调历史性考试,为不忘初心、继续前进指明方向

历史没有终结也不可能被终结,历史前进的脚步从不停歇,历史性的考试还远未结束,赶考永远在路上。习近平同志在讲话中回顾了毛泽东同志在从西柏坡动身前往北京时所说的"进京赶考"的告诫,并指出:"60 多年的实践证明,我们党在这场历史性考试中取得了优异成绩。同时,这场考试还没有结束,还在继续。今天,我们党团结带领人民所做的一切工作,就是这场考试的继续。"①

习近平同志在讲话中接连用八个"不忘初心、继续前进"明确了我们党未来的任务和努力的方向,为继续在历史性考试中交出优异答卷向全党提出了明确要求,即不断把马克思主义中国化推向前进,不断把为崇高理想奋斗的伟大实践推向前进,不断把中国特色社会主义伟大事业推向前进,不断把实现"两个一百年"奋斗目标推向前进,不断把改革开放推向前进,不断把为人民造福事业推向前进,不断把人类和平与发展的崇高事业推向前进,不断把党的建设新的伟大工程推向前进。这八个方面的要求吹响了我们继续前进的号角,明确了我们继续前进的方向。深入学习贯彻习近平同志重要讲话精神,就要做到"不忘初心、继续前进",使我们党继续向历史、向人民交出新的更加优异的答卷。

我们要奋力推进中国特色社会主义伟大事业。要统筹推进"五位一体"总体布局,协调推进"四个全面"战略布局,全力推进全面建成小康社会

① 习近平:《在庆祝中国共产党成立 95 周年大会上的讲话》(2016 年 7 月 1 日),人民出版社 2016 年 7 月版,第 28 页。

进程,努力实现"两个一百年"奋斗目标、实现中华民族伟大复兴的中国梦。当前,面对经济发展新常态,我们要着力推进供给侧结构性改革,崇尚创新、注重协调、倡导绿色、厚植开放、推进共享,用新发展理念来推进经济社会更有效率、更有质量、更加公平、更可持续地发展。要始终不渝走和平发展道路,推动形成人类命运共同体和利益共同体,在"一带一路"建设等重大国际合作项目中创造更全面、更深入、更多元的对外开放格局。

我们要全面推进党的建设新的伟大工程。党和人民事业发展到什么阶段,党的建设就要推进到什么阶段,这是加强党的建设必须把握的基本规律。今天,党和人民的事业发展到了一个全新的阶段,党的建设也必须与时俱进、开拓创新。我们要保持党的十八大以来全面从严治党的良好态势,牢牢把握加强党的执政能力建设、先进性和纯洁性建设这条主线,坚持全面从严治党,不断增强党的自我净化、自我完善、自我革新、自我提高能力,确保党始终成为中国特色社会主义事业的坚强领导核心。

今天的中国,比历史上任何时期都更接近中华民族伟大复兴的目标,比历史上任何时期都更有信心、有能力实现这个目标。面向未来,面对挑战,全党一定要深入学习贯彻习近平同志提出的"不忘初心、继续前进"八个方面要求,永远保持建党时中国共产党人的奋斗精神,永远保持对人民的赤子之心。唯有如此,我们才能不断开创中国特色社会主义伟大事业和党的建设新的伟大工程的新局面,才能达到我们的目标,实现我们的梦想。

(原载于《人民日报》2016 年 7 月 6 日第 7 版)

全面认识党的历史贡献的科学体系

我们党的历史是不断随着实践发展而发展，与时俱进、丰富多彩的，对党的历史地位和历史作用的认识也必然随着实践的发展而不断丰富和完善，呈现多层次多角度的特点。习近平总书记在庆祝中国共产党成立95周年大会上的讲话中、在党的十九大报告第二部分"新时代中国共产党的历史使命"中和在纪念马克思诞辰200周年大会上的讲话中对于党的伟大历史贡献和伟大飞跃都做了深刻精辟的论述。这三处论述是从不同的角度深刻总结党的历史，相互关联、相互渗透，共同构成了关于党的历史贡献的体系化认识成果，大大深化了对党的历史地位和历史作用的认识，开辟了认识党的历史贡献的新视野，体现了新时代我们党对自身历史发展规律性认识的拓展、深化和升华。

一、从党领导革命、建设和改革的角度深刻总结党的历史贡献

习近平总书记在庆祝中国共产党成立95周年大会上的讲话中论证中国共产党作出了三个"伟大历史贡献"，实现了三个"伟大飞跃"，从而有了三个"焕发出新的蓬勃生机"，用三个"历史告诉我们"，得出了三个"长期坚持、永不动摇"的历史启示。

以往我们讲中国共产党做了"三件大事"，那就是取得了新民主主义革命的胜利，建立了新中国，确立了社会主义制度，实行了改革开放，习近平总书记把这三件大事上升到中国共产党作出了三个"伟大历史贡献"、实现了三个"伟大飞跃"的高度。

第一个伟大历史贡献就是，党团结带领中国人民完成新民主主义革命，建立中华人民共和国。"这一伟大历史贡献的意义在于，彻底结束了旧中

国半殖民地半封建社会的历史,彻底结束了旧中国一盘散沙的局面,彻底废除了列强强加给中国的不平等条约和帝国主义在中国的一切特权,实现了中国从几千年封建专制政治向人民民主的伟大飞跃"①。第二个伟大历史贡献是,党团结带领人民确立社会主义基本制度,消灭一切剥削制度,推进社会主义建设。"这一伟大历史贡献的意义在于,完成了中华民族有史以来最为广泛而深刻的社会变革,为当代中国一切发展进步奠定了根本政治前提和制度基础,为中国发展富强、中国人民生活富裕奠定了坚实基础,实现了中华民族由不断衰落到根本扭转命运、持续走向繁荣富强的伟大飞跃"②。第三个伟大历史贡献是,党团结带领人民进行改革开放新的伟大革命。"这一伟大历史贡献的意义在于,开辟了中国特色社会主义道路,形成了中国特色社会主义理论体系,确立了中国特色社会主义制度,使中国赶上了时代,实现了中国人民从站起来到富起来、强起来的伟大飞跃"③。习近平总书记关于中国共产党作出了三个"伟大历史贡献",实现了三个"伟大飞跃"的概括将这三件大事及其伟大意义升华了,对于中国共产党的历史贡献在理论上分析得更深邃。

习近平总书记把党的历史放在5000多年文明历史、放在500年的社会主义的发展以及放在共产党的执政历史中来,从而有了三个"焕发出新的蓬勃生机"。通过对于党的经验教训的总结和对于历史发展规律的揭示,为人们正确认识现实和改造现实提供历史依据和历史启示,更好地为党的政治路线和政治任务服务,是我们党的一个优良传统和政治优势。习近平总书记用三个"历史告诉我们"的启示,得出了三个"长期坚持、永不动摇"的结论。

习近平总书记将中国共产党对于中华民族、中国人民、中华人民共和国、中国特色社会主义、世界社会主义和全球和平与发展所作出的历史贡

---

① 习近平:《在庆祝中国共产党成立95周年大会上的讲话》(2016年7月1日),人民出版社2016年7月版,第3页。
② 习近平:《在庆祝中国共产党成立95周年大会上的讲话》(2016年7月1日),人民出版社2016年7月版,第3页。
③ 习近平:《在庆祝中国共产党成立95周年大会上的讲话》(2016年7月1日),人民出版社2016年7月版,第3—4页。

献、确立的历史地位、产生的伟大意义作出了全面的阐述。他的论述有着强烈的历史感,从中华文明 5000 年,世界社会主义 500 年,中国近现代史的大视野、大背景、大历史来看中国共产党,得出了许多新观点新论断新判断,为我们对党史进行总结评价提供了重要评判标准,为党史宣传教育提供了理论指南。

二、从党领导人民实现中华民族伟大复兴的角度深刻总结党的历史贡献

实现中华民族伟大复兴是近代以来中华民族最伟大的梦想。中国共产党一经成立,就把实现共产主义作为党的最高理想和最终目标,义无反顾肩负起实现中华民族伟大复兴的历史使命,团结带领人民进行了艰苦卓绝的斗争,谱写了气吞山河的壮丽史诗。

习近平总书记在党的十九大报告的开篇处就强调,"不忘初心,方得始终。中国共产党人的初心和使命,就是为中国人民谋幸福,为中华民族谋复兴。这个初心和使命是激励中国共产党人不断前进的根本动力"①。中国共产党的历史就是一部实现中华民族伟大复兴的奋斗史。"我们党深刻认识到,实现中华民族伟大复兴,必须推翻压在中国人民头上的帝国主义、封建主义、官僚资本主义三座大山,实现民族独立、人民解放、国家统一、社会稳定。我们党团结带领人民找到了一条以农村包围城市、武装夺取政权的正确革命道路,进行了二十八年浴血奋战,完成了新民主主义革命,一九四九年建立了中华人民共和国,实现了中国从几千年封建专制政治向人民民主的伟大飞跃"。"我们党深刻认识到,实现中华民族伟大复兴,必须建立符合我国实际的先进社会制度。我们党团结带领人民完成社会主义革命,确立社会主义基本制度,推进社会主义建设,完成了中华民族有史以来最为广泛而深刻的社会变革,为当代中国一切发展进步奠定了根本政治前提和制度基础,实现了中华民族由近代不断衰落到根本扭转命运、持续走向繁荣

---

① 习近平:《决胜全面建成小康社会　夺取新时代中国特色社会主义伟大胜利——在中国共产党第十九次全国代表大会上的报告》(2017 年 10 月 18 日),人民出版社 2017 年 10 月版,第 1 页。

富强的伟大飞跃"。"我们党深刻认识到,实现中华民族伟大复兴,必须合乎时代潮流、顺应人民意愿,勇于改革开放,让党和人民事业始终充满奋勇前进的强大动力。我们党团结带领人民进行改革开放新的伟大革命,破除阻碍国家和民族发展的一切思想和体制障碍,开辟了中国特色社会主义道路,使中国大踏步赶上时代"①。从这些重要论述可以看出,中国共产党人的初心和使命,就是为中国人民谋幸福,为中华民族谋复兴。完成中国近代以来民族独立、人民解放和国家富强、人民幸福这两大历史任务和实现中华民族伟大复兴,是中国共产党人的担当。

习近平总书记这里强调两个伟大飞跃和"开辟了中国特色社会主义道路",使中国大踏步赶上时代,因为从坚持和发展中国特色社会主义、建设社会主义现代化强国、实现中华民族伟大复兴的角度来看,这个过程还在进行中,还没有完成。中国特色社会主义进入了新时代,我们要实现中华民族伟大复兴就要进行伟大斗争、建设伟大工程、推进伟大事业、实现伟大梦想。中国共产党的伟大历史使命在新时代的具体体现就是要统揽"四个伟大",处理好"四个伟大"之间的辩证关系。

三、从党推进马克思主义中国化和领导科学社会主义运动的角度深刻总结党的历史贡献

习近平总书记在纪念马克思诞辰 200 周年大会上的讲话中又用三个伟大飞跃、三个铁一般的事实证明、三个紧紧连在一起、三个完全正确,来说明马克思主义中国化和社会主义在中国的历史发展。

中国共产党诞生后,中国共产党人把马克思主义基本原理同中国革命和建设的具体实际结合起来,团结带领人民经过长期奋斗,完成新民主主义革命和社会主义革命,建立起中华人民共和国和社会主义基本制度,进行了社会主义建设的艰辛探索,实现了中华民族从"东亚病夫"到"站起来"的伟大飞跃。这一伟大飞跃以铁一般的事实证明,只有社会主义才能救中国!

---

① 习近平:《决胜全面建成小康社会　夺取新时代中国特色社会主义伟大胜利——在中国共产党第十九次全国代表大会上的报告》(2017 年 10 月 18 日),人民出版社 2017 年 10 月版,第 13—14 页。

改革开放以来,中国共产党人把马克思主义基本原理同中国改革开放的具体实际结合起来,团结带领人民进行建设中国特色社会主义新的伟大实践,使中国大踏步赶上了时代,实现了中华民族从站起来到富起来的伟大飞跃。这一伟大飞跃以铁一般的事实证明,只有中国特色社会主义才能发展中国!

在新时代,中国共产党人把马克思主义基本原理同新时代中国具体实际结合起来,团结带领人民进行伟大斗争、建设伟大工程、推进伟大事业、实现伟大梦想,推动党和国家事业取得全方位、开创性历史成就,发生深层次、根本性历史变革,中华民族迎来了从富起来到强起来的伟大飞跃。这一伟大飞跃以铁一般的事实证明,只有坚持和发展中国特色社会主义才能实现中华民族伟大复兴!

实践证明,马克思主义的命运早已同中国共产党的命运、中国人民的命运、中华民族的命运紧紧连在一起,它的科学性和真理性在中国得到了充分检验,它的人民性和实践性在中国得到了充分贯彻,它的开放性和时代性在中国得到了充分彰显!

实践还证明,马克思主义为中国革命、建设、改革提供了强大思想武器,使中国这个古老的东方大国创造了人类历史上前所未有的发展奇迹。历史和人民选择马克思主义是完全正确的,中国共产党把马克思主义写在自己的旗帜上是完全正确的,坚持马克思主义基本原理同中国具体实际相结合、不断推进马克思主义中国化时代化是完全正确的!①

在这里是从三个时间段来看的,一个时间段是从新民主主义革命,到新中国成立和社会主义制度的确立,以往我们党史中分作新民主主义革命时期以及社会主义革命和建设时期,但是从社会主义制度的建立来看是一个完整的过程的两个阶段。第二个时间段是改革开放以来,即改革开放和社会主义现代化建设新时期,标志性的特征就是建设中国特色社会主义。第三个时间段就是坚持和发展中国特色社会主义的新时代,要建设社会主义

---

① 参见习近平:《在纪念马克思诞辰 200 周年大会上的讲话》(2018 年 5 月 4 日),《人民日报》2018 年 5 月 5 日第 2 版。

现代化强国。这三个时间段重点在说明，只有社会主义才能救中国，只有中国特色社会主义才能发展中国，只有坚持和发展中国特色社会主义才能实现中华民族伟大复兴。

四、形成对于党的历史贡献体系化认识的新成果

习近平总书记在庆祝中国共产党成立 95 周年大会上的讲话中是从革命、建设、改革三个历史时期来分析党的 95 年的历史发展，在十九大报告中是从完成党的历史使命、实现中华民族伟大复兴的角度来分析党的 96 年的历史发展，在纪念马克思诞辰 200 周年的讲话中是从马克思主义基本原理同中国的具体实际相结合、马克思主义中国化、社会主义在中国发展经历不同阶段的角度来分析党的 97 年的历史发展。三篇讲话由于看待党的历史的角度不同，因而对于历史时期的断代划分点不同、对于伟大飞跃的表述不同，但是它们之间并不矛盾，而是自洽的、一致的。同时，这三篇讲话形成了党的历史贡献体系化认识的新成果，构成了一个全面认识党的历史贡献的科学体系。

如果从党的历史发展阶段来看，我们经历了新民主主义革命时期、社会主义革命和建设时期、改革开放和社会主义现代化建设新时期，党的十八大以来我们进入了中国特色社会主义新时代。如果从马克思主义基本原理同中国的具体实际相结合、马克思主义中国化进程和社会主义在中国发展的不同阶段来看，从新民主主义革命、新中国成立到社会主义制度的确立，是一个完整的过程。把从共产党成立到社会主义制度的确立看成一个完整的过程，也有利于对于毛泽东思想做出完整的理解和把握。毛泽东思想把马克思主义的基本原理同中国的具体实际相结合，不仅体现在新民主主义革命时期，在党的七大将其确立为我们党的指导思想，而且毛泽东思想在社会主义革命和建设时期仍然还有新的发展，毛泽东同志自己提出来，为了探索适合中国国情的建设社会主义的道路，还要进行"第二次结合"，于是就有了《论十大关系》《关于正确处理人民内部矛盾的问题》等名篇和党的八大确立的正确路线。所以说，以毛泽东同志为核心的党的第一代中央领导集体对于社会主义的探索，为开创中国特色社会主义提供了宝贵经验、理论准

备、物质基础,后面才能有中国特色社会主义伟大事业,以及坚持和发展中国特色社会主义的新时代。因此,习近平总书记在纪念马克思诞辰 200 周年的讲话中用"中国共产党诞生后""改革开放以来""在新时代"的划分是社会主义在中国发展的三个阶段,党的十八大以来,中国特色社会主义进入了新时代,"新时代"在党的历史上具有特别重要的意义。这里的三个阶段的划分和在庆祝中国共产党成立 95 周年大会上的讲话中对于党的历史革命、建设、改革时期的划分不仅是一致的,而且是对于前一论述的丰富和发展。

习近平总书记在庆祝中国共产党成立 95 周年大会上的讲话、十九大报告的第二部分"新时代中国共产党的历史使命"和在纪念马克思诞辰 200 周年大会上的讲话这三篇讲话对于党的历史的论述,在党史研究中提出了许多新的具有创造性的观点,例如,党的三个"伟大历史贡献"、三个"伟大飞跃"、三大历史启示的观点,从实现中华民族伟大复兴的历史使命来看党的历史的观点,从马克思主义中国化和社会主义在中国的发展进程来看党的历史的观点,等等。这些重要观点对于我们深入理解党的历史、深化党史研究具有十分重要的指导意义。

(原载于《光明日报》2018 年 7 月 18 日第 11 版)

加强中共党史学科建设的理论指南

　　习近平总书记在哲学社会科学工作座谈会上的重要讲话高度评价哲学社会科学的地位和作用,对哲学社会科学工作者寄予殷切希望,强调哲学社会科学研究应该以马克思主义为指导,并且在实践中发展中国化的马克思主义,哲学社会科学工作者要积极为党和人民述学立论、建言献策。哲学社会科学要以问题为导向,研究中国问题,在治国理政中更好地发挥作用。哲学社会科学应该树立文化自信、创新自信,建立具有中国特色、中国风格、中国气派的学科体系、学术体系和话语体系。习近平总书记还要求加强和改善党对哲学社会科学的领导,一手抓繁荣发展,一手抓引导管理,改善管理体制机制,培育良好学风,更好地发挥哲学社会科学优秀人才的作用。习近平总书记的讲话如春风化雨,使哲学社会科学又迎来了新的春天,广大哲学社会科学工作者倍感振奋、备受鼓舞。

　　习近平总书记的重要讲话不仅是新形势下繁荣发展我国哲学社会科学的纲领性文献,而且也是加强中共党史学科建设的理论指南。我们一定要认真学习和贯彻落实习近平总书记哲学社会科学工作座谈会重要讲话,把党史研究、党史教育和宣传、党史资料征编、党史重要人物和重大事件的纪念、党史遗址普查登记保护和利用、红色旅游等工作做得更好。

　　一、习近平总书记充分肯定了哲学社会科学的重要作用,寄予广大哲学社会科学工作者殷切希望,讲话将在党的历史上留下浓墨重彩的一笔

　　第一,哲学社会科学是一个国家的综合国力和国际竞争力的体现,一个国家没有繁荣的哲学社会科学就不可能走在世界的前列。习近平总书记指出:"哲学社会科学是人们认识世界、改造世界的重要工具,是推动历史发展和社会进步的重要力量,其发展水平反映了一个民族的思维能力、精神品格、文明素质,体现了一个国家的综合国力和国际竞争力。一个国家的发展水平,既取决于自然科学发展水平,也取决于哲学社会科学发展水平。一个没有发达的自然科学的国家不可能走在世界前列,一个没有繁荣的哲学社会科学的国家也不可能走在世界前列。"①纵观人类社会发展的历史,在认识世界、改造世界的过程中,知识就是力量,科学技术就是生产力,每一次科学技术的重大发现和知识革命必将推动经济社会的巨大变革和发展。这里的知识和科学,既包括自然科学,也包括哲学社会科学。自然科学和技术的革命会改变人们的生产方式、生活方式,而哲学社会科学的进步和发展必将解放思想、解放生产力,解放和增强社会活力,同样是推动社会进步的巨大动力。自然科学和技术在认识和改造自然的过程中可以延伸和扩展人的智力和体力,减轻人体经受的痛苦,而哲学社会科学除了帮助认识和改造自然与社会之外,还能够提升人自身的思维水平、精神境界、道德修养和文明素质。前者是硬实力,后者是软实力,二者都体现了一个国家的综合实力和国际竞争力,二者是车之两轮、鸟之两翼,不可偏废,缺一不可。我们要走在世界前列,全面建成小康社会,建设富强民主文明和谐的社会主义现代化国家,实现中华民族伟大复兴的中国梦,不仅需要发达的自然科学和技术,而且还需要繁荣的哲学社会科学。

第二,在坚持和发展中国特色社会主义、用发展着的理论指导发展着的实践过程中,哲学社会科学具有不可替代的重要地位,哲学社会科学工作者具有不可替代的重要作用。党的十一届三中全会以来,从邓小平同志创立中国特色社会主义理论开始,经过 40 多年的实践探索和不断发展,我们形成了中国特色社会主义的道路、理论体系和制度,这些都与哲学社会科学的提炼、概括、总结分不开的。今天,我们在坚持和发展中国特色社会主义、开辟马克思主义中国化新境界的进程中,仍然需要哲学社会科学工作者从实

①　习近平:《在哲学社会科学工作座谈会上的讲话》(2016 年 5 月 17 日),人民出版社 2016 年 5 月版,第 2 页。

践到理论、又从理论到实践循环往复地探索、总结、证明和检验。这些工作是自然科学替代不了的,需要哲学社会科学工作者付出艰辛努力,发挥不可替代的作用。

第三,让哲学社会科学工作者成为先进思想的倡导者、社会风尚的引领者、党执政的坚定支持者。习近平总书记充分信任哲学社会科学工作者并寄予厚望,对丁哲学社会科学工作者的要求也是全面的,在理论上要勇于探索,成为先进思想的倡导者;在道德上发挥特殊群体的示范作用,成为社会风尚的引领者;在政治上与党中央保持高度一致,成为党执政的坚定支持者。希望哲学社会科学工作者"做真善美的追求者和传播者,以深厚的学识修养赢得尊重,以高尚的人格魅力引领风气,在为祖国、为人民立德立言中成就自我、实现价值"①。

第四,习近平总书记的讲话是对我们党重视哲学社会科学优良传统的继承和发扬,将在党的历史上留下浓墨重彩的一笔。重视哲学社会科学的地位和作用是我们党长期以来形成的优良传统。毛泽东同志就是一位伟大的哲学家和社会科学家,他不仅有《矛盾论》《实践论》等哲学著作,还留下了《论持久战》《论十大关系》《关于正确处理人民内部矛盾的问题》等大量闪耀着唯物辩证法思想光辉的篇章。毛泽东同志号召党员干部要学哲学、用哲学,掌握马克思主义哲学的基本原理,还要读几本哲学史。同时,毛泽东同志注重调查研究,分析和解决各种社会矛盾和社会问题,写出了《湖南农民运动考察报告》等著作,为我们树立了运用社会科学的方法研究中国革命、战争和社会问题的典范。

邓小平同志开启改革开放的新时代就是从解放思想开始的,这与他重视和发挥哲学社会科学的作用是分不开的。他是"实践是检验真理唯一标准"大讨论的引导者和支持者,是理论务虚会和解放思想大讨论的定盘星和掌舵人,倡导既要解放思想又要坚持四项基本原则,将哲学社会科学的发展引向了正确的轨道。邓小平同志还提出"科学技术是第一生产力",专门

---

① 习近平:《在哲学社会科学工作座谈会上的讲话》(2016年5月17日),人民出版社2016年5月版,第29页。

指出"科学当然包括社会科学"。

江泽民同志十分关心哲学社会科学。2001年8月7日在北戴河同国防科技专家和社会科学专家座谈时、2002年4月28日考察中国人民大学时以及7月16日在中国社会科学院建院25周年座谈会上,都发表了重要讲话,极大地推动了哲学社会科学的繁荣和发展。他提出了哲学社会科学和自然科学"四个同样重要"的思想,指出:"在认识和改造世界的过程中,哲学社会科学与自然科学同样重要;培养高水平的哲学社会科学家,与培养高水平的自然科学家同样重要;提高全民族的哲学社会科学素质,与提高全民族的自然科学素质同样重要;任用好哲学社会科学人才并充分发挥他们的作用,与任用好自然科学人才并充分发挥他们的作用同样重要。"同时他还先后对广大哲学社会科学工作者提出了五点希望和就繁荣发展哲学社会科学提出了五点要求,充分肯定了哲学社会科学的重要地位和作用,同时就哲学社会科学以马克思主义为指导,坚持"二为"方向和"双百"方针,解放思想、实事求是,加强对现实问题研究,推进理论创新,继承优秀传统文化和借鉴各国人民创造的有益文化成果,坚持优良学风等提出了殷切期望。

胡锦涛同志也高度重视哲学社会科学的地位和作用。2004年5月28日,他在主持中央政治局第十三次集体学习时强调,我们一定要从党和国家事业发展全局的战略高度,把繁荣发展哲学社会科学作为一项重大而紧迫的战略任务切实抓紧抓好,推动我国哲学社会科学有一个新的更大发展,为中国特色社会主义事业提供强有力的思想保证、精神动力和智力支持。2004年1月,中央发出《关于进一步繁荣发展哲学社会科学的意见》(中发〔2004〕3号),分7部分27条,这是我们党专门为哲学社会科学制定的中央文件,对于其后很长一个时期哲学社会科学的发展起到了非常重要的指导作用。

从历史角度看,习近平总书记的讲话是党的历史上关于繁荣发展哲学社会科学最全面、最系统的讲话。讲话既继承发扬了我们党重视哲学社会科学的优良传统,同时又有许多重大理论创新和理论突破。从党的十八大以来习近平总书记系列重要讲话的内容结构来看,2013年8月19日在全国宣传工作会议上的讲话、2014年10月15日在文艺工作者座谈会上的讲话、2016 年 2 月 19 日在党的新闻舆论工作座谈会上的讲话、4 月 19 日在网络安全和信息化工作座谈会上的讲话,加上 5 月 17 日在哲学社会科学工作座谈会上的讲话,构成了关于思想意识形态、文学艺术、新闻舆论、网络安全、哲学社会科学等一个完整的专题系列,是习近平总书记治国理政新理念新思想新战略走向系统完备的一个重要标志。哲学社会科学工作座谈会上的讲话在习近平总书记整个思想体系中具有十分重要的意义,在党的理论发展史和自身建设史上都有着非常重大的理论意义和现实意义。习近平总书记的这篇讲话,必将在党的历史上留下浓墨重彩的一笔。

党史工作者应该做好党重视哲学社会科学优良传统的记史存史工作,对党成立以来、新中国成立以来和改革开放以来我们党重视和领导哲学社会科学的历史进行深入研究,即时跟进十八大以来的理论创新,把习近平总书记关于哲学社会科学的重要论述、战略思考、理论创新和方针政策记录好、研究好、宣传好,在党史研究和党史工作中贯彻落实好。

二、习近平总书记强调哲学社会科学应该以马克思主义为指导,树立以人民为中心的研究导向,为马克思主义中国化、坚持和发展中国特色社会主义作出贡献,这是我们坚持"党史姓党""一突出、两跟进"的基本遵循

第一,坚持以马克思主义为指导是中国哲学社会科学区别于其他哲学社会科学的根本标志。以马克思主义为指导是哲学社会科学的灵魂,不以马克思主义为指导,哲学社会科学就会失去灵魂,失去方向,不能发挥应有的作用。自然科学和技术更多的是工具和手段,本身没有阶级性和党性,它们可以被不同的国家和政党所利用,来达到不同的目的。哲学社会科学不同于自然科学,它们是世界观、人生观和价值观,属于思想意识形态、上层建筑,具有很强的阶级性、政治性和党性。不同的阶级、党派和政治团体对于同一种社会现象和社会事件有着迥然不同的态度和看法,在各种抽象的哲学理论和社会科学的推论中可能反映着不同阶级、政党和团体的利益博弈,只是有的采取曲折隐晦的表现形式,有的公开直接地表现出来。在西方,许多哲学社会科学表面上采取一种"价值中立"的姿态,但实际上它们是有很坚定的政治立场的,他们不以马克思主义作指导,但仍然是直接或间接、公开或隐晦地以某种理论或某种主义作指导。他们不同意、反对甚至攻击马克思主义本身就是政治立场的具体体现。在我国,哲学社会科学应该以马克思主义为指导,这是我们毫不隐晦的政治立场。因为马克思主义是科学的世界观和方法论,它揭示了事物的本质、内在联系及发展规律,是人们观察世界、分析问题的认识工具和思想武器;它揭示了自然界、人类社会、人类思维的普遍规律,为人类社会发展指明了方向;它指导着中国共产党和中国人民在革命、建设和改革的历史进程中取得了一个又一个的胜利,被中国革命、建设和改革的实践检验为颠扑不破的真理。我们强调以马克思主义为指导,并不是把马克思主义作为僵死的教条,不是把马克思恩格斯著作中的词句当作一成不变的,而是强调把马克思主义的基本原理同中国不同历史时期的具体实际相结合,运用马克思主义的立场观点方法研究和解决各种重大理论问题和实践问题,从理论到实践,又从实践到理论,循环往复,在实践探索中丰富和发展马克思主义,推动马克思主义的中国化。我们不能偏离马克思主义,不能丢掉马克思主义,我们要批判马克思主义"过时论"的观点,纠正马克思主义被边缘化、空泛化、标签化的倾向,克服马克思主义在学科中"失语"、在教材中"失踪"、在论坛上"失声"的现象。

第二,我们要把坚持和发展统一起来,结合新的实践不断作出新的理论创造,不断推进马克思主义中国化,为坚持和发展中国特色社会主义作出更大贡献。以马克思主义为指导和马克思主义中国化其实是同一个进程的两个方面,哲学社会科学一方面以马克思主义为指导,另一方面又推进着马克思主义中国化,丰富和发展着马克思主义。今天,这个进程不仅没有结束,而且任重道远。"我国哲学社会科学的一项重要任务就是继续推进马克思主义中国化、时代化、大众化,继续发展21世纪马克思主义、当代中国马克思主义"①。党的十八大以来习近平总书记系列重要讲话体现出来的治国理政新理念新思想新战略就是马克思主义中国化的最新理论成果,是对十

① 习近平:《在哲学社会科学工作座谈会上的讲话》(2016年5月17日),人民出版社2016年5月版,第9—10页。

八大以来我们党开创中国特色社会主义新局面伟大实践的总结提炼和理论升华,是发展的马克思主义、鲜活的马克思主义。哲学社会科学应该在推进马克思主义中国化时代化大众化方面更有作为,出更多的理论成果。

第三,坚持以人民为中心的研究导向,树立为人民做学问的理想,自觉把个人学术追求同国家和民族发展紧紧联系在一起。习近平总书记指出:"坚持以马克思主义为指导,核心要解决好为什么人的问题。为什么人的问题是哲学社会科学研究的根本性、原则性问题。"①哲学社会科学和文学艺术、新闻舆论一样,都有一个"依靠谁、为了谁、我是谁"的问题。要弄清楚是为谁服务、为谁著书立说。哲学社会科学的研究不是为了孤芳自赏,不是为了个人名利,而是要坚持为人民服务的宗旨,为人民著书立说,为人民做学问,回答和解决全体人民关注和人类迫切需要解决的问题。树立以人民为中心的研究导向,一是要以人民为中心,因为人民是历史的创造者,哲学社会科学要把人民作为研究的主体,把人民的实践创造、人民的所思所想所需所盼作为研究的对象;二是哲学社会科学研究要体现我们国家是人民当家作主的国家,我们党是全心全意为人民服务的党,党和国家一切工作的出发点和落脚点是实现好、维护好、发展好最广大人民的根本利益,哲学社会科学工作者应该自觉把个人的学术追求同国家和民族的发展联系在一起;三是哲学社会科学要多出人民群众喜闻乐见、能够被人民群众所掌握、服务于人民利益的研究成果和精神产品。

第四,坚持"党史姓党"就是坚持以马克思主义为指导、以人民为中心,坚持"一突出、两跟进"就是推进马克思主义中国化和坚持发展中国特色社会主义。早在延安时期,毛泽东同志在谈"如何研究中共党史"时就曾指出:"如何研究党史呢?根本的方法马、恩、列、斯已经讲过了,就是全面的历史的方法。我们研究中国共产党的历史,当然也要遵照这个方法","研究中共党史,应该以中国做中心,把屁股坐在中国身上……如果是完全坐在外国那边去就不是研究中共党史了","我们要把马、恩、列、斯的方法用到

---

① 习近平:《在哲学社会科学工作座谈会上的讲话》(2016 年 5 月 17 日),人民出版社 2016 年 5 月版,第 12 页。

中国来,在中国创造出一些新的东西"①。这里就体现了党史研究应该坚持以马克思主义为指导,运用马克思主义的立场观点方法来研究中国问题,同时还要把马克思主义的立场观点方法同中国革命的具体实践结合起来进行理论创新,创造出新东西来,这就是坚持和发展马克思主义。

党的十八大以来,党中央高度重视党史研究工作,并且指出"党史姓党"是新形势下党史工作的正确方向。坚持"党史姓党"就是党史研究和各项党史工作都要坚持党性原则,体现党的意志,反映党的主张,维护党和人民的根本利益,在思想上政治上行动上同党中央保持高度一致。坚持"党史姓党",以正确的立场观点方法研究和宣传党的历史,坚决抵制和反对党史问题上的错误观点和错误倾向,就是坚持以马克思主义为指导、坚持以人民为中心的具体体现。

党的十八大以来党史研究和党史工作坚持"一突出、两跟进",就是进一步突出开创和发展中国特色社会主义时间段历史研究,就是即时跟进十八大以来党中央的决策部署,即时跟进以习近平同志为核心的党中央的理论发展。先把党中央的重大决策部署、党的领袖的思想、党的理论创新记载好、实录好,做好"存史"的工作,再进一步研究好,做好"修史"工作。总结好中国特色社会主义的伟大实践,总结好共产党执政规律、社会主义建设规律和人类社会发展规律,以史鉴今、资政育人,这就是坚持和发展中国特色社会主义,就是推进马克思主义的中国化。

三、习近平总书记要求哲学社会科学构建具有中国特色、中国风格、中国气派的学科体系、学术体系和话语体系,这为深化党史研究提供了借鉴和启示,树立了更高的学术目标

习近平总书记概括了中国特色哲学社会科学具有的三大特点:一是体现继承性、民族性,二是体现原创性、时代性,三是体现系统性、专业性。这三个特点六个性,每一个特点的两个性是相互关联、紧密联系的。

---

① 毛泽东:《如何研究中共党史》,《毛泽东文集》第二卷,人民出版社 1993 年版,第 400、407、408 页。

第一，体现继承性、民族性重点是讲坚定"文化自信"问题。习近平总书记分析我们具有三方面的资源，一是马克思主义的资源，二是中华优秀传统文化的资源，三是国外哲学社会科学的资源。要利用好这三种资源，协调好这三种资源的关系，"我们要坚持不忘本来、吸收外来、面向未来，既向内看、深入研究关系国计民生的重大课题，又向外看、积极探索关系人类前途命运的重大问题；既向前看、准确判断中国特色社会主义发展趋势，又向后看、善于继承和弘扬中华优秀传统文化精华"①。

对待中国传统文化资源，首先要继承和弘扬。中国特色哲学社会科学植根于几千年积淀下来的中华民族优秀传统文化，吸收丰富的文化养分。我们要加强对于中国传统文化的挖掘、阐发和弘扬，使中华民族的精神血脉和文化基因薪火相传，代代守护。其次要创新和发展。要推动中华文明创造性转化、创新性发展，"要围绕我国和世界发展面临的重大问题，着力提出能够体现中国立场、中国智慧、中国价值的理念、主张、方案"②。再次就是在比较、对照、批判、吸收、升华的基础上，使民族性和世界性结合起来、协调起来，使民族性更加符合当代中国和当代世界的要求，先解决好民族性的问题，再更好地解决世界性的问题，使越是民族的就越是世界的。最后，我们要借鉴吸收国外有益的理论观点和学术成果，但是不能把外国的理论和方法当作"唯一准则"来裁判一切，以一种模式来解释一切、改造整个世界。不能不加分析地把国外的学术思想和学术方法奉为圭臬，一切以此为准绳。如果这样就是自我矮化，数典忘祖。"我们说要坚定中国特色社会主义道路自信、理论自信、制度自信，说到底是要坚定文化自信。文化自信是更基本、更深沉、更持久的力量"③。解决中国问题，还是要坚持中国人的世界观和方法论。我们自己的文化有这样深厚的积淀，我们当然就会有这样深厚的底气。

---

① 习近平：《在哲学社会科学工作座谈会上的讲话》(2016 年 5 月 17 日)，人民出版社 2016 年 5 月版，第 16 页。
② 习近平：《在哲学社会科学工作座谈会上的讲话》(2016 年 5 月 17 日)，人民出版社 2016 年 5 月版，第 17 页。
③ 习近平：《在哲学社会科学工作座谈会上的讲话》(2016 年 5 月 17 日)，人民出版社 2016 年 5 月版，第 17 页。

第二,体现原创性、时代性重点是讲树立"创新自信"问题。哲学社会科学需要理论创新,不能人云亦云、亦步亦趋。不能仅仅是"跟着讲""照着讲",而是要"自己讲""讲自己"。中国人必须有自己原创的东西,就像在技术领域不能仅仅是"中国制造",更需要"中国智造"一样,在哲学社会科学领域也不能仅仅是拿来、照搬、应用,还要有原创性的理论,有我们自己的头脑思考出来的、从我们的文化基因中生长出来的理论。我们需要的不仅仅是"哲学在中国(Philosophy in China)"或"社会科学在中国(Social sciences in China)",更需要"中国哲学(Chinese philosophy)"或"中国社会科学(Chinese social sciences or social sciences of China)"。哲学社会科学的生命力在于创新,没有创新就像人的肌体丧失了新陈代谢功能,"如果不能及时研究、提出、运用新思想、新理念、新办法,理论就会苍白无力,哲学社会科学就会'肌无力'"①。

习近平总书记在全国科技创新大会上的讲话中说:"我国科技界要坚定创新自信,坚定敢为天下先的志向,在独创独有上下功夫,勇于挑战最前沿的科学问题,提出更多原创理论,作出更多原创发现。"②他对科学技术界"坚定创新自信"的要求,同样适用于哲学社会科学界。他在2015年10月十八届五中全会上的讲话和2016年1月18日省部级主要领导干部学习贯彻党的十八届五中全会精神专题研讨班上的讲话中多次阐发了创新发展理念,五大发展理念把创新摆在第一位,是因为创新是引领发展的第一动力。习近平总书记讲的创新包括理论创新、制度创新、科技创新、文化创新,除了科技领域的创新之外,理论创新、制度创新和文化创新主要都是哲学社会科学的任务,由此可见他对于哲学社会科学的创新寄予了很高的期望,也可以看出哲学社会科学的创新在实施创新驱动战略中占有的重要地位和分量。

"理论创新只能从问题开始。从某种意义上说,理论创新的过程就是

① 习近平:《在哲学社会科学工作座谈会上的讲话》(2016年5月17日),人民出版社2016年5月版,第20页。
② 习近平:《为建设世界科技强国而奋斗——在全国科技创新大会、两院院士大会、中国科协第九次全国代表大会上的讲话》(2016年5月30日),《人民日报》2016年6月1日。

发现问题、筛选问题、研究问题、解决问题的过程"①。中国的哲学社会科学就应该发现、筛选、研究和解决中国的问题，以我们正在做的事情为中心，从我国改革发展的实践中挖掘新材料、发现新问题、提出新观点、构建新理论。

习近平总书记说，问题是时代的口号，哲学社会科学应该回应时代提出的问题，为治国理政更好地发挥作用。习近平总书记在讲话中接连用了"五个面对"、"五个如何"和"五个迫切需要"，表达了对哲学社会科学寄予的殷切希望，哲学社会科学要在马克思主义的指导下，反映时代呼声，引领时代步伐，发现中国问题，提供中国方案，总结中国经验，发出中国声音，为治国理政当好参谋和智库。首先，哲学社会科学要面对问题，解决好世界观和方法论问题。哲学社会科学要为治国理政提供世界观和方法论，马克思主义哲学、辩证唯物主义和历史唯物主义的基本原理是科学的世界观和方法论，是治国理政的"总开关"，是每一位执政者应该掌握的看家本领和基本功。其次，哲学社会科学应该为治国理政把握时代脉搏、世界大势和中国国情。治国理政首先需要认清世界的大潮大势，需要认清历史方位，辨认前进方向，掌握我国社会发展、人类社会发展的大逻辑大趋势。再次，哲学社会科学应该为治国理政提出中国问题、总结中国经验、发出中国声音。中国的哲学社会科学需要关注中国现实，提出中国问题，不仅要提供解决中国问题的方案，还要给解决人类面临的共同问题贡献中国智慧、提供中国方案。最后，哲学社会科学应该为治国理政推进国家治理体系和治理能力的现代化。习近平总书记给国家治理体系和治理能力现代化指明了方向、明确了任务，重点在体制机制、法律法规的建设，治理制度化、规范化、程序化的建设，这些就是哲学社会科学的重要任务和努力方向。

简单地照搬照抄、生搬硬套不可能有理论创新，"当代中国的伟大社会变革，不是简单延续我国历史文化的母版，不是简单套用马克思主义经典作家设想的模板，不是其他国家社会主义实践的再版，也不是国外现代化发展

---

① 习近平：《在哲学社会科学工作座谈会上的讲话》（2016 年 5 月 17 日），人民出版社 2016 年 5 月版，第 20 页。

的翻版,不可能找到现成的教科书"①。我们处在社会大变革的时代,我们从事的是前无古人的伟大实践,这是一个需要理论而且一定能够产生理论的时代,这是一个需要思想而且一定能够产生思想的时代,因此也必定是哲学社会科学大创新、大发展的时代。

第三,体现系统性、专业性重点是讲构建中国特色的学科体系、学术体系和话语体系。构建中国特色哲学社会科学具体体现在构建中国特色的学科体系、学术体系和话语体系上。

学科体系,简单地说就是以知识结构、科学分工或产业结构为基础的学科设置、专业划分和学术机构的组成体系。在日常生活中,人们大致地分为传统学科、新兴学科和交叉学科,或者分为基础学科和应用学科。但是,严格的学科分类是有国家标准的。一种是教育部的学科划分标准,根据 2011 年教育部《学位授予和人才培养学科目录》修订版,划分为学科门类、一级学科、二级学科,13 个学科门类②;比学科门类低一级的称为一级学科,比一级学科类再低一级的是二级学科,经常被人们称为专业,有高考生填报志愿的本科专业,还有硕士生和博士生更细更具体的专业方向。另一种是由中国标准化研究院 2009 年修订的《中华人民共和国学科分类与代码国家标准》,共设 5 个门类③、62 个一级学科、748 个二级学科、近 6000 个三级学科。另外,在党校、行政学院、干部学院的学科设置中,许多是以问题为导向、以党政部门业务分工为基础,具有多学科交叉和综合性质,例如人民政协学、统一战线学、纪检监察学、党性修养、长三角研究等。

学术体系,主要是指一个学科内部分析和研究问题的理论框架和方法论体系、学术标准和学术评价体系,在高等院校内教材体系的建设也被看作

---

① 习近平:《在哲学社会科学工作座谈会上的讲话》(2016 年 5 月 17 日),人民出版社 2016 年 5 月版,第 21 页。

② 13 个学科门类是理学、工学、农学、医学、哲学、经济学、法学、教育学、文学、历史学、军事学、管理学、艺术学,一级学科 110 个。

③ 5 个门类是自然科学类、农业科学类、医药科学类、工程与技术科学类、人文与社会科学类。人文与社会科学类的一级学科分为马克思主义,哲学,宗教学,语言学,文学,艺术学,历史学,考古学,经济学,政治学,法学,军事学,社会学,民族学与文化学,新闻学与传播学,图书馆、情报与文献学,教育学,体育科学,统计学等 19 个。

学术体系的一部分。

话语体系,包括一个学科的标识性概念、新概念、新范畴、新表述,也包括话语方式、话语权,尤其是指在跨文化交流和比较文化研究时的可理解性和可翻译性。

中宣部和教育部对于学科的称呼是有一些细微差异的。中宣部称"哲学社会科学",主要是从思想意识形态角度来把握的,表明哲学社会科学具有阶级性、政治性和党性,意识形态应该由中宣部来管,所以"国家哲学社会科学规划领导小组办公室"和"国家哲学社会科学基金管理办公室"就设在中宣部。教育部称"人文社会科学",主要是从知识对象和学科分工来把握的,以人的思想、情感、意志、语言和精神追求为研究对象的哲学、文学、语言学、艺术学、宗教学等,它们的共同特点是对于人性(Humanity)的研究,被称为人文学科(Humanities)。社会科学是以人在社会中的活动以及社会运动规律为研究对象的,与自然科学的共同点就是都可以称作"科学",因为它们的研究对象具有可重复性和可验证性,可以运用数量来精确表达,可以用规律、规则来推演论证,例如经济学、社会学、法学、管理学等。

第四,中共党史应该建设具有自身特色的学科体系、学术体系和话语体系。中共党史是一门很特殊的学科,以往它被放在一级学科历史学、二级学科中国近现代史下面的三级学科。后来,中共党史被调整成一级学科法学、二级学科政治学下面的三级学科,在院系设置中一般放在马克思主义学院。这种划分和中共党史的理论地位和社会作用极不相称。中国共产党是一个具有98年历史、8900多万党员的大党老党,全体党员和全国人民都要学党史,全国从中央到省、市、县(区)都有专门的党史研究机构和工作机构,另外还有研究中共党史的五路大军,在几十年的党史研究、党史教育和党史宣传工作中实际上已经形成了具有中国特色的学科体系、学术体系和话语体系。

如果说学科体系是以知识结构、科学分工或产业结构为基础的学科设置、专业划分和学术机构的组成体系,那么中共党史的学科体系就是由以下系列组成的:第一系列是党史基本著作和正史,如《中国共产党历史》第一卷、第二卷、第三卷,《中国共产党的七十年》《中国共产党的九十年》;第二系列是党的领袖和主要领导人的选集、文集、文选、专题论述摘编、年谱、思想年编、传记;第三系列是编年史、专题史(如东北沦陷史、东北抗联史、中共满洲省委史、中共中央南方局史、抗损资料收集整理等)和专门史、部门史(如组织史、纪检监察史、统一战线工作史等);第四系列是大事记,如年度大事记、党的代表大会五年大事记、党的生日逢十周年的大事记;第五系列是党史重要人物和重大历史事件、党代会和重要的转折性会议的纪念活动及其相关研究,如毛泽东、邓小平和其他党和国家领导人的逢十周年和一百周年,新中国成立逢十周年、改革开放逢十周年纪念活动,党的一大、七大、遵义会议和十一届三中全会的召开、长征胜利、抗日战争和世界反法西斯战争胜利等;第六系列是党史遗址的普查、登记、保护;第七系列是实录,如各省市县的改革开放实录、执政纪实、扶贫攻坚纪实等;第八系列是口述史、名人笔记、回忆录,如红军口述史、抗日战争口述史、新中国口述史、改革开放口述史,李鹏的笔记系列、《陈独秀自述》《谷牧回忆录》《师哲回忆录》等;第九系列是党史通俗普及读物、文艺作品,如党史故事、画册、图片集、专题文献片、影视剧等。中共党史这个特殊的学科体系既体现了对中国古代历史学的优秀文化遗产的继承,例如左史记言、右史记事的传统,纪传体、编年体和国别体的传统,《史记》纪传体中的"本纪""表""书""世家""列传"的传统,"起居注""日知录"的传统,中国古代的经史子集的学科划分传统等,同时中共党史学科具有新的时代特征,在围绕中心、服务大局、推进马克思主义中国化的进程中,带有马克思主义学科体系和满足党史工作需要的特征。

如果说学术体系是指一个学科内部分析和研究问题的理论框架和方法论体系、学术标准和学术评价体系,那么,中共党史的学术体系主要是对于中共党史的历史时期的划分,对于重大历史事件的分析框架和评价标准等。例如,新民主主义革命时期、社会主义革命和建设时期、改革开放和社会主义现代化建设新时期三大时期的划分方法,两个关于历史问题的决议,毛泽东论"如何研究中共党史"和习近平论"改革开放前后两个历史时期",中共党史是不懈奋斗史、理论探索史、自身建设史的论述等理论分析框架。我们的研究方法包括历史唯物主义的生产力和生产关系,经济基础和上层建筑,阶级、国家、革命,人民群众和领袖人物等分析方法,还有毛泽东同志所说的

"古今中外法"等。

如果说话语体系包括一个学科的标识性概念、新概念、新范畴、新表述，也包括话语方式、话语权，那么，中共党史的话语体系就体现在它所特有的一些标识性概念、特有的概念、范畴和表述方式。例如，中国共产党从一诞生起就肩负起了争取民族独立、人民解放和国家富强、人民幸福"两大历史任务"，作出了"三个伟大历史贡献"和实现了"三个伟大飞跃"，经历了遵义会议和十一届三中全会"两大历史转折"，马克思主义的基本原理同中国的具体实际相结合的"两次历史性飞跃"产生了毛泽东思想和中国特色社会主义理论体系"两大理论成果"，中国实现现代化和全面建成小康社会的历史进程，"两个一百年"的奋斗目标和中华民族伟大复兴的中国梦等等，构成了中共党史的话语体系。

但是，从目前情况来看，中国特色的中共党史学科体系、学术体系、话语体系已经形成，但还需要继续深化研究，更加体现系统性、专业性。从全国来看，各省市县党史研究机构和其他学术研究机构中共党史的学科建设和学术水平发展也不平衡。中共党史的话语体系在国际上的传播力和影响力还不强，如何讲好中国故事，讲好中国共产党的故事，把中国共产党的历史用多种语言翻译和推介到世界上去，在国际上广泛开展学术交流，还需要我们做更多的努力。中央党史研究室①要以习近平总书记哲学社会科学工作座谈会重要讲话为指导，努力增强党史学科的系统性和专业性，为全国的党史研究出学术规范、出评价标准、出学术样板，把中共党史的学科体系、学术体系和话语体系进一步建设好，发展好。

四、习近平总书记要求哲学社会科学加强整体发展战略，加强人才队伍建设，完善管理体制机制，改进学风文风，这些对于加强和深化中共党史研究和改进党史工作具有重大指导意义

第一，加强对哲学社会科学整体发展战略和综合发展体系的建设。

---

① 2018年3月，中共中央印发《深化党和国家机构改革方案》，将中央党史研究室、中央文献研究室、中央编译局的职责调整，组建中央党史和文献研究院，不再保留中央党史研究室。——编者注

习近平总书记强调,要加强和改善党对哲学社会科学工作的领导,各级党委要把哲学社会科学工作纳入重要议事日程,要实施好以育人育才为中心的哲学社会科学的整体发展战略,构筑学生、学术、学科一体的综合发展体系。做好统筹规划,抓好引导管理。

第二,加强人才队伍建设。习近平总书记要求,首先要发挥好哲学社会科学五路大军的作用,把这支队伍关心好、培育好、使用好;其次是实施哲学社会科学人才工程,抓好"三个一批",即"着力发现、培养、集聚一批有深厚马克思主义理论素养、学贯中西的思想家和理论家,一批理论功底扎实、勇于开拓创新的学科带头人,一批年富力强、锐意进取的中青年学术骨干"①,从而构建种类齐全、梯队衔接的哲学社会科学人才体系。可以看出,习近平总书记对于哲学社会科学人才的培养工程是有深入思考和很强针对性的。我们可以将习近平总书记对哲学社会科学人才培养的要求和科技人才培养的要求作一个对比,他在全国科技创新大会的讲话中对于科技人才培养提出了"五个一大批"的要求,即"努力造就一大批能够把握世界科技大势、研判科技发展方向的战略科技人才,培养一大批善于凝聚力量、统筹协调的科技领军人才,培养一大批勇于创新、善于创新的企业家和高技能人才","培养造就一大批熟悉市场运作、具备科技背景的创新创业人才,培养造就一大批青年科技人才"②。哲学社会科学人才培养的"三个一批"和科技人才培养的"五个一大批",构成习近平总书记人才培养思想的完整体系。但习近平总书记对两种人才要求的侧重点不同,对哲学社会科学人才的培养要求是有深厚的马克思主义理论素养、学贯中西、理论功底扎实;对于科技人才的培养要求是能够把握科技发展大势、善于凝聚力量、统筹协调、熟悉市场运作和创业。这种差异也是哲学社会科学与科学技术的发展规律不同导致的,因为科学技术的创新和发展需要集体攻关、通力合作,需要成果转化、面向

---

① 习近平:《在哲学社会科学工作座谈会上的讲话》(2016 年 5 月 17 日),人民出版社 2016 年 5 月版,第 27 页。

② 习近平:《为建设世界科技强国而奋斗——在全国科技创新大会、两院院士大会、中国科协第九次全国代表大会上的讲话》(2016 年 5 月 30 日),《人民日报》2016 年 6 月 1 日。

市场,因此在人才的能力要求上应与之相适应。习近平总书记对于两种人才培养的共同要求则是都要勇于创新,都要注重培养青年人才。

第三,完善管理体制机制。在全国科技创新大会上,习近平总书记还讲道:"科技创新、制度创新要协同发挥作用,两个轮子一起转。"[1]要完善科学管理的体制机制,推动管理制度的创新,对于哲学社会科学也是共同的。首先,要尊重科学研究的特殊规律,不能行政干预过多。习近平总书记指出:"要尊重科学研究灵感瞬间性、方式随意性、路径不确定性的特点,允许科学家自由畅想、大胆假设、认真求证。不要以出成果的名义干涉科学家的研究,不要用死板的制度约束科学家的研究活动。"[2]其次,要有长远眼光,不能急功近利,欲速则不达。再次,"要让领衔科技专家有职有权,有更大的技术路线决策权、更大的经费支配权、更大的资源调动权,防止瞎指挥、乱指挥"[3]。

第四,加强学风建设。习近平总书记非常重视哲学社会科学的学风建设。中国哲学社会科学的发展状况是和学风的好坏联系在一起的,中国哲学社会科学存在的问题也是和不良学风有着很大的关系。习近平总书记分析了中国哲学社会科学存在的问题,例如发展战略还不十分明确,学科体系、学术体系、话语体系建设水平总体不高,学术原创能力不强,训练培养教育体系不健全,学术评价体系不够科学,管理体制和运行机制还不完善,人才队伍总体素质亟待提高,学风方面问题还比较突出,等等,总体的状况是有数量缺质量,有专家缺大师。哲学社会科学的学风问题主要表现为学术浮夸、学术不端、学术腐败现象不同程度存在,有的急功近利、东拼西凑、粗制滥造,有的逃避现实、闭门造车、坐而论道,有的剽窃他人成果甚至篡改文

---

① 习近平:《为建设世界科技强国而奋斗——在全国科技创新大会、两院院士大会、中国科协第九次全国代表大会上的讲话》(2016 年 5 月 30 日),《人民日报》2016 年 6 月 1 日。

② 习近平:《为建设世界科技强国而奋斗——在全国科技创新大会、两院院士大会、中国科协第九次全国代表大会上的讲话》(2016 年 5 月 30 日),《人民日报》2016 年 6 月 1 日。

③ 习近平:《为建设世界科技强国而奋斗——在全国科技创新大会、两院院士大会、中国科协第九次全国代表大会上的讲话》(2016 年 5 月 30 日),《人民日报》2016 年 6 月 1 日。

献、捏造数据。著作等身者不少,著作等"心"者不多。要改变这种状况,除了加强领导管理、完善体制机制之外,最为重要的是要改进学风文风。习近平总书记要求哲学社会科学工作者大力弘扬优良学风,"推动形成崇尚精品、严谨治学、注重诚信、讲求责任的优良学风,营造风清气正、互学互鉴、积极向上的学术生态"①。树立良好学术道德,自觉遵守学术规范,真正把做人、做事、做学问统一起来。要有"板凳要坐十年冷,文章不写一句空"的执着坚守,耐得住寂寞,经得起诱惑,守得住底线,立志做大学问、做真学问。

习近平总书记要求哲学社会科学加强整体发展战略,加强人才队伍建设,完善管理体制机制,改进学风文风,这些对于加强和深化中共党史研究和改进党史工作具有指导意义。第一,中共党史研究需要加强整体发展战略,中央党史研究室和各省市县党史研究室的科研要加强整体规划,制定发展战略,当前尤其要做好"十三五"期间党史工作的发展规划。第二,就人才培养而言,要尽快改变党史专业研究人才青黄不接的局面,要发挥好离退休老专家的作用,搞好传帮带,加大青年人才的培养力度,建立好青蓝相继、薪火相传的学术梯队。通过开设学术讲座、设立科研课题、集中学习培训、挂职交流锻炼等多种形式,营造有利于青年人才成长的环境。第三,在完善管理的体制机制方面,尽管受到参照公务员管理有关规定的限制,但是在对地方党史工作的指导、重大课题和攻关项目的管理、社会资源的共享和利用、青年人才的培养等方面还有很大的改进和创新空间。第四,在树立良好学风方面,要多读书、善读书、读好书,打好扎实的专业功底,培育深厚的学术积淀,克服学术浮躁,严谨治学,耐得住寂寞、清贫,有"板凳要坐十年冷"的精神,立志做真学问、大学问,多出精品上品,少攒和专业无关、没有学术含量、只为赚钱的书,把主要精力放在党史研究上,放在单位的中心工作、重点任务和"公活"上。

习近平总书记在哲学社会科学工作座谈会上的重要讲话是指导我国哲学社会科学繁荣发展管根本、管全局、管长远的纲领性文件,是搞好党史研

---

① 习近平:《在哲学社会科学工作座谈会上的讲话》(2016年5月17日),人民出版社2016年5月版,第29页。

究和做好党史工作的思想武器,也是加强中共党史学科建设的理论指南。我们要认真学习好、贯彻落实好习近平总书记的这篇重要讲话,党史系统要把这篇重要讲话作为学习的重点,在全国党史系统干部的学习培训中应该把这篇重要讲话列为重点学习内容,在反对党史领域的历史虚无主义时要以这篇重要讲话为精神旨归,在党史宣传教育工作中要加强对这篇重要讲话的阐释宣传,在党史系统制定规划、布置工作、总结经验时要对照这篇重要讲话找问题、找差距、找努力方向和改进办法。让我们在习近平总书记重要讲话的指引下,开辟党史研究的新境界,迈向党史工作新高度。

（原载于《中共党史研究》2016 年第 8 期,
收入本书时略有修改）

党史"这门功课不仅必修，
而且必须修好"

习近平总书记高度重视党史的学习和宣传教育、弘扬党的优良传统和作风，注重总结党的历史经验和执政规律、发挥党史在资政育人方面的重要作用。党的历史是一部丰富生动的教科书，是最好的营养剂，也是最好的清醒剂。习近平总书记关于党的历史的重要论述为我们学好党史、搞好党史研究、做好党史宣传教育提供了正确的立场观点方法，我们要运用这些立场观点方法深刻认识学习党的历史的现实意义，深刻认识党的伟大历史贡献和伟大历史使命，深刻认识和正确把握党史上的重大历史事件和重要关节点，深刻认识和正确评价党的领袖人物。

习近平总书记高度重视党史的学习和宣传教育、弘扬党的优良传统和作风，注重总结党的历史经验和执政规律、发挥党史在资政育人方面的重要作用。党的十八大以来，习近平总书记在纪念毛泽东、周恩来、朱德、邓小平、陈云、胡耀邦、刘华清、万里等党和国家领导人诞辰座谈会上，在纪念全国人民代表大会成立 60 周年、中国人民政治协商会议成立 65 周年、抗战胜利和世界反法西斯战争胜利 70 周年、中国共产党成立 95 周年、红军长征胜利 80 周年、孙中山诞辰 150 周年、马克思诞辰 200 周年等大会上先后发表了 20 余次和党史有关的专门讲话，在其他重要场合涉及党史内容的讲话也有数十篇之多。习近平总书记关于中共党史的重要论述是习近平新时代中国特色社会主义思想的重要组成部分，为我们学好党史、搞好党史研究、做好党史宣传教育提供了理论指引，为我们不忘初心、继续前进，统揽"四个伟大"，统筹推进"五位一体"总体布局，协调推进"四个全面"战略布局提供了行动指南。

一、深刻认识学习中国共产党历史的现实意义

1. 党的历史是一部丰富生动的教科书

习近平总书记多次引用古人的话："前事不忘，后事之师。"他在 2013 年 3 月 1 日中共中央党校 80 周年校庆讲话中还说过："学史可以看成败、鉴得失、知兴替。"①习近平总书记指出：历史是最好的教科书。学习党史、国史，是坚持和发展中国特色社会主义、把党和国家的各项事业继续推向前进的必修课。这门功课不仅必修，而且必须修好。②

党史国史是我们共产党人补足精神之钙的重要精神食粮。习近平总书记把理想信念称作共产党人精神上的钙，缺钙就会得软骨病。共产党人补精神之钙，要学习好马列经典著作，学习好毛泽东思想和中国特色社会主义理论，学好党史国史也是补钙的好方法。党史国史是治国理政的重要思想来源，历史是最好的老师。我们治国理政总是要不断地向历史学习，总结历史经验和历史规律，以回答和解决在新的历史条件下党和国家发展面临的重大理论和现实问题。治国理政应该善于总结和学习历史经验，以历史为镜鉴，因为今天发生的许多事情在历史上都可以找到影子。新理念新思想新战略不是凭空产生的，而是通过总结我们党 90 多年历史经验，不断升华提炼出来的，习近平总书记就善于在党的历史中总结提炼治国理政的思想和战略。他说："各级领导干部还要认真学习党史、国史，知史爱党，知史爱国。要了解我们党和国家事业的来龙去脉，汲取我们党和国家的历史经验，正确了解党和国家历史上的重大事件和重要人物。这对正确认识党情、国情十分必要，对开创未来也十分必要。因为历史是最好的教科书。"③习近平总书记出身于革命家庭，从小就耳濡目染老一辈革命家的精神风范，并在长辈的嘉言懿行中潜移默化。他对党的历史接触多，知道多，理解深刻，可以说，

---

① 习近平：《在中央党校建校 80 周年庆祝大会暨 2013 年春季学期开学典礼上的讲话》（2013 年 3 月 1 日），人民出版社 2013 年 3 月版，第 9 页。

② 参见《习近平：在对历史的深入思考中更好走向未来　交出发展中国特色社会主义合格答卷》，《人民日报》2013 年 6 月 27 日第 1 版。

③ 习近平：《在中央党校建校 80 周年庆祝大会暨 2013 年春季学期开学典礼上的讲话》（2013 年 3 月 1 日），人民出版社 2013 年 3 月版，第 8 页。

党史国史是习近平总书记人生成长的一种精神滋养。所以,习近平总书记高度重视党的历史和党史工作,并善于运用历史经验和历史智慧认识发展规律、把握前进方向、推进现实工作。

2. 党的历史是最好的营养剂,也是最好的清醒剂

2013 年 7 月 11 日,习近平总书记再访西柏坡时表示:西柏坡我来过多次,每次都怀着崇敬之心来,带着许多思考走。对我们来讲,每到井冈山、延安、西柏坡等革命圣地,都是一种精神上、思想上的洗礼。每来一次,都能受到一次党的性质和宗旨的生动教育,就更加坚定了我们的公仆意识和为民情怀。历史是最好的教科书。① 对我们共产党人来说,要不断地重温中国革命历史、党的历史,历史是最好的营养剂。同时,历史的教训可以给我们提供警示,是清醒剂,让我们警醒。习近平总书记在 2014 年 7 月 7 日纪念全民族抗战爆发 77 周年仪式上发表讲话时指出:"历史是最好的教科书,也是最好的清醒剂。"②历史不仅提供经验,还提供教训,可以使我们保持清醒头脑,让我们长记性,吃一堑长一智,使我们将来不再重犯同类错误。"历史总是向前发展的,我们总结和吸取历史教训,目的是以史为鉴、更好前进。"③

3. 学好党史能够让我们在"历史性考试"中考出好成绩

习近平总书记在庆祝中国共产党成立 95 周年大会上的讲话中再一次强调"历史性考试"的告诫。1949 年 3 月毛泽东同志在七届二中全会的报告中讲道,取得革命的胜利只是万里长征走完第一步,今后的路还长着。我们要在经受了枪林弹雨的考验之后,还能经受得住糖衣炮弹的考验。因此务必要保持谦虚、谨慎、不骄、不躁的作风,务必保持艰苦奋斗的作风。④ 七

① 参见《党面临的"赶考"远未结束——习近平总书记再访西柏坡侧记》,《人民日报》2013 年 7 月 14 日第 1 版。
② 习近平:《在纪念全民族抗战爆发七十七周年仪式上的讲话》(2014 年 7 月 7 日),《人民日报》2014 年 7 月 8 日第 2 版。
③ 习近平:《在纪念毛泽东同志诞辰 120 周年座谈会上的讲话》(2013 年 12 月 26 日),人民出版社 2013 年 12 月版,第 13 页。
④ 参见中共中央文献研究室编:《毛泽东年谱》(1893—1949)(下卷),中央文献出版社 2002 年 3 月版,第 469 页。

届二中全会之后,1949 年 3 月 23 日党中央从西柏坡出发前往北京时,毛泽东同志说,今天是进京赶考的日子,我们一定要考出好成绩。决不能退回去,退回去就失败了。我们决不当李自成。1945 年 7 月黄炎培先生曾经在延安和毛泽东同志有过著名的"窑洞对",就是讨论如何逃脱历史周期率的问题。① 70 年的执政实践证明,中国共产党一次又一次的考试都考出了好成绩,但是"历史性的考试"并没有完结。今天,我们党团结带领人民进行的中国特色社会主义的伟大事业,就是这场考试的继续,今天我们进入了全面建成小康社会的决胜阶段,改革进入了深水区和攻坚期,我们面临着尖锐复杂的国际国内形势,有很多硬骨头要啃,还有很多更难的考试等着我们。习近平总书记在讲话中接连用了八个"不忘初心、继续前进",实际上是给我们提出八个方面的任务,也是八道考题。

4. 学好党史能够使我们增强"四个自信"

习近平总书记在庆祝中国共产党成立 95 周年大会上的重要讲话中激励我们说:"坚持不忘初心、继续前进,就要坚持中国特色社会主义道路自信、理论自信、制度自信、文化自信,坚持党的基本路线不动摇,不断把中国特色社会主义伟大事业推向前进。"②习近平总书记在这里把文化自信和坚持中国特色社会主义的道路、理论、制度三个自信并提,强调"四个自信","文化自信,是更基础、更广泛、更深厚的自信"③。

我们为什么会有文化自信呢? 因为我们有 5000 多年文明发展中孕育的中华优秀传统文化,我们有近百年来党和人民伟大斗争中孕育的革命文化,我们有近 70 年来社会主义改造和全面建设、改革发展和现代化建设过程以及中国特色社会主义新时代中形成的社会主义先进文化,这三种文化积淀着中华民族最深层的精神追求,代表着中华民族独特的精神标识,是民族精神和时代精神的集中体现。这种独特的文化是别人没有的,是值得我

---

① 中共中央文献研究室编:《毛泽东年谱》(1893—1949)(下卷),中央文献出版社 2002 年 3 月版,第 609 页。

② 习近平:《在庆祝中国共产党成立 95 周年大会上的讲话》(2016 年 7 月 1 日),人民出版社 2016 年 7 月版,第 12 页。

③ 习近平:《在庆祝中国共产党成立 95 周年大会上的讲话》(2016 年 7 月 1 日),人民出版社 2016 年 7 月版,第 13 页。

们自信的。我们党史、国史中展现出来的党和人民伟大斗争中孕育的革命文化、社会主义先进文化，是我们文化自信的深厚基础，党史不仅对于我们增强道路自信、理论自信和制度自信至关重要，而且对于我们增强文化自信也发挥了重要作用。因为有了文化自信，我们的另三个自信才更深沉、更持久。

5. 牢记党的历史是民族安身立命的基础

"历史就是历史，历史不能任意选择，一个民族的历史是一个民族安身立命的基础。"①历史是客观存在的，是谁也不能任意选择和任意打扮、任意篡改的。我们不能假设历史会怎样怎样，我们不能假设哪些历史事件如果不发生，结果就会如何如何！历史既有偶然性，又有必然性和规律性。我们不能随意丑化历史、糟蹋历史，不能陷入历史虚无主义。否定了老祖宗就会从根本上否定一个民族、一个国家、一个党，数典忘祖。我们经常说，忘记了过去就意味着背叛，忘记了过去，未来就没有方向。"一切向前走，都不能忘记走过的路；走得再远、走到再光辉的未来，也不能忘记走过的过去，不能忘记为什么出发。"②

苏联解体、苏共垮台的一个重要原因就是全面否定苏联、苏共的历史，否定列宁、斯大林，大搞历史虚无主义，将思想搞乱了，最后，苏联共产党偌大一个党就作鸟兽散，苏联偌大一个社会主义国家就分崩离析了。殷鉴不远，爱护和珍视党的历史，就需要清醒地认识和坚决抵制历史虚无主义的侵袭和干扰。以史实为依据，从历史实际出发，实事求是，从来就是学习和认识历史的根本原则和根本方法。而历史虚无主义对待历史的态度，片面引用史料，随意打扮历史、假设历史，随意改变对近现代史和党史、国史和军史中重大历史事件、重要历史人物和重要历史问题的评价和科学结论；一些人还以"思想解放""理论创新"的名义糟蹋、歪曲历史。这些观点从根本上说是唯心主义历史观在新的时代条件下的复活。新的形势下，学习和认识党

---

① 习近平：《在纪念毛泽东同志诞辰 120 周年座谈会上的讲话》（2013 年 12 月 26 日），人民出版社 2013 年 12 月版，第 12 页。

② 习近平：《在庆祝中国共产党成立 95 周年大会上的讲话》（2016 年 7 月 1 日），人民出版社 2016 年 7 月版，第 8 页。

的历史必须对这些观点提高警惕,加强防范和坚决抵制。

二、深刻认识中国共产党的伟大历史贡献和历史使命

1. 深刻认识中国共产党诞生的历史意义

在庆祝中国共产党成立 95 周年大会上,习近平总书记指出:"中国产生了共产党,这是开天辟地的大事变。这一开天辟地的大事变,深刻改变了近代以后中华民族发展的方向和进程,深刻改变了中国人民和中华民族的前途和命运,深刻改变了世界发展的趋势和格局。"①"三个深刻改变"使中国共产党成立具备了"开天辟地的大事变"的性质和作用,成为近代历史上的一个鲜明界限。中国有了共产党,中国革命就有了正确的前进方向,中国人民踏上了争取民族独立、人民解放的光明道路,开启了实现国家富强、人民富裕的壮丽征程。

近代以来,中华民族面临着求得民族独立和人民解放,实现国家富强和人民幸福两大历史任务。谁能够带领人民完成前一个历史任务,还能不断实现后一个历史任务,谁就能够成为决定中国社会发展方向的领导力量。因此,深刻认识中国共产党诞生的意义,就要把它放到近代中国社会发展的大的历史进程中来考察,要向后看,也要向前看。向后看,是要弄明白中国共产党为什么能够登上中国的政治舞台;向前看,是要说清楚中国共产党诞生后给中华民族伟大复兴带来了哪些改变。习近平总书记在党的十九大报告中指出,在马克思列宁主义同中国工人运动的结合过程中,1921 年中国共产党应运而生。从此,中国人民谋求民族独立、人民解放和国家富强、人民幸福的斗争就有了主心骨,中国人民就从精神上由被动转为主动。中国共产党从诞生之日起,就肩负起实现中华民族伟大复兴的历史使命,团结带领人民进行了艰苦卓绝的斗争,谱写了气吞山河的壮丽史诗。

2. 深刻认识中国共产党的伟大历史贡献

习近平总书记在庆祝中国共产党成立 95 周年大会上的讲话中论证中

---

① 习近平:《在庆祝中国共产党成立 95 周年大会上的讲话》(2016 年 7 月 1 日),人民出版社 2016 年 7 月版,第 2 页。

国共产党作出了三个"伟大历史贡献",实现了三个"伟大飞跃",从而有了三个"焕发出新的蓬勃生机",用三个"历史告诉我们",得出了三个"永不动摇"的历史启示。

首先,中国共产党作出的三个"伟大历史贡献",实现的三个"伟大飞跃"。

第一个伟大历史贡献就是,党团结带领中国人民完成新民主主义革命,建立中华人民共和国。"这一伟大历史贡献的意义在于,彻底结束了旧中国半殖民地半封建社会的历史,彻底结束了旧中国一盘散沙的局面,彻底废除了列强强加给中国的不平等条约和帝国主义在中国的一切特权,实现了中国从几千年封建专制政治向人民民主的伟大飞跃。"①第二个伟大历史贡献是,党团结带领人民确立社会主义基本制度,消灭一切剥削制度,推进社会主义建设。"这一伟大历史贡献的意义在于,完成了中华民族有史以来最为广泛而深刻的社会变革,为当代中国一切发展进步奠定了根本政治前提和制度基础,为中国发展富强、中国人民生活富裕奠定了坚实基础,实现了中华民族由不断衰落到根本扭转命运、持续走向繁荣富强的伟大飞跃。"②第三个伟大历史贡献是,党团结带领人民进行改革开放新的伟大革命。"这一伟大历史贡献的意义在于,开辟了中国特色社会主义道路,形成了中国特色社会主义理论体系,确立了中国特色社会主义制度,使中国赶上了时代,实现了中国人民从站起来到富起来、强起来的伟大飞跃。"③原来党史上讲中国共产党做了三件大事,那就是取得新民主主义革命的胜利、建立新中国,确立社会主义制度,实行改革开放,而习近平总书记三个"伟大历史贡献",实现了三个"伟大飞跃"的概括则将这三件大事升华了,对于中国共产党的历史贡献在理论上分析得更深邃。

其次,中国共产党使中华文明、社会主义和中华民族"焕发出新的蓬勃

---

① 习近平:《在庆祝中国共产党成立95周年大会上的讲话》(2016年7月1日),人民出版社2016年7月版,第3页。

② 习近平:《在庆祝中国共产党成立95周年大会上的讲话》(2016年7月1日),人民出版社2016年7月版,第3页。

③ 习近平:《在庆祝中国共产党成立95周年大会上的讲话》(2016年7月1日),人民出版社2016年7月版,第3—4页。

生机"。

习近平总书记指出:"中国共产党领导中国人民取得的伟大胜利,使具有 5000 多年文明历史的中华民族全面迈向现代化,让中华文明在现代化进程中焕发出新的蓬勃生机;使具有 500 年历史的社会主义主张在世界上人口最多的国家成功开辟出具有高度现实性和可行性的正确道路,让科学社会主义在 21 世纪焕发出新的蓬勃生机;使具有 60 多年历史的新中国建设取得举世瞩目的成就,中国这个世界上最大的发展中国家在短短 30 多年里摆脱贫困并跃升为世界第二大经济体,彻底摆脱被开除球籍的危险,创造了人类社会发展史上惊天动地的发展奇迹,使中华民族焕发出新的蓬勃生机。"①习近平总书记把中国共产党 95 年的历史放在 5000 年的中华文明史、500 年的世界社会主义发展史以及中国共产党 67 年的政党执政历史中阐发中国共产党的三大历史贡献和三次伟大飞跃及其给中华文明、社会主义以及中华民族带来的"蓬勃生机",凸显了中国共产党的产生、发展的历史意义、世界意义和时代意义。

最后,三个"历史告诉我们"的启示,得出三个"长期坚持、永不动摇"的结论。

通过对于党的经验教训的总结和对于历史发展规律的揭示,为人们正确认识现实和改造现实提供历史依据和历史启示,更好地为党的政治路线和政治任务服务,是我们党的一个优良传统和政治优势。习近平总书记用三个"历史告诉我们"的启示,得出了三个"长期坚持、永不动摇"的结论。

历史告诉我们,没有先进理论的指导,没有用先进理论武装起来的先进政党的领导,没有先进政党顺应历史潮流、勇担历史重任、敢于作出巨大牺牲,中国人民就无法打败压在自己头上的各种反动派,中华民族就无法改变被压迫、被奴役的命运,我们的国家就无法团结统一、在社会主义道路上走向繁荣富强。

---

① 习近平:《在庆祝中国共产党成立 95 周年大会上的讲话》(2016 年 7 月 1 日),人民出版社 2016 年 7 月版,第 4 页。

历史告诉我们,95 年来,中国走过的历程,中国人民和中华民族走过的历程,是中国共产党和中国人民用鲜血、汗水、泪水写就的,充满着苦难和辉煌、曲折和胜利、付出和收获,这是中华民族发展史上不能忘却、不容否定的壮丽篇章,也是中国人民和中华民族继往开来、奋勇前进的现实基础。

历史还告诉我们:"历史和人民选择中国共产党领导中华民族伟大复兴的事业是正确的,必须长期坚持、永不动摇;中国共产党领导中国人民开辟的中国特色社会主义道路是正确的,必须长期坚持、永不动摇;中国共产党和中国人民扎根中国大地、吸纳人类文明优秀成果、独立自主实现国家发展的战略是正确的,必须长期坚持、永不动摇。"①

习近平总书记对中国共产党对于中华民族、中国人民、中华人民共和国、中国特色社会主义、世界社会主义和全球和平和发展所作出的历史贡献、确立的历史地位、产生的伟大意义作出了全面的阐述。他的论述有着强烈的历史感。他时而由远及近,时而由近及远,从中华文明 5000 年,世界社会主义 500 年,中国近现代史 170 多年,中国共产党近 100 年,中华人民共和国 70 年,改革开放 40 多年的大视野、大背景、大历史看待中国共产党,得出了许多新观点新论断新判断,为党史评价提供了重要评判标准、为党史宣传教育提供了理论指南。

3.深刻认识中国共产党的伟大历史使命

习近平总书记在党的十九大报告开篇讲道,"不忘初心,方得始终。中国共产党人的初心和使命,就是为中国人民谋幸福,为中华民族谋复兴。这个初心和使命是激励中国共产党人不断前进的根本动力"②,并从三个层次阐述党的伟大历史使命。

一是从党的纲领和宗旨看,中国共产党是一个马克思主义的政党,中国产生了共产党,中国人民谋求民族独立、人民解放和国家富强的斗争就有了

① 习近平:《在庆祝中国共产党成立 95 周年大会上的讲话》(2016 年 7 月 1 日),人民出版社 2016 年 7 月版,第 5 页。
② 习近平:《决胜全面建成小康社会　夺取新时代中国特色社会主义伟大胜利——在中国共产党第十九次全国代表大会上的报告》(2017 年 10 月 18 日),人民出版社 2017 年 10 月版,第 1 页。

主心骨。中国共产党一经成立，就把实现共产主义作为党的最高理想和最终目标。因此，实现共产主义的最高理想和最终目标，是中国共产党的最高的或者说最伟大的历史使命。

二是从中华民族 5000 年的文明史、170 多年的近现代史来看，习近平总书记在党的十九大报告中指出，中国共产党 96 年的历史就是实现中华民族伟大复兴的奋斗史。从 96 年党的历史中我们有三个深刻认识，"我们党深刻认识到，实现中华民族伟大复兴，必须推翻压在中国人民头上的帝国主义、封建主义、官僚资本主义三座大山，实现民族独立、人民解放、国家统一、社会稳定"。"我们党深刻认识到，实现中华民族伟大复兴，必须建立符合我国实际的先进社会制度。""我们党深刻认识到，实现中华民族伟大复兴，必须合乎时代潮流、顺应人民意愿，勇于改革开放，让党和人民事业始终充满奋勇前进的强大动力。"[①]

三是新时代完成党的伟大历史使命就要进行伟大斗争、建设伟大工程、推进伟大事业、实现伟大梦想。我们应该正确认识"四个伟大"之间的内在联系，其中起决定作用的是党的建设新的伟大工程。如果党的建设伟大工程没搞好，其他"三个伟大"就没有保障，就会成为一句空话。与此同时，"四个伟大"之间又是紧密联系、相互贯通、相互作用、辩证统一的。只有"四个伟大"都达到了，我们的历史使命才能实现。

4. 深刻认识党的历史发展与中国特色社会主义的历史进程的关系

首先，深刻认识中国特色社会主义是中国社会历史发展之线和世界社会主义发展之线交叉融合的结果，是科学社会主义理论逻辑和中国社会发展历史逻辑的辩证统一。

习近平总书记指出："中国特色社会主义，是科学社会主义理论逻辑和中国社会发展历史逻辑的辩证统一，是根植于中国大地、反映中国人民意愿、适应中国和时代发展进步要求的科学社会主义，是全面建成小康社会、

---

① 习近平:《决胜全面建成小康社会　夺取新时代中国特色社会主义伟大胜利——在中国共产党第十九次全国代表大会上的报告》(2017 年 10 月 18 日)，人民出版社 2017 年 10 月版，第 13—14 页。

加快推进社会主义现代化、实现中华民族伟大复兴的必由之路。"①从中国社会历史发展之线来看,党的历代领导人接续奋斗,都为社会主义的伟大事业作出了贡献。以毛泽东同志为核心的党的第一代中央领导集体,为新时期开创中国特色社会主义提供了宝贵经验、理论准备、物质基础,没有这些积累,后面的中国特色社会主义的创立是不可能的。以邓小平同志为核心的党的第二代中央领导集体成功地开创了中国特色社会主义,以江泽民同志为核心的第三代领导集体成功地把中国特色社会主义推向 21 世纪,以胡锦涛同志为代表的中国共产党人成功地在新的历史起点上坚持和发展了中国特色社会主义。党的十八大以来,以习近平同志为核心的党中央带领我们进入中国特色社会主义的新时代。中国特色社会主义是逐步形成并在历史中不断继承发展的结果。

从党的历史与世界社会主义发展之间的关系看,社会主义从英国人托马斯·莫尔的空想社会主义的作品《乌托邦》1516 年发表以来,已经有 500 年的历史了,经历了从空想社会主义到科学社会主义,从科学社会主义理论到社会主义在一国的实践,从一国到多国、从外国到中国,从学习苏联模式的社会主义到探索适合中国国情的社会主义、中国特色社会主义等六个发展阶段。中国特色社会主义,既坚持了科学社会主义基本原则,又有鲜明的中国特色和时代特征。中国特色社会主义本质上就是社会主义,而不是别的什么主义。近些年来,有人说我们现在搞的不是社会主义而是"资本社会主义",或者被说成是在搞"国家资本主义""新官僚资本主义",这些论调都是完全错误的。我们不论怎么改革、怎么开放,但都会坚持社会主义不动摇。中国特色社会主义是社会主义理论逻辑发展的必然结果。

其次,深刻认识中国特色社会主义进入新时代,我国社会发展的主要矛盾发生了变化。

党的十九大报告指出,"经过长期努力,中国特色社会主义进入了新时

---

① 习近平:《关于坚持和发展中国特色社会主义的几个问题》(2013 年 1 月 5 日),中共中央文献研究室编:《十八大以来重要文献选编》(上),中央文献出版社 2014 年 9 月版,第 118 页。

代,这是我国发展新的历史方位。"①这是我党根据国际国内发展的大势作出的新判断、进行的新概括。

1981 年 6 月,党的十一届六中全会通过的《关于建国以来党的若干历史问题的决议》重申:"在社会主义改造基本完成以后,我国所要解决的主要矛盾,是人民日益增长的物质文化需要同落后的社会生产之间的矛盾。党和国家工作的重点必须转移到以经济建设为中心的社会主义现代化建设上来,大力发展社会生产力,并在这个基础上逐步改善人民的物质文化生活。"②该决议仍然沿用了 1956 年在完成了对生产资料私有制的社会主义改造、社会主义制度在我国建立起来之后对我国基本矛盾的判断,因为反右、"大跃进"和"文化大革命"的冲击,我们未能解决这一基本矛盾。目的是强调不能再延续"文化大革命"以来"以阶级斗争为纲"的做法,要使党和国家工作的重心重新回到社会主义现代化建设的轨道上来,一心一意搞建设、谋发展,解决过去 20 多年一直没有解决的主要矛盾。改革开放 40 多年,世情、国情、党情、民情都发生了巨大的变化,"中国特色社会主义进入新时代,我国社会主要矛盾已经转化为人民日益增长的美好生活需要和不平衡不充分的发展之间的矛盾"③。发展不平衡不充分,已经成为满足人民日益增长的美好生活需要的主要制约因素,成为当前突出的问题。

新的历史方位的判断还使我们认识到:"我国社会主要矛盾的变化,没有改变我们对我国社会主义所处历史阶段的判断,我国仍处于并将长期处于社会主义初级阶段的基本国情没有变,我国是世界最大发展中国家的国

① 习近平:《决胜全面建成小康社会　夺取新时代中国特色社会主义伟大胜利——在中国共产党第十九次全国代表大会上的报告》(2017 年 10 月 18 日),人民出版社 2017 年 10 月版,第 10 页。
② 《中国共产党中央委员会关于建国以来党的若干历史问题的决议》,中共中央文献研究室编:《三中全会以来重要文献选编》(下),中央文献出版社 2011 年 6 月版,第 168 页。
③ 习近平:《决胜全面建成小康社会　夺取新时代中国特色社会主义伟大胜利——在中国共产党第十九次全国代表大会上的报告》(2017 年 10 月 18 日),人民出版社 2017 年 10 月版,第 11 页。

际地位没有变。"①这一个改变,两个没有变,充满了历史发展的辩证法,掌握好它们的关系就是掌握了历史唯物主义的方法论。

最后,深刻认识社会主义在中国实现了三个伟大飞跃。

习近平总书记在纪念马克思诞辰 200 周年大会上的讲话中运用了三个伟大飞跃、三个铁一般的事实证明、三个紧紧连在一起、三个完全正确,来阐明社会主义在中国的历史发展。

习近平总书记指出,"中国共产党诞生后,……实现了中华民族从东亚病夫到站起来的伟大飞跃。……这一伟大飞跃以铁一般的事实证明,只有社会主义才能救中国! 改革开放以来,……实现了中华民族从站起来到富起来的伟大飞跃。这一伟大飞跃以铁一般的事实证明,只有中国特色社会主义才能发展中国! 在新时代,……中华民族迎来了从富起来到强起来的伟大飞跃。这一伟大飞跃以铁一般的事实证明,只有坚持和发展中国特色社会主义才能实现中华民族伟大复兴!"②习总书记进一步指出,"实践证明,马克思主义的命运早已同中国共产党的命运、中国人民的命运、中华民族的命运紧紧连在一起,……实践还证明,……历史和人民选择马克思主义是完全正确的,中国共产党把马克思主义写在自己的旗帜上是完全正确的,坚持马克思主义基本原理同中国具体实际相结合、不断推进马克思主义中国化时代化是完全正确的!"③

习近平总书记在庆祝中国共产党成立 95 周年大会上的讲话中是从革命、建设、改革三个历史时期来分析党 95 年的历史发展,在党的十九大报告中是从完成党的历史使命、实现中华民族伟大复兴的角度来分析党 96 年的历史发展,在纪念马克思诞辰 200 周年的讲话中是从马克思主义中国化、社会主义在中国的历史进程和发展阶段的角度来分析党 97 年的历史发展,尽

---

① 习近平:《决胜全面建成小康社会 夺取新时代中国特色社会主义伟大胜利——在中国共产党第十九次全国代表大会上的报告》(2017 年 10 月 18 日),人民出版社 2017 年 10 月版,第 12 页。

② 习近平:《在纪念马克思诞辰 200 周年大会上的讲话》(2018 年 5 月 4 日),人民出版社 2018 年 5 月版,第 13—14 页。

③ 习近平:《在纪念马克思诞辰 200 周年大会上的讲话》(2018 年 5 月 4 日),人民出版社 2018 年 5 月版,第 14—15 页。

管表述上略有差异,但是基本思想是一致的。从中我们也可以看出,这是一种从马克思主义中国化、社会主义在中国的历史进程和发展阶段的角度,对中国历史进行的一种富有创造性的历史时期划分。它与以往党史传统历史时期划分并不矛盾,这是看待党的历史的一个新视野。习近平总书记将中国的历史发展划分为三个时间段:一是从新民主主义革命,到中华人民共和国成立和社会主义制度的确立。以往我们党史中分作新民主主义革命时期以及社会主义革命和建设时期,但是从社会主义制度的建立来看是一个完整的过程的两个阶段。二是改革开放以来,即改革开放和社会主义现代化建设新时期。三是中国特色社会主义新时代,这个时代是实现中华民族伟大复兴的关键时期和决胜时期,在党的历史上具有特别的重要意义。

三、深刻认识和正确把握党史上的重大历史事件和重要关节点

1. 党的历史上的两大历史《决议》

我们不回避党的历史上所经历的曲折和失误。那么,怎样认识和把握这些曲折和失误呢? 如果因为我们党经历了曲折和犯过错误就把我们党说得一无是处、一团漆黑,这是完全不对的,是不符合事实的。但另一方面,如果不正视这些错误,认真地研究这些错误,从错误中得到经验教训,也是完全错误的。

中国共产党是伟大、光荣、正确的党,这并不是因为它从来不犯错误,而是因为它能够从错误中学习,通过错误的教训提高对客观规律的认识。正如《中国共产党的九十年》"结束语"所明确指出的:"怎样看待党的历史上的错误、失误和曲折呢? 没有一个政党是不犯错误的,重要的是能否从错误中学习、得到教训。既要从自己所犯的错误中学习,也要从别人所犯的错误中学习,而自己所犯的错误往往是更好的教科书。错误能够成为正确的先导,但不是无条件地成为正确的先导,关键在于要善于总结经验、以史为鉴,真正使错误成为正确的先导。"①

---

① 中共中央党史研究室著:《中国共产党的九十年》(改革开放和社会主义现代化建设新时期),中共党史出版社 2016 年 6 月版,第 1008—1009 页。

在新民主主义革命时期我们犯了这样或那样的"左"倾和右倾机会主义的错误,遭受了 1927 年大革命的失败和 1934 年第五次反"围剿"的失败。1945 年 4 月 20 日党的六届七中全会通过我们党作出的第一个《关于若干历史问题的决议》(以下简称"1945 年《决议》"),回顾了我们党自 1921 年成立到 1945 年 24 年来把马克思主义的基本原理与中国革命的实际结合的历程,分析了我们党所犯下的各种"左"倾和右倾主义的错误的原因,总结了中国革命和战争的基本经验,使我们党找到了正确的道路,辨清了前进的方向。1945 年《决议》的颁布,为党的七大的召开和将毛泽东思想确立为我们党的指导思想做好了理论准备。

在中华人民共和国成立后到十一届三中全会召开之前,我们也犯过反右、"大跃进"和"文化大革命"等错误,以邓小平同志为代表的中国共产党人能够深刻地而不是肤浅地、全面地而不是片面地总结以往犯错误的经验,吸取教训,纠正错误。1981 年 6 月党的十一届六中全会通过的《关于建国以来党的若干历史问题的决议》(以下简称"1981 年《决议》"),对一些重大历史事件和重要历史人物作出了实事求是的评价,科学总结了中华人民共和国成立以来社会主义革命和建设的历史经验,实事求是地评价了毛泽东的历史地位,充分论述了毛泽东思想作为党的指导思想的伟大意义,将毛泽东晚年的错误与他的正确思想区别开来。1981 年《决议》对于拨乱反正、统一全党全军全国人民的思想认识,同心同德,为实现新的历史任务而奋斗,产生了深远影响。

党史上的两个历史《决议》体现了中国共产党的自我净化、自我完善、自我革新、自我提高,敢于正视错误、修正错误、在错误中吸取教训,不断前进。两个历史《决议》为党史研究提供了马克思主义看待历史的正确的立场观点方法,是我们评价党的历史的重要尺度和理论依据。

2. 党的历史上的两大历史转折点

遵义会议是我们党的历史上的第一个重大的转折点。习近平总书记指出:"长征途中,党中央召开的遵义会议,是我们党历史上一个生死攸关的转折点。这次会议确立了毛泽东同志在红军和党中央的领导地位,开始确立了以毛泽东同志为主要代表的马克思主义正确路线在党中央的领导地位,开始形成以毛泽东同志为核心的党的第一代中央领导集体,这是我们党和革命事业转危为安、不断打开新局面最重要的保证。"①

遵义会议,是我们党的历史上把马克思主义的基本原理同中国革命的具体实际相结合、就中国革命的道路问题独立自主地作出选择的一次成功实践。在长征出发前夕,因为我们党与共产国际联系的电台在上海遭到国民党的破坏,使我们党与共产国际联系中断,湘江之战后,在我们党和红军面临生死存亡抉择的时候,需要我们独立自主地作出判断,纠正自己的错误,形成有力的组织领导,找到正确的道路。遵义会议当时要解决关乎党和红军前途命运的三个全局性问题,即引领红军向哪里去的战略方向问题,使党和红军摆脱被动局面的军事指挥问题,结束"左"倾教条主义错误在中央的统治问题。

邓小平同志说:"在历史上,遵义会议以前,我们的党没有形成过一个成熟的党中央。从陈独秀、瞿秋白、向忠发、李立三到王明,都没有形成过有能力的中央。我们党的领导集体,是从遵义会议开始逐步形成的","任何一个领导集体都要有一个核心,没有核心的领导是靠不住的。第一代领导集体的核心是毛主席。"②遵义会议挽救了党,挽救了红军,使中国革命从挫折走向了胜利。在这次会议上,毛泽东同志当选为中央政治局常委并具有了军事指挥权,确立了毛泽东同志在党中央和红军中的领导地位;尽管这次会议没有讨论政治路线问题,但是开始确立了以毛泽东同志为主要代表的马克思主义正确路线在党中央的领导地位;从遵义会议开始,毛泽东同志逐步成为党的第一代中央领导集体的核心。

党的十一届三中全会是我们党的历史上的第二个重大的转折点。1976年10月打倒"四人帮",标志着"文化大革命"的结束,1976—1978年两年,中国在徘徊曲折中前进,再一次面临着"中国向何处去"的问题。邓小平同志远见卓识、具有丰富的政治经验和高超的领导艺术,及时地、公开地支持

---

① 习近平:《在纪念红军长征胜利80周年大会上的讲话》(2016年10月21日),人民出版社2016年10月版,第5页。

② 邓小平:《第三代领导集体的当务之急》,《邓小平文选》第三卷,人民出版社1993年10月版,第309—310页。

和领导开展真理标准问题的讨论,旗帜鲜明地反对"两个凡是",推动各方面工作的拨乱反正。习近平总书记说:"在邓小平同志指导下,1978 年 12 月召开的党的十一届三中全会,重新确立了解放思想、实事求是的思想路线,停止使用'以阶级斗争为纲'的错误提法,确定把全党工作的着重点转移到社会主义现代化建设上来,作出实行改革开放的重大决策,实现了党的历史上具有深远意义的伟大转折。"①

1978 年 12 月的中央工作会议为十一届三中全会的召开做好了准备,邓小平同志在中央工作会议闭幕会上发表了题为《解放思想,实事求是,团结一致向前看》的讲话,实际上成为党的十一届三中全会的主题报告。党的十一届三中全会是我们党的历史上又一次具有深远意义的伟大转折,拉开了改革开放和中国特色社会主义的序幕。

3. 党的历史上的两大理论成果

中国共产党从诞生之日起,就把马克思列宁主义确立为自己的指导思想。但是,中国共产党在理论建设上还准备不足,还没有形成自己的理论,如何推进马克思主义中国化,把马克思主义基本原理同中国具体实际相结合,形成我们党自己的更加符合中国国情、更好指导实践的理论,使党在理论上走向成熟,是摆在中国共产党面前的一项艰巨任务。

在马克思主义中国化的进程中实现了两次历史性飞跃,产生了两大理论成果。习近平总书记指出:"我们党在领导中国革命、建设、改革的长期实践中,不断推进马克思主义中国化,实现了两次历史性飞跃。第一次飞跃发生在新民主主义革命时期,形成了被实践证明了的关于中国革命和建设的正确的理论原则和经验总结——毛泽东思想。第二次飞跃发生在党的十一届三中全会以后,形成了被实践证明了的关于在中国建设、巩固和发展社会主义的正确的理论原则和经验总结,这就是包括邓小平理论、'三个代表'重要思想、科学发展观在内的中国特色社会主义理论体系。"②邓小平同

①　习近平:《在纪念邓小平同志诞辰 110 周年座谈会上的讲话》(2014 年 8 月 20 日),人民出版社 2014 年 8 月版,第 5 页。

②　习近平:《全面贯彻落实党的十八大精神　要突出抓好六个方面工作——在党的十八届一中全会上讲话》(2012 年 11 月 15 日),《求是》2013 年第 1 期。

志是中国特色社会主义理论的创立者。

党的十九大把习近平新时代中国特色社会主义思想确立为我们党的指导思想,体现了我们党的指导思想的与时俱进。习近平"新时代中国特色社会主义思想,是对马克思列宁主义、毛泽东思想、邓小平理论、'三个代表'重要思想、科学发展观的继承和发展,是马克思主义中国化最新成果,是党和人民实践经验和集体智慧的结晶,是中国特色社会主义理论体系的重要组成部分,是全党全国人民为实现中华民族伟大复兴而奋斗的行动指南,必须长期坚持并不断发展"①。习近平新时代中国特色社会主义思想在推进马克思主义中国化的进程中提出了许多新理念新思想新论断,对马克思主义作出了许多原创性贡献,是马克思主义中国化的最新理论成果,因此我们说它是21世纪的马克思主义、当代中国的马克思主义,开启了党的理论探索的新飞跃。

4. 改革开放前后两个历史时期

习近平总书记说:"我们党领导人民进行社会主义建设,有改革开放前和改革开放后两个历史时期,这是两个相互联系又有重大区别的时期,但本质上都是我们党领导人民进行社会主义建设的实践探索。"②

其一,改革开放前后两个历史时期是"相互联系的",不仅在时间上是连续的,而且在坚持社会主义的发展方向、基本制度、根本任务、奋斗目标基础上是相互联系的。"中国特色社会主义是在改革开放历史新时期开创的,但也是在新中国已经建立起社会主义基本制度、并进行了二十多年建设的基础上开创的。"③如果没有改革开放前的30年的社会主义革命和建设积累的制度条件、物质基础和正反两方面经验,就不可能有后面的改革开放

① 习近平:《决胜全面建成小康社会　夺取新时代中国特色社会主义伟大胜利——在中国共产党第十九次全国代表大会上的报告》(2017年10月18日),人民出版社2017年10月版,第20页。
② 习近平:《关于坚持和发展中国特色社会主义的几个问题》(2013年1月5日),中共中央文献研究室编:《十八大以来重要文献选编》(上),中央文献出版社2014年9月版,第111—112页。
③ 习近平:《关于坚持和发展中国特色社会主义的几个问题》(2013年1月5日),中共中央文献研究室编:《十八大以来重要文献选编》(上),中央文献出版社2014年9月版,第112页。

和中国特色社会主义。

其二,改革开放前后两个历史时期是有"重大区别"的。区别在改革开放上、在中国特色社会主义的开创上,前一个时期没有改革开放,后一个时期搞了改革开放;这个区别还体现在进行社会主义建设的思想指导、方针政策、实际工作上,前一个时期我们没有搞中国特色社会主义,后一个时期我们搞的是中国特色社会主义。"如果没有一九七八年我们党果断决定实行改革开放,并坚定不移推进改革开放,坚定不移把握改革开放的正确方向,社会主义中国就不可能有今天这样的大好局面,就可能面临严重危机,就可能遇到像苏联、东欧国家那样的亡党亡国危机。"①

其三,改革开放前后这两个历史时期决不是彼此割裂的,更不是根本对立的。"虽然这两个历史时期在进行社会主义建设的思想指导、方针政策、实际工作上有很大差别,但两者决不是彼此割裂的,更不是根本对立的。"②

其四,改革开放前后这两个历史时期是不能相互否定的。"对改革开放前的历史时期要正确评价,不能用改革开放后的历史时期否定改革开放前的历史时期,也不能用改革开放前的历史时期否定改革开放后的历史时期。改革开放前的社会主义实践探索为改革开放后的社会主义实践探索积累了条件,改革开放后的社会主义实践探索是对前一个时期的坚持、改革、发展。"③

正确认识和处理改革开放前和改革开放后这两个历史时期的关系,可以使我们始终保持头脑清醒,既不走封闭僵化的老路,也不走改旗易帜的邪路。

5. 党的历史留下无数的伟大精神

习近平总书记十分注重总结历史经验,弘扬革命精神,继承光荣传统,

① 习近平:《关于坚持和发展中国特色社会主义的几个问题》(2013 年 1 月 5 日),中共中央文献研究室编:《十八大以来重要文献选编》(上),中央文献出版社 2014 年 9 月版,第 112 页。

② 习近平:《关于坚持和发展中国特色社会主义的几个问题》(2013 年 1 月 5 日),中共中央文献研究室编:《十八大以来重要文献选编》(上),中央文献出版社 2014 年 9 月版,第 112 页。

③ 习近平:《关于坚持和发展中国特色社会主义的几个问题》(2013 年 1 月 5 日),中共中央文献研究室编:《十八大以来重要文献选编》(上),中央文献出版社 2014 年 9 月版,第 112 页。

他在调研考察的过程中,都去拜谒革命遗址、瞻仰烈士陵墓、凝练革命精神,先后就几个革命圣地所形成的井冈山精神、延安精神、沂蒙精神、西柏坡精神等发表过重要讲话,尤其是对红船精神、长征精神和抗战精神发表过专文和专门讲话,进行了深入的论述。

"红船精神"。习近平同志在担任浙江省委书记期间,2005 年 6 月在《光明日报》发表了《弘扬"红船精神"走在时代前列》一文,专门论述了红船精神,将"红船精神"概括为"开天辟地、敢为人先的首创精神,坚定理想、百折不挠的奋斗精神,立党为公、忠诚为民的奉献精神"①。他还结合浙江的实际,就如何继承和发扬"红船精神"作了深刻的论述。

党的十九大刚刚结束,习近平总书记 2017 年 10 月 31 日带领新一届中央政治局常委,专程瞻仰上海中共一大会址和浙江嘉兴南湖红船,现场发表讲话,再一次阐发了"红船精神"。习近平总书记说,上海党的一大会址、嘉兴南湖红船是我们党梦想起航的地方,是我们党的根脉所在。②"红船精神"正是中国革命精神之源,中国共产党历史上形成的优良传统和革命精神,无不与之有着直接的渊源关系。"红船精神"就是建党精神,就是建党时中国共产党人的奋斗精神。中国共产党之所以能披肝沥胆,舍生忘死,愈挫愈勇,历久弥坚,是因为她永远保持建党之初的奋斗精神,永远保持永不懈怠的精神状态和一往无前的奋斗姿态。在今天我们仍然要结合时代特点大力弘扬"红船精神",继续朝着实现中华民族伟大复兴的宏伟目标奋勇前进。

小小红船承载千钧,播下了中国革命的火种,开启了中国共产党的跨世纪航程。我们党团结带领人民取得了举世瞩目的伟大成就,这值得我们骄傲和自豪。同时,"事业发展永无止境,共产党人的初心永远不能改变。唯有不忘初心,方可告慰历史、告慰先辈,方可赢得民心、赢得时代,方可善作善成、一往无前。"③不忘初心才能不迷失方向,不忘初心才能找准正确的

---

① 习近平:《弘扬"红船精神" 走在时代前列》,《人民日报》2017 年 12 月 1 日第 2 版。
② 参见《习近平在瞻仰中共一大会址时强调 铭记党的奋斗历程时刻不忘初心 担当党的崇高使命矢志永远奋斗》,《人民日报》2017 年 11 月 1 日第 1 版。
③ 《习近平在瞻仰中共一大会址时强调 铭记党的奋斗历程时刻不忘初心 担当党的崇高使命矢志永远奋斗》,《人民日报》2017 年 11 月 1 日第 1 版。

道路。

今天,我们弘扬"红船精神",全党同志必须牢记共产主义远大理想,坚定中国特色社会主义共同理想,一步一个脚印向着美好未来和最高理想前进;始终保持谦虚谨慎、不骄不躁的作风,不畏艰难、不怕牺牲,为建设社会主义现代化强国、实现中华民族伟大复兴的中国梦而不懈奋斗。

长征精神。习近平总书记在纪念红军长征胜利 80 周年大会上的讲话中指出,长征是一次理想信念的伟大远征,一次检验真理的伟大远征,一次唤醒民众的伟大远征,一次开创新局的伟大远征。"伟大长征精神,就是把全国人民和中华民族的根本利益看得高于一切,坚定革命的理想和信念,坚信正义事业必然胜利的精神;就是为了救国救民,不怕任何艰难险阻,不惜付出一切牺牲的精神;就是坚持独立自主、实事求是,一切从实际出发的精神;就是顾全大局、严守纪律、紧密团结的精神;就是紧紧依靠人民群众,同人民群众生死相依、患难与共、艰苦奋斗的精神。"①

从 1996 年江泽民同志《在纪念红军长征胜利 60 周年大会上的讲话》,到 2006 年胡锦涛同志《在纪念红军长征胜利 70 周年大会上的讲话》,再到 2016 年习近平同志《在纪念红军长征胜利 80 周年大会上的讲话》,三位总书记对于长征精神的概括都是这五句话,文字表述也没有变,但是习近平总书记对于长征精神的论述着重点和落脚点放在"弘扬伟大长征精神,走好今天的长征路"上,今天的长征路就是实现"两个一百年"奋斗目标、实现中华民族伟大复兴中国梦的新的伟大长征。"伟大长征精神,作为中国共产党人红色基因和精神族谱的重要组成部分,已经深深融入中华民族的血脉和灵魂,成为社会主义核心价值观的丰富滋养,成为鼓舞和激励中国人民不断攻坚克难、从胜利走向胜利的强大精神动力。"②

抗战精神。习近平总书记《在纪念中国人民抗日战争暨世界反法西斯战争胜利六十九周年座谈会上的讲话》《在颁发"中国人民抗日战争胜利七

---

① 习近平:《在纪念红军长征胜利 80 周年大会上的讲话》(2016 年 10 月 21 日),人民出版社 2016 年 10 月版,第 8—9 页。

② 习近平:《在纪念红军长征胜利 80 周年大会上的讲话》(2016 年 10 月 21 日),人民出版社 2016 年 10 月版,第 9 页。

十周年"纪念章仪式上的讲话》论述了抗战精神。

习近平总书记说:"日本军国主义的野蛮侵略,激起中国人民的奋勇抵抗。九一八事变成为中国人民抗日战争的起点,并揭开了世界反法西斯战争的序幕。七七事变成为中国全民族抗战的开端,由此开辟了世界反法西斯战争的东方主战场。"①2015年9月2日习近平总书记在颁发"中国人民抗日战争胜利七十周年"纪念章仪式上的讲话中说:"在14年反抗日本军国主义侵略特别是8年全面抗战的艰苦岁月中,全体中华儿女万众一心、众志成城,凝聚起抵御外侮、救亡图存的共同意志,谱写了感天动地、气壮山河的壮丽史诗。"②这就说清楚了"十四年抗战"和"八年全面抗战"的关系。历史说明,日本全面侵华战争,是历史上甲午战争、八国联军、日俄战争对华侵略的继续和拓展,十四年抗战和八年全面抗战是中国人民近代以来抗击外敌入侵的第一次完全胜利,抗日战争的胜利是世界反法西斯战争胜利的组成部分,抗日战争的胜利也是中国人民争取民族独立和人民解放事业的伟大胜利的一部分。

"抗战精神"是什么？习近平总书记将抗战精神概括为:"在中国人民抗日战争的壮阔进程中,形成了伟大的抗战精神,中国人民向世界展示了天下兴亡、匹夫有责的爱国情怀,视死如归、宁死不屈的民族气节,不畏强暴、血战到底的英雄气概,百折不挠、坚忍不拔的必胜信念。伟大的抗战精神,是中国人民弥足珍贵的精神财富,永远是激励中国人民克服一切艰难险阻、为实现中华民族伟大复兴而奋斗的强大精神动力。"③正因为有这种抗战精神,抗日战争才能取得胜利。我们向抗战英雄学习,就是要学习这种抗战精神,抗战精神是以爱国主义为核心的民族精神的具体体现。

中国共产党在带领全国各族人民进行革命、建设和改革的过程中,形成了一系列的伟大革命精神,构成了一个蔚为壮观的红色精神族谱。"红船

---

① 习近平:《在纪念中国人民抗日战争暨世界反法西斯战争胜利69周年座谈会上的讲话》(2014年9月3日),人民出版社2014年9月版,第3—4页。

② 《习近平在纪念中国人民抗日战争暨世界反法西斯战争胜利70周年系列活动上的讲话》,人民出版社2015年9月版,第15页。

③ 习近平:《在纪念中国人民抗日战争暨世界反法西斯战争胜利69周年座谈会上的讲话》(2014年9月3日),人民出版社2014年9月版,第11页。

精神"、长征精神、抗战精神,它们与井冈山精神、延安精神、沂蒙精神、西柏坡精神和中华人民共和国成立后的"两弹一星"精神、铁人精神、雷锋精神等一起,永远激励着中国人民克服一切艰难险阻、战胜一切急流险滩,取得一个又一个的胜利。这些伟大的革命精神成为我们这个民族的精神支柱,支撑着这个民族永远屹立不倒、奋勇向前。

四、深刻认识和正确评价党的领袖人物

怎样正确评价党的领袖人物是研究中国共产党历史的一个重要理论问题。在这个问题上,习近平总书记既坚持了历史唯物论,又坚持了历史辩证法。

1.要正确理解阶级、政党和领袖的关系

列宁在《共产主义运动中的"左派"幼稚病》一书中阐述了马克思主义关于无产阶级、政党和领袖的关系,他认为,群众是划分为阶级的,阶级通常是由政党来领导的,政党通常是由最有威信、最有影响、最有经验的领袖集团来主持的。无产阶级政党的领袖不是一个人,而是一批人组成的一个比较稳定的集团的领导核心。① 习近平总书记在研究中国共产党的历史,分析评价党的领袖的历史功绩和精神遗产时,就遵循了马克思主义的这一基本原理。不是把我们党的领袖看作是脱离阶级、脱离群众、脱离集体的孤胆英雄,而是把他们看作是无产阶级的杰出代表,是无产阶级政党的领袖,是领袖集团这个群体中的一员。在近百年党的历史中,中国共产党在革命斗争中产生出自己的领袖团队和群星灿烂的领袖,他们带领着中国共产党和中国人民在革命、建设和改革开放的历史进程中不断从胜利走向胜利。

2.要正确理解领袖与时代的关系

伟大的时代造就伟大人物,伟大人物又影响时代。坚持前者体现出历史的唯物主义,坚持后者体现出历史的辩证法。领袖人物离不开他所处的时代,他们是时代的产物,是在那个时代中成长起来、造就出来的。习近平总书记说:"毛泽东同志等老一辈革命家,都是从近代以来中国历史发展的

① 参见《列宁专题文集》(论无产阶级政党),人民出版社 2009 年 12 月版,第 249 页。

时势中产生的伟大人物,都是从近代以来中国人民抵御外敌入侵、反抗民族压迫和阶级压迫的艰苦卓绝斗争中产生的伟大人物,都是走在中华民族和世界进步潮流前列的伟大人物。"①这是历史唯物论的观点。同时,人在历史面前不是被动的,人在历史运动中也可以发挥主观能动性和积极作用,尤其是领袖人物对于推动历史发展、造就时代特征和历史的特殊进程会作出突出的贡献、发挥独特的作用。这才是历史辩证法的观点。

1980年8月邓小平同志两次会见意大利记者奥琳埃娜·法拉奇,回答她的提问,在谈到对毛泽东的评价时,邓小平同志指出:"没有毛主席,至少我们中国人民还要在黑暗中摸索更长的时间。"②江泽民同志在评价邓小平同志时说:"如果没有邓小平同志,中国人民就不可能有今天的新生活,中国就不可能有今天改革开放的新局面和社会主义现代化的光明前景。"③这些表明了领袖人物在推动历史前进中发挥的特殊作用。同样,习近平总书记认为:"毛泽东同志为中国新民主主义革命的胜利、社会主义革命的成功、社会主义建设的全面展开,为实现中华民族独立和振兴、中国人民解放和幸福,作出了彪炳史册的贡献。"④毛泽东同志的贡献改变了这个时代。这些成就的取得是与他个人独特的天才、能力和个性分不开的。"在为中国人民不懈奋斗的光辉一生中,毛泽东同志表现出一个伟大革命领袖高瞻远瞩的政治远见、坚定不移的革命信念、勇于开拓的非凡魄力、炉火纯青的斗争艺术、杰出高超的领导才能。他思想博大深邃、胸怀坦荡宽广,文韬武略兼备、领导艺术高超,心系人民群众、终生艰苦奋斗,为中华民族和中国人民建立了不朽功勋。"⑤习近平总书记在评价邓小平同志作出的贡献时也指

---

① 习近平:《在纪念毛泽东同志诞辰120周年座谈会上的讲话》(2013年12月26日),人民出版社2013年12月版,第2页。

② 邓小平:《答意大利记者奥琳埃娜·法拉奇问》,《邓小平文选》第二卷,人民出版社1994年10月版,第345页。

③ 江泽民:《在邓小平同志追悼大会上的悼词》,《江泽民文选》第一卷,人民出版社2006年8月版,第628页。

④ 习近平:《在纪念毛泽东同志诞辰120周年座谈会上的讲话》(2013年12月26日),人民出版社2013年12月版,第8页。

⑤ 习近平:《在纪念毛泽东同志诞辰120周年座谈会上的讲话》(2013年12月26日),人民出版社2013年12月版,第9—10页。

出:"邓小平同志对党和人民的贡献,是历史性的,也是世界性的。""邓小平同志的贡献,不仅改变了中国人民的历史命运,而且改变了世界的历史进程。"①习近平总书记的这些观点都体现出历史的辩证法。

3. 要正确理解领袖和人民的关系

人民群众是历史的创造者,这是马克思主义的一条基本原理。"只有坚持这一基本原理,我们才能把握历史前进的基本规律。只有按历史规律办事,我们才能无往而不胜。历史反复证明,人民群众是历史发展和社会进步的主体力量。"②在讲到孙中山时,习近平总书记讲,孙中山先生以"天下为公"为最高思想境界,他"深知人民是最伟大的力量,强调要实现革命的目的,必须唤起民众。他关心民众疾苦,强调'国家之本,在于人民'"。"任何一项伟大事业要成功,都必须从人民中找到根基,从人民中集聚力量,由人民共同来完成。违背人民意愿,脱离人民支持,任何事业都会成为无源之水、无本之木,都是不能成功的。"③在讲到毛泽东同志倡导的群众路线时,习近平总书记说:"坚持群众路线,就要坚持人民是决定我们前途命运的根本力量。坚持人民主体地位,充分调动人民积极性,始终是我们党立于不败之地的强大根基。"④全心全意为人民服务,是我们党一切行动的根本出发点和落脚点,是我们党区别于其他一切政党的根本标志。在讲到邓小平同志的优秀品质时,习近平说:"邓小平同志坚持从人民创造历史的活动中吸取思想营养和前进力量。"⑤邓小平同志始终以人民利益为最高准则来开展领导工作,把人民拥护不拥护、赞成不赞成、高兴不高兴、答应不答应作为党和国家作出决策和制定方针政策的出发点和落脚点。

---

① 习近平:《在纪念邓小平同志诞辰 110 周年座谈会上的讲话》(2014 年 8 月 20 日),人民出版社 2014 年 8 月版,第 7 页。

② 习近平:《在纪念毛泽东同志诞辰 120 周年座谈会上的讲话》(2013 年 12 月 26 日),人民出版社 2013 年 12 月版,第 17—18 页。

③ 习近平:《在纪念孙中山先生诞辰 150 周年大会上的讲话》(2016 年 11 月 11 日),人民出版社 2016 年 11 月版,第 6 页。

④ 习近平:《在纪念毛泽东同志诞辰 120 周年座谈会上的讲话》(2013 年 12 月 26 日),人民出版社 2013 年 12 月版,第 18 页。

⑤ 习近平:《在纪念邓小平同志诞辰 110 周年座谈会上的讲话》(2014 年 8 月 20 日),人民出版社 2014 年 8 月版,第 12 页。

4.要正确对待领袖人物所犯的错误

党在历史上也出现了这样那样的曲折和错误,而这些错误也是与党的领袖人物分不开的,如何对待和评价领袖人物所犯的错误也关系到我们如何历史地、客观地、全面地、科学地看待党的历史。在党史中最为突出的就是如何评价毛泽东同志晚年特别是在十年"文化大革命"中所犯的错误。习近平总书记在党的《关于建国以来若干历史问题的决议》对毛泽东同志的历史功绩和地位作出了全面准确的评价的基础上,又做了更为深入的分析。他说:"毛泽东同志晚年的错误有其主观因素和个人责任,还在于复杂的国内国际的社会历史原因,应该全面、历史、辩证地看待和分析。""对历史人物的评价,应该放在其所处时代和社会的历史条件下去分析,不能离开对历史条件、历史过程的全面认识和对历史规律的科学把握,不能忽略历史必然性和历史偶然性的关系。不能把历史顺境中的成功简单归功于个人,也不能把历史逆境中的挫折简单归咎于个人。不能用今天的时代条件、发展水平、认识水平去衡量和要求前人,不能苛求前人干出只有后人才能干出的业绩来。""革命领袖是人不是神。尽管他们拥有很高的理论水平、丰富的斗争经验、卓越的领导才能,但这并不意味着他们的认识和行动可以不受时代条件限制。不能因为他们伟大就把他们像神那样顶礼膜拜,不容许提出并纠正他们的失误和错误;也不能因为他们有失误和错误就全盘否定,抹杀他们的历史功绩,陷入虚无主义的泥潭。""我们党对自己包括领袖人物的失误和错误历来采取郑重的态度,一是敢于承认,二是正确分析,三是坚决纠正,从而使失误和错误连同党的成功经验一起成为宝贵的历史教材。"①这里笔者对习近平这篇讲话做了四段引述,涉及领袖人物与其所处时代和社会历史条件的关系、历史必然性和历史偶然性的关系、历史顺境和历史逆境的关系、前人和今人在时代条件发展水平认识水平上的关系、把领袖当成神还是当成人的关系、对历史过程的认识和对历史规律把握的关系的深入认识和透彻分析,体

① 习近平:《在纪念毛泽东同志诞辰120周年座谈会上的讲话》(2013年12月26日),人民出版社2013年12月版,第11—12页。

现了实事求是的态度,闪耀着历史唯物主义的光辉,这是对历史唯物主义的最新的发展。

5. 要正确把握和学习继承领袖人物给我们留下的精神遗产和优秀品质

习近平总书记肯定了毛泽东同志对孙中山的评价,"毛泽东同志把三民主义纲领、统一战线政策、艰苦奋斗精神并称为孙中山先生'留给我们的最中心最本质最伟大的遗产',是'对于中华民族最伟大的贡献'"①。孙中山的这些精神遗产我们要永远继承和发扬。在讲到毛泽东本人时,实事求是、群众路线、独立自主是毛泽东同志给我们留下的宝贵精神遗产。习近平总书记指出:"毛泽东思想活的灵魂是贯穿其中的立场、观点、方法,它们有三个基本方面,这就是实事求是、群众路线、独立自主。新形势下,我们要坚持和运用好毛泽东思想活的灵魂,把我们党建设好,把中国特色社会主义伟大事业继续推向前进。"②

革命领袖们还给我们留下了许多高贵的品格和精神风范,他们有许多个性,又有许多共性。例如,习近平总书记讲到马克思时说:"马克思是顶天立地的伟人,也是有血有肉的常人。他热爱生活,真诚朴实,重情重义。马克思恩格斯的革命友谊长达 40 年。正如列宁所说:'古老传说中有各种非常动人的友谊故事',但马克思、恩格斯的友谊'超过了古人关于人类友谊的一切最动人的传说'。马克思无私资助革命事业,即使在自己生活极度困难的情况下仍然尽最大努力帮助革命战友。马克思和妻子燕妮患难与共,谱写了理想和爱情的命运交响曲。"③这里给我们描绘出了有血有肉、重情重义的马克思,体现出马克思的鲜明个性。

中国共产党的领袖人物又有许多共性,例如,我们的领袖都不忘初心,有着坚定的共产主义信念。周恩来同志在早年就确立了坚定的共产主义信仰,他说:"我认的主义一定是不变了,并且很坚决地要为他宣

① 习近平:《在纪念孙中山先生诞辰 150 周年大会上的讲话》(2016 年 11 月 11 日),人民出版社 2016 年 11 月版,第 3 页。
② 习近平:《在纪念毛泽东同志诞辰 120 周年座谈会上的讲话》(2013 年 12 月 26 日),人民出版社 2013 年 12 月版,第 14—15 页。
③ 习近平:《在纪念马克思诞辰 200 周年大会上的讲话》(2018 年 5 月 4 日),人民出版社 2018 年 5 月版,第 5—6 页。

传奔走。"①"在任何艰难困苦的情况下，都要以誓死不变的精神为共产主义奋斗到底。"周恩来同志是坚守信仰、不忘初心的楷模。朱德同志有着跌宕起伏的人生经历，他经历过旧民主主义革命的失败，从切身体验中认识到旧的道路走不通，只有马克思主义才是解决中国问题的真理。无论面对什么样的艰难险阻和重大挫折，他对马克思主义信仰、共产主义的崇高理想始终没有动摇。

还比如，我们的领袖都注重坚持实事求是的思想路线。毛泽东同志从中国的特殊国情出发，把实事求是确立为我们党的思想路线。邓小平同志常说自己是"实事求是派"，反复强调"拿事实来说话"，"我们改革开放的成功，不是靠本本，而是靠实践，靠实事求是。"②陈云同志还提炼出"不唯上、不唯书、只唯实，交换、比较、反复"③这样一个带有鲜明特点的"十五字诀"，等等。这些都体现出了中国共产党的领袖人物共同的优秀品质和精神风范，值得我们永远学习和发扬光大。

习近平总书记关于党的历史的重要论述，是我们研究党史的立场观点方法，是我们学习党史的思想指南。我们今天要以习近平新时代中国特色社会主义思想为指导，学好党史，用党的伟大成就激励人，用党的优良传统教育人，用党的成功经验启迪人，用党的历史教训警示人。

学习党的历史就要不忘初心，牢记使命，坚定对于马克思主义的信仰和中国特色社会主义的信念，不断把为崇高理想奋斗的伟大实践推向前进。学习党的历史就要坚持把马克思主义基本原理同当代中国的具体实际和时代特征紧密结合起来，在实践中发展马克思主义，不断把马克思主义中国化推向前进。学习党的历史就要坚信党的根基在人民、党的力量在人民，坚持一切为了人民、一切依靠人民，充分发挥广大人民群众积极性、主动性、创造

---

① 《周恩来早期文集》(1912年10月—1924年6月)(下卷)，中央文献出版社、南开大学出版社1998年2月版，第453页。

② 邓小平：《在武昌、深圳、珠海、上海等地的谈话要点》，《邓小平文选》第三卷，人民出版社1993年10月版，第382页。

③ 陈云：《不唯上、不唯书、只唯实，交换、比较、反复》，《陈云文选》第3卷，人民出版社1995年5月版，第371页。

性,不断把为人民造福事业推向前进。学习党的历史就要总结党的建设的规律,保持党的先进性和纯洁性,着力提高执政能力和领导水平,着力增强抵御风险和拒腐防变能力,不断把党的建设新的伟大工程推向前进。学习党的历史就要坚定不移高举改革开放旗帜,统揽"四个伟大"、统筹推进"五位一体"总体布局、协调推进"四个全面"战略布局,为实现中华民族的伟大复兴而努力奋斗。

（原载于《社会主义核心价值观研究》2018 年第 3、4 期,

收入本书时略有修改）

为何反复强调"不忘初心、牢记使命"

习近平总书记在党的十九大报告中开宗明义指出,大会的主题是:不忘初心,牢记使命,高举中国特色社会主义伟大旗帜,决胜全面建成小康社会,夺取新时代中国特色社会主义伟大胜利,为实现中华民族伟大复兴的中国梦不懈奋斗。①

党的十九大闭幕仅一周,习近平总书记就带领中央政治局常委前往上海和浙江嘉兴,瞻仰上海中共一大会址和浙江嘉兴南湖红船,回顾建党历史,开启"不忘初心、牢记使命"之旅。在上海中共一大会址纪念馆,习近平总书记还带领中央政治局常委一起重温入党誓词,宣示坚定政治信念。

党的十九大报告指出,在全党开展"不忘初心、牢记使命"主题教育,用党的创新理论武装头脑,推动全党更加自觉地为实现新时代党的历史使命不懈奋斗。② 开展"不忘初心、牢记使命"主题教育,就是要用党的光荣历史和革命传统涵养党性、用习近平新时代中国特色社会主义思想武装全党。

"不忘初心、牢记使命",是今天政治生活中的一个重要主题,也是中国共产党人永恒的主题。

一、我们党的初心和使命是什么

习近平总书记说:"不忘初心,方得始终。中国共产党人的初心和使

---

① 参见习近平:《决胜全面建成小康社会 夺取新时代中国特色社会主义伟大胜利——在中国共产党第十九次全国代表大会上的报告》(2017 年 10 月 18 日),人民出版社 2017 年 10 月版,第 1 页。

② 参见习近平:《决胜全面建成小康社会 夺取新时代中国特色社会主义伟大胜利——在中国共产党第十九次全国代表大会上的报告》(2017 年 10 月 18 日),人民出版社 2017 年 10 月版,第 63 页。

命,就是为中国人民谋幸福,为中华民族谋复兴……实现中华民族伟大复兴是近代以来中华民族最伟大的梦想。中国共产党一经成立,就把实现共产主义作为党的最高理想和最终目标,义无反顾肩负起实现中华民族伟大复兴的历史使命,团结带领人民进行了艰苦卓绝的斗争,谱写了气吞山河的壮丽史诗。"①

为了这个初心和使命,中国共产党人已经奋斗了 98 年。上海的中共一大会址、嘉兴的南湖红船是我们党梦想起航的地方。我们党从这里诞生,从这里出征,从这里走向全国执政。这里是我们党的根脉,我们走得再远都不能忘记来时的路。

1840 年以后,中国逐渐成了半殖民地半封建的国家。仁人志士一直怀揣救国救民的梦想,他们面临着两大历史任务,那就是民族独立、人民解放和国家富强、人民幸福。多少个政党、多少个政治团体为之努力过、奋斗过,却都没能成功。

"十月革命一声炮响"给中国送来了马克思列宁主义。马克思主义同中国工人阶级相结合,产生了无产阶级自己的政党。"这是开天辟地的大事变",深刻改变了近代以后中华民族发展的方向和进程,深刻改变了中国人民和中华民族的前途和命运,深刻改变了世界发展的趋势和格局。

98 年来,中国共产党带领中国人民完成新民主主义革命,建立中华人民共和国,实现了中国从几千年封建专制政治向人民民主的伟大飞跃;完成社会主义革命,确立社会主义基本制度,推进社会主义建设,实现了中华民族由近代不断衰落到根本扭转命运、持续走向繁荣富强的伟大飞跃;进行改革开放新的伟大革命,开辟中国特色社会主义道路,形成中国特色社会主义理论体系,确立中国特色社会主义制度,发展中国特色社会主义文化,使中国赶上了时代,实现了中国人民从站起来到富起来、强起来的伟大飞跃。正如习近平总书记所强调的,"今天,我们比历史上任何时期都更接近、更有

---

① 习近平:《决胜全面建成小康社会　夺取新时代中国特色社会主义伟大胜利——在中国共产党第十九次全国代表大会上的报告》(2017 年 10 月 18 日),人民出版社 2017 年 10 月版,第 1、13 页。

信心和能力实现中华民族伟大复兴的目标"。①

"不忘初心、牢记使命",就是要牢记我们党从成立起就把为社会主义、共产主义而奋斗确定为自己的纲领,牢记共产主义远大理想,坚定中国特色社会主义共同理想,一步一个脚印向着美好未来和最高理想前进。

1921年7月党的一大通过的《中国共产党第一个纲领》表明,中国共产党是无产阶级的政党,目标是实现共产主义。党的纲领规定,革命军队必须与无产阶级一起推翻资本家阶级的政权,必须援助工人阶级,直到社会阶级区分消除、阶级斗争结束、社会的阶级区分消灭为止,承认无产阶级专政,消灭资本家私有制等。1922年7月举行的党的二大通过《中国共产党第二次全国代表大会宣言》,提出了党的最高纲领和最低纲领。党的最高纲领是要组织无产阶级,用阶级斗争的手段,建立劳农专政的政治,铲除资产阶级财产制度,渐次达到一个共产主义社会。最高纲领和最低纲领是密不可分的,只有完成党在现阶段的基本任务,才能创造条件实现党的最高纲领。

习近平总书记指出,中国共产党一开始就在自己的纲领文件中开宗明义确立了坚持马克思列宁主义,鲜明写下"工人阶级""无产阶级"这些字句。尽管处于初创阶段,但奠定了我们党的前进方向和基石。在改革开放和社会主义现代化建设近40年后,我们进入了中国特色社会主义新时代。我们仍然要牢记共产主义远大理想,坚定中国特色社会主义共同理想,一步一个脚印地前进。

"不忘初心、牢记使命",就是要坚持全心全意为人民服务的根本宗旨,永远保持对人民的赤子之心,不断带领人民创造更加幸福美好的生活。

我们党从弱小到强大,从党的一大召开时只有50名党员发展到今天成为拥有8900多万党员、450多万个基层组织的世界最大执政党。之所以能如此,根本在于我们党能始终同人民想在一起、干在一起,永远与人民同呼吸、共命运、心连心,永远把人民对美好生活的向往作为奋斗目标。

---

① 习近平:《决胜全面建成小康社会　夺取新时代中国特色社会主义伟大胜利——在中国共产党第十九次全国代表大会上的报告》(2017年10月18日),人民出版社2017年10月版,第15页。

　　人民立场是中国共产党的根本政治立场，是马克思主义政党区别于其他政党的显著标志。党与人民风雨同舟、生死与共，始终保持血肉联系，是党战胜一切困难和风险的根本保证。任何时候，我们都要坚信党的根基在人民、党的力量在人民，坚持一切为了人民、一切依靠人民，充分发挥人民的积极性、主动性、创造性，不断把为人民造福事业推向前进。

　　"不忘初心、牢记使命"，就是要永远保持建党时中国共产党人的奋斗精神，永远保持永不懈怠的精神状态和一往无前的奋斗姿态。

　　人无精神则不立，国无精神则不强。建党时中国共产党人的奋斗精神是什么精神呢？这就是"红船精神"。2005 年 6 月，时任浙江省委书记的习近平同志在《光明日报》刊发《弘扬"红船精神"走在时代前列》的重要文章，把"红船精神"概括为"开天辟地、敢为人先的首创精神，坚定理想、百折不挠的奋斗精神，立党为公、忠诚为民的奉献精神"。今天，我们要结合时代特点大力弘扬"红船精神"，继续朝着实现中华民族伟大复兴的宏伟目标奋勇前进。

　　"不忘初心、牢记使命"，就是要始终保持谦虚谨慎、不骄不躁的作风，不畏艰难、不怕牺牲，为实现"两个一百年"奋斗目标、实现中华民族伟大复兴的中国梦而不懈奋斗。

　　在革命斗争和建设中形成的优良作风，是我们党宝贵的精神财富。1945 年，毛泽东同志在党的七大上作了题为《论联合政府》的政治报告，其中总结出中国共产党把马克思主义普遍真理同中国革命具体实践相结合中形成的"三大作风"，即"理论和实践相结合的作风，和人民群众紧密地联系在一起的作风以及自我批评的作风"①。解放战争胜利后，在党的七届二中全会上，在全党即将面临新的历史性考试的时候，毛泽东同志又告诫全党，"务必使同志们继续地保持谦虚、谨慎、不骄、不躁的作风，务必使同志们继续地保持艰苦奋斗的作风"②。

　　中华民族是历经磨难、不屈不挠的伟大民族，中国人民是勤劳勇敢、自

---

　　① 《毛泽东选集》第三卷，人民出版社 1991 年 6 月版，第 1093—1094 页。
　　② 《毛泽东选集》第四卷，人民出版社 1991 年 6 月版，第 1438—1439 页。

强不息的伟大人民,中国共产党是敢于斗争、敢于胜利的伟大政党。我们党无论是在腥风血雨的新民主主义革命时期,还是在社会主义革命和建设时期以及改革开放和社会主义现代化建设新时期,始终不畏艰难、不怕牺牲。今天,夺取坚持和发展中国特色社会主义伟大事业新进展,夺取推进党的建设新的伟大工程新成效,夺取具有许多新的历史特点的伟大斗争新胜利,还有许多"雪山""草地"要跨越,还有许多"娄山关""腊子口"要征服,依然需要无所畏惧的伟大实践精神、浴火重生的伟大创造精神。

二、为什么要不忘初心、牢记使命

党的十八大以来,习近平总书记反复强调"不忘初心"的重要性。

在庆祝中国共产党成立 95 周年大会上,习近平总书记说:"全党同志一定要不忘初心、继续前进。"①特别是,面向未来,面对挑战,全党同志一定要不忘初心、继续前进,永远保持谦虚、谨慎、不骄、不躁的作风,永远保持艰苦奋斗的作风,勇于变革、勇于创新,永不僵化、永不停滞,继续在这场历史性考试中经受考验,努力向历史、向人民交出新的更加优异的答卷。

在瞻仰上海中共一大会址和浙江嘉兴南湖红船时,习近平总书记强调,事业发展永无止境,共产党人的初心永远不能改变。唯有不忘初心,方可告慰历史、告慰先辈,方可赢得民心、赢得时代,方可善作善成、一往无前。90多年来,我们党团结带领人民取得的伟大成就充分说明,不忘初心才能不迷失方向,不忘初心才能找到正确的道路。

初心和使命就是理想、信念、宗旨,就是最高纲领和奋斗目标,就是奋斗精神和优良作风。所以,初心和使命就是激励中国共产党人不断前进的动力。要深刻认识党面临的执政考验、改革开放考验、市场经济考验、外部环境考验的长期性和复杂性,深刻认识党面临的精神懈怠危险、能力不足危险、脱离群众危险、消极腐败危险的尖锐性和严峻性。如果丢掉了初心、忘记了使命,就会陷入"四种危险",就会经不起"四大考验",就会缺乏前进的

---

① 习近平:《在庆祝中国共产党成立 95 周年大会上的讲话》(2016 年 7 月 1 日),人民出版社 2016 年 7 月版,第 8 页。

动力。因此,我们要不断增强党的政治领导力、思想引领力、群众组织力、社会号召力,确保我们党永葆旺盛生命力和强大战斗力。从这个意义上说,"不忘初心、牢记使命"是我们党的力量源泉,是我们党永葆青春的秘诀。

此次,在党的十九大报告中提出在全党开展"不忘初心、牢记使命"主题教育,以及习近平总书记带领中央政治局常委瞻仰上海中共一大会址和浙江嘉兴南湖红船,目的都是为了回顾我们党的光辉历程特别是建党时的历史,既进行革命传统教育,学习革命先辈的崇高精神,又明确新时代肩负的重大责任,增强现实的责任感和历史的使命感。

历史是最好的教科书,历史是最好的营养剂。唯有在我们党的光荣历史中汲取力量,唯有在革命传统中汲取力量,唯有在革命先辈的言行和事迹中汲取力量,我们才能进一步增强"舍我其谁"的担当意识,才能更好地实现党的十九大提出的一系列奋斗目标。

三、怎样才能不忘初心、不辱使命

"不忘初心、牢记使命",就要统揽中国特色社会主义新时代"四个伟大"的新使命。

中国近代以来面临的民族独立、人民解放和国家富强、人民幸福两大历史任务,以及实现中华民族伟大复兴的历史使命,在中国特色社会主义新时代具体地体现为"四个伟大"的新使命。这里面,伟大斗争、伟大工程、伟大事业、伟大梦想紧密联系、相互贯通、相互作用,起决定性作用的是党的建设新的伟大工程。推进伟大工程,要结合伟大斗争、伟大事业、伟大梦想的实践来进行。"四个伟大"辩证统一、统筹推进,就是中国特色社会主义新时代赋予我们党的光荣使命。

"不忘初心、牢记使命",就要统筹推进"五位一体"总体布局,协调推进"四个全面"战略布局,分两步走在本世纪中叶建成富强民主文明和谐美丽的社会主义现代化强国。

从全面建成小康社会到基本实现现代化,再到全面建成社会主义现代化强国,是新时代中国特色社会主义发展的战略安排。其中,从 2020 年到本世纪中叶可以分两个阶段来安排:第一个阶段,从 2020 年到 2035 年,在全面建成小康社会的基础上,再奋斗 15 年,基本实现社会主义现代化;第二个阶段,从 2035 年到本世纪中叶,在基本实现现代化的基础上,再奋斗 15 年,把我国建成富强民主文明和谐美丽的社会主义现代化强国。

要实现这个新时代的新目标,就要坚定不移地高举改革开放旗帜,勇于全面深化改革,不断把改革开放推向前进。要紧扣我国社会主要矛盾新变化,统筹推进经济建设、政治建设、文化建设、社会建设、生态文明建设,坚定实施科教兴国战略、人才强国战略、创新驱动发展战略、乡村振兴战略、区域协调发展战略、可持续发展战略、军民融合发展战略,突出抓重点、补短板、强弱项,特别要坚决打好防范化解重大风险、精准脱贫、污染防治这三大攻坚战,决胜全面建成小康社会。要实现推进现代化建设、完成祖国统一、维护世界和平与促进共同发展三大历史任务,全面提升物质文明、政治文明、精神文明、社会文明、生态文明,实现国家治理体系和治理能力现代化,提升综合国力和国际影响力,基本实现全体人民共同富裕。

"不忘初心、牢记使命",就是要按照"新时代党的建设总要求",加强党对一切工作的领导,加强党的政治建设,全面从严治党。

中国特色社会主义进入新时代,我们党一定要有新气象新作为。党的十九大在党的建设理论创新方面的最大亮点,就是鲜明地提出了"党的建设总要求",把坚持和加强党的全面领导作为根本原则,阐释中国特色社会主义最本质的特征是中国共产党领导、中国特色社会主义制度的最大优势是中国共产党领导;把坚持党要管党、全面从严治党作为根本方针,宣告全面从严治党永远在路上,要坚持问题导向、保持战略定力,推动全面从严治党向纵深发展;以加强党的长期执政能力建设、先进性和纯洁性建设为主线,要求全面增强执政本领。

"新时代党的建设总要求"把党的政治建设摆在首位。保证全党服从中央,坚决维护党中央权威和集中统一领导,是党的政治建设的首要任务。要牢固树立政治意识、大局意识、核心意识、看齐意识,在思想上政治上行动上与以习近平同志为核心的党中央保持高度一致。加强和规范党内政治生活,增强党内政治生活的政治性、时代性、原则性、战斗性,发展积极健康的党内政治文化,营造风清气正的良好政治生态。

"不忘初心、牢记使命",就是要用习近平新时代中国特色社会主义思想武装全党。

在全党开展"不忘初心、牢记使命"主题教育,就是要深刻学习领会习近平新时代中国特色社会主义思想的历史地位和丰富内涵,贯彻落实习近平新时代中国特色社会主义思想的"八个明确"、新时代坚持和发展中国特色社会主义基本方略的"十四个坚持"。学习贯彻党的十九大精神,学好领会习近平新时代中国特色社会主义思想,学好新党章,就是要在学懂、弄通、做实上下功夫,用党的创新理论武装头脑、指导实践、推动工作。

使命呼唤担当,使命引领未来。只要全党同志不忘初心、牢记使命,团结一致、永远奋斗,中华民族伟大复兴的巨轮就一定能够胜利驶向光辉的彼岸。

(原载于《解放日报》2017 年 12 月 12 日第 13 版,
收入本书时略有修改)

五、新的伟大工程

从严治党是中国共产党的优良传统

从党的历史发展来看,从严治党是我们党长期形成的优良传统。

从严治党、开展严肃认真的党内政治生活是中国共产党历史上长期形成的优良传统。从"从严治党"的传统到习近平总书记提出"全面从严治党",既是历史的传承,也是党建理论发展的逻辑必然。回顾党的历史上"从严治党"的光荣传统,会更进一步加深我们对"全面从严治党"的认识和理解。

一、建党之初就重视党的建设

我们党在建党初期就把党建摆在非常重要的位置。早在 1926 年蔡和森在《中国共产党的发展(提纲)——中国共产党的发展及其使命》一文中就开始使用"党的生活""党的政治生活""党的内部生活""党内政治生活"等词句,1927 年李维汉从共产国际代表讲话中听到"党内政治生活"一词,其后他也开始使用起来。

1927 年 5 月至 6 月间,经党的五大讨论、中共中央政治局会议通过的《中国共产党第三次修正章程决案》中第一次把"党的建设"列为党章的专门章节(第二章)。1939 年毛泽东同志在《〈共产党人〉发刊词》中第一次把党的建设(建设一个全国范围的、广大群众性的、思想上政治上组织上完全巩固的布尔什维克化的中国共产党)看作是"伟大的工程",而且把统一战线、武装斗争、党的建设看作是中国共产党在中国革命中战胜敌人的"三大法宝"。

党的建设最重要的是思想建党。1929 年 12 月,红军第四军的共产党内存在着各种非无产阶级的思想,极大妨碍对于党的正确路线的执行、影响了红军所肩负的任务和使命的完成，针对这种情况，毛泽东同志及时地主持召开了"古田会议"，即"中共红四军第九次代表大会"，首次提出了从思想上建党的问题。在《古田会议决议》中留下了光辉的篇章《关于纠正党内的错误思想》。文章对于单纯军事观点、极端民主化、非组织观点、绝对平均主义、主观主义、个人主义、流寇思想和盲动主义残余进行了分析批判，纠正了这些错误思想，对红四军的党员和官兵进行教育，使他们认识到，红军绝不是单纯地打仗，除了打仗消灭敌人的军事力量外，还要担负宣传群众、组织群众、武装群众，并帮助群众建设革命政权的任务。共产党领导的新型人民军队应该保持无产阶级的性质，建立在马克思列宁主义基础之上。这是我们党抓思想建党的最早的范例。

组织建党最早的范例是 1927 年 9 月"三湾改编"时提出的"支部建在连上"。"三湾改编"最主要的是标志着党在军队内加强组织建设，"支部建在连上"是在组织上建党的重要举措，解决党指挥枪的问题。在军队内建立党的各级组织和党代表制度，支部建在连上，班排设党小组，连以上设党代表，营团建立党委，部队由毛泽东为书记的中共前敌委员会统一领导。"三湾改编"从组织上确立了中国共产党对军队的绝对领导。

加强纪律建设，把纪律和规矩挺在前面。中国共产党第二次全国代表大会确立了党的第一个党章，在第一个党章的第四章就专门讲"纪律"，其中就有党员个人服从组织，下级机关完全执行上级机关之命令，少数绝对服从多数的内容，对于有六种情况的党员要开除出党，比如，言论行动违背本党宣言、章程和大会决议的，无故连续两次不到会，三个月欠交党费，连续四个星期不为本党服务，留党察看期满而不改悟，泄露党的秘密等都要开除出党。① 可见，中国共产党在建党之初就把纪律挺在前面，而且纪律还十分严格。

在党的五大《中国共产党第三次修正章程决案》第九章中专门讲纪律，例如，"严格党的纪律是全体党员及全体党部最初的最重要的义务，党部机

---

① 《中国共产党章程》，《建党以来重要文献选编》（1921—1949）第 1 册，中央文献出版社 2011 年 6 月版，第 167—168 页。

关之决议,应当敏捷的与正确的执行之,但对于党内一切争论问题,在未决定前,得完全自由讨论之。""不执行上级机关的决议及其他破坏党的行为,即认为违背党的共同意志而处罚之。""党的一切决议取决于多数,少数绝对服从多数。"①这里讲的是政治纪律、大局意识和看齐意识,也是民主集中制的具体体现。

党的制度建设主要体现在对民主集中制的不断发展和完善。1927年6月1日中共中央政治局会议通过了《中国共产党第三次修正章程决案》,除了第一次把"党的建设"单独作为党章中的重要章节外,更为突出的是在"党的建设"这一章的头两条中第一次表述了我党的"民主集中制"。"党部的指导原则为民主集中制。""根据民主集中制的原则在一定区域内建立这一区域内的最高机关,管理这一区域内党的部分组织。"②

1928年6月至7月间党的六大制定和通过了新的党章,在这个党章中明确指出中国共产党的组织原则为民主集中制,而且第一次规定了民主集中制的三项根本原则。"民主集中制的根本原则如下:(1)下级党部与高级党部由党员大会、代表会议及全国大会选举之。(2)各级党部对选举自己的党员,应作定期的报告。(3)下级党部一定要承认上级党部的决议,严守党纪,迅速且切实地执行共产国际执行委员会和党的指导机关之决议。"③

遵义会议就是坚持民主集中制的典范。在遵义会议上博古作关于第五次反"围剿"的总结报告,他把第五次反"围剿"失败的主要原因归于帝国主义和国民党反动力量过于强大,白区工作领导不力,游击战争发展薄弱,各苏区红军配合不够,后方物资供应不足等等其他原因。周恩来在博古的主报告之后作了副报告,他指出第五次反"围剿"的失败主要原因是军事领导的战略战术错误,主动承担责任,作了自我批评,同时也批评了博古、李德的错误。张闻天按照会前与毛泽东、王稼祥共同商量的意见,作反对"左"倾

---

① 《中国共产党第三次修正章程决案》,《建党以来重要文献选编》(1921—1949)第4册,中央文献出版社2011年6月版,第275页。

② 《中国共产党第三次修正章程决案》,《建党以来重要文献选编》(1921—1949)第4册,中央文献出版社2011年6月版,第268页。

③ 《中国共产党党章》,《建党以来重要文献选编》(1921—1949)第5册,中央文献出版社2011年6月版,第472页。

军事错误的报告。他列举大量事实说明第五次反"围剿"的失败主要是博古、李德在军事上犯了一系列的严重错误，违反了红军过去运动战游击战的基本原则。张闻天的报告系统性、理论性、逻辑性都很强，很有说服力。接着毛泽东作了系统的长篇发言，指出第五次反"围剿"以来的一系列失败和挫折，主要是军事上的单纯防御路线，表现为进攻时的冒险主义、防御时的保守主义和突围时的逃跑主义，公开批评了博古和李德的错误，受到了与会的大多数同志的拥护。博古主持会议，成为会议上主要受批评的对象之一，但他没有利用职权压制不同意见，也体现出良好的民主精神和素养，整个会议使不同意见充分交流和碰撞，充分发扬了民主。最后会议进行了集中，形成了中央的集体决定，选举毛泽东为中央政治局常委，委托张闻天起草《中共中央关于反对敌人五次"围剿"的总结的决议》，待中央政治局常委审查后，发到支部讨论；政治局常委再进行适当分工；取消在长征前成立的"三人团"，仍由最高军事首长朱德、周恩来为军事指挥者。周恩来是党内委托的对于指挥军事下最后决心的负责者。遵义会议会后在向云南扎西地区进军途中，中央政治局常委分工，决定由张闻天代替博古负中央总的责任，以毛泽东为周恩来指挥军事上的帮助者。遵义会议是我们党第一次在没有共产国际的干预下，依靠民主集中制来解决我们党自己的问题。

1945 年 6 月召开党的七大，通过了新的《中国共产党章程》，新的党章确立了毛泽东思想的指导地位，把毛泽东思想作为党的指导思想写进了党章，而且七大党章还系统全面地阐发了民主集中制的科学内涵。党章声明"中国共产党是按民主集中制组织起来的，是以自觉的、一切党员都要履行的纪律联结起来的统一的战斗组织"①。"民主集中制，即是在民主基础上的集中和在集中领导下的民主；其基本条件如下：（一）党的各级领导机关由选举制产生。（二）党的各级领导机关向选举自己的党的组织作定期的工作报告。（三）党员个人服从所属党的组织，少数服从多数，下级组织服从上级组织，部分组织统一服从中央。（四）严格地遵守党纪和无条件地执

---

① 《中国共产党章程》，《建党以来重要文献选编》（1921—1949）第 22 册，中央文献出版社 2011 年 6 月版，第 535 页。

行决议。"①

在 1956 年 9 月党的八大通过的党章中对于党的民主集中制的表述则更为全面,而且在强调党的组织原则和政治纪律的同时,也融入了党的群众路线的思想。例如,党章的总纲中说,"中国共产党的组织原则是民主集中制。这就是在民主基础上的集中和在集中指导下的民主。党必须采取有效的办法发扬党内民主,鼓励一切党员、党的基层组织和地方组织的积极性和创造性,加强上下级之间的生动活泼的联系。""按照党的民主集中制,任何党的组织都必须严格遵守集体领导和个人负责相结合的原则,任何党员和党的组织都必须受到党的自上而下和自下而上的监督"②。这里要求发挥基层党组织的积极性,加强党同人民群众的联系,体现了群众路线的思想;同时,看到了党要发挥集体领导和个人负责、集体决定和个人发挥作用,处理好他们之间的辩证关系。

1957 年毛泽东同志在《关于正确处理人民内部矛盾的问题》一文中指出,"在人民内部,不可以没有自由,也不可以没有纪律;不可以没有民主,也不可以没有集中。这种民主和集中的统一,自由和纪律的统一,就是我们的民主集中制。"③毛泽东同志从矛盾的两个方面相互对立相互依存、既对立又统一的角度,对民主集中制做出了科学的表述,闪耀着辩证法的光辉。

二、作风建设保障党走向胜利

我们党抓作风建设最集中地体现在 1941 年到 1944 年我们党开展的延安整风运动,创造了通过整风集中解决党内突出问题的有效途径。

延安整风要解决的根本问题是马克思列宁主义的理论同中国革命的实际相结合的问题,使马克思列宁主义具体化、民族化,纠正我们党的历史上

---

① 《中国共产党章程》,《建党以来重要文献选编》(1921—1949)第 22 册,中央文献出版社 2011 年 6 月版,第 538—539 页。

② 《中国共产党章程》,《建国以来重要文献选编》第 9 卷,中央文献出版社 2011 年 6 月版,第 272—273 页。

③ 毛泽东:《关于正确处理人民内部矛盾问题》,《毛泽东文集》第七卷,人民出版社 1999 年 6 月版,第 209 页。

和抗日战争中存在的各种右倾和"左"倾错误,例如历史上的陈独秀的右倾机会主义的错误,和土地革命时期遵义会议以前存在的"左"倾机会主义的错误;抗日战争开始后"左"的关门主义倾向反对建立抗日统一战线,右倾错误是王明的"一切通过统一战线""一切服从统一战线",放弃共产党的领导权和统一战线中的独立自主。通过整风运动,提高认识,统一全党思想,争取抗日战争的胜利。

延安整风的主要任务是,"反对主观主义以整顿学风,反对宗派主义以整顿党风,反对党八股以整顿文风"。遵循的宗旨是:惩前毖后,治病救人。整风的主要方式是开展批评和自我批评,而开展批评和自我批评所遵循的原则是:"团结—批评—团结"和"知无不言,言无不尽,言者无罪,闻者足戒,有则改之,无则加勉"。

延安整风运动是从学习开始的。最重要的是学习马列主义,掌握思想理论武器。延安整风的前奏是 1938 年 10 月党的六届六中全会,毛泽东认为,马列主义是"放之四海而皆准"的理论,"不应当把他们的理论当作教条来看待,而应当看作是行动的指南。不应当只是学习马克思列宁主义的词句,而应当把它当成革命的科学来学习",不但应该了解他们"所得出的关于一般规律的结论,而且应该学习他们观察问题和解决问题的立场和方法"①。马克思列宁主义如何同中国的实际相结合、如何中国化? 毛泽东同志突出强调两点,一是马克思列宁主义要具体化。"马克思列宁主义的伟大力量,就在于它是和各个国家具体的革命实践相联系的。对于中国共产党来说,就是要学会把马克思列宁主义的理论应用于中国的具体环境","使马克思主义在中国具体化,使之在其每一表现中带着必须有的中国特性,即是说,按照中国的特点去应用它,成为全党亟须了解并解决的问题"②。二是马克思列宁主义要民族化。马克思列宁主义同中国的具体特点相结合要通过一定的民族形式才能实现,马克思列宁主义必须有中国老

---

① 毛泽东:《中国共产党在民族战争中的地位》,《毛泽东选集》第二卷,人民出版社 1991 年 6 月版,第 533 页。
② 毛泽东:《中国共产党在民族战争中的地位》,《毛泽东选集》第二卷,人民出版社 1991 年 6 月版,第 534 页。

百姓所喜闻乐见的中国作风和中国气派,国际主义的内容和民族形式不能分离,二者必须紧密地结合起来。马克思列宁主义有了具体性、民族性就有了中国特点,"离开中国特点来谈马克思主义,只是抽象空洞的马克思主义"①。毛泽东在这里是对马克思主义中国化最精彩的表述。

反对主观主义以整顿学风,就要解决的是对马克思主义的态度问题,解决如何把马克思主义的理论同中国革命的实际结合起来的问题。反对宗派主义以整顿党风,就是要理顺党内各种关系,解决看齐意识和步调一致的问题。反对党八股以整顿文风,是和反对主观主义和宗派主义密切联系在一起的,因为党八股是主观主义和宗派主义的表现形式。"主观主义、宗派主义和党八股,这三种东西,都是反马克思主义的"②,整顿好了这三风,党风就转变了,党就纯洁了,党的战斗性就强了。

作风建设,除了延安整风之外,另外一个范例就是"七届二中全会"。在解放战争的"三大战役"取得全面胜利后,我们党的工作重心将实现从农村向城市的转变。1949年3月,新中国成立前夕,党中央在西柏坡召开了七届二中全会,毛泽东同志站在新的历史方位和新的起点上,高瞻远瞩,告诫全党要保持清醒的头脑,不要被胜利冲昏头脑,不要被敌人的糖衣炮弹所征服,他发出了"两个务必"的号召。毛泽东说:"夺取全国胜利,这只是万里长征走完了第一步。……中国的革命是伟大的,但革命以后的路程更长,工作更伟大,更艰苦。这一点现在就必须向党内讲明白,务必使同志们继续地保持谦虚、谨慎、不骄、不躁的作风,务必使同志们继续地保持艰苦奋斗的作风。"③毛泽东同志把建设一个新中国比作"进京赶考",争取要考出一个好成绩,跳出人亡政息的"历史周期率"。我们党要考出好成绩,就必须有个好作风,就要从小处着手,从自我做起。因此,毛泽东同志除了提出"两个务必"之外,在七届二中全会期间他还提出了"六不"的规矩即:"一、不做

---

① 毛泽东:《中国共产党在民族战争中的地位》,《毛泽东选集》第二卷,人民出版社1991年6月版,第534页。

② 毛泽东:《反对党八股》,《毛泽东选集》第三卷,人民出版社1991年6月版,第833页。

③ 毛泽东:《在中国共产党第七届中央委员会第二次全体会议上的报告》,《毛泽东选集》第四卷,人民出版社1991年6月版,第1438—1439页。

寿;二、不送礼;三、少敬酒;四、少拍掌;五、不以人名作地名;六、不要把中国同志同马恩列斯平列。"这"两个务必"加上"六不"的规矩,是新中国诞生前夕我们党转变作风的"八项规定",是我们的事业走向胜利的保证。

三、"从严治党"进党章

1987 年 10 月党的十三大正式提出"从严治党",大会提出来,为了使我们党能经得起执政的考验,经得起改革开放的考验,消除新时期党内出现的各种腐败现象,对经不起考验的党员仅仅靠教育不能完全解决问题,必须从严治党,严肃执行党的纪律。从严治党,除了必须把少数腐败分子开除出党外,对绝大多数党员要进行教育,提高他们的素质。

1992 年 10 月,江泽民同志在党的十四大报告中说,"我们一定要结合新的实际,遵循党的基本路线,坚持党要管党和从严治党,加强和改进党的建设,努力提高党的执政水平和领导水平,使我们这个久经考验的马克思主义的党,在建设有中国特色社会主义伟大事业中更好地发挥领导核心作用。"①党的十四大《中国共产党章程(修正案)》第一次把"从严治党"写进了党章的"总纲"。"中国共产党要领导全国各族人民实现社会主义现代化的宏伟目标,必须紧密围绕党的基本路线加强党的建设,坚持从严治党,发扬党的优良传统和作风,提高党的战斗力,把党建设成为领导全国人民沿着有中国特色的社会主义道路不断前进的坚强核心。"②

到党的十六大党章中,增加了"坚持党要管党,从严治党,不断提高党的领导水平和执政水平,提高拒腐防变和抵御风险的能力,不断增强党的阶级基础和扩大党的群众基础,不断提高党的创造力、凝聚力、战斗力,使我们党始终走在时代前列,成为领导全国人民沿着中国特色社会主义道路不断前进的坚强核心"③的内容。党的十七大党章增加了"加强党的执政能力建

---

① 江泽民:《加快改革开放和现代化建设步伐,夺取有中国特色社会主义事业的更大胜利》,《十四大以来重要文献选编》(上),中央文献出版社 2011 年 6 月版,第 33—34 页。
② 《中国共产党章程汇编》(从一大——十七大),中共党史出版社 2007 年 11 月版,第 135 页。
③ 《中国共产党章程汇编》(从一大——十七大),中共党史出版社 2007 年 11 月版,第 187 页。

设和先进性建设,以改革创新精神全面推进党的建设新的伟大工程。坚持立党为公、执政为民"①的内容。

党的十八大党章的新变化主要是增加了"整体推进党的思想建设、组织建设、作风建设、反腐倡廉建设、制度建设,全面提高党的建设科学化水平""建设学习型、服务型、创新型的马克思主义执政党"②的内容。

由上观之,从党的十四大以来,一以贯之,在党章的"总纲"中一直强调"党要管党,从严治党",而且内涵不断丰富。从党的历史发展来看,从严治党是我们党长期形成的优良传统。

2014年12月,习近平总书记在江苏视察时提出了"全面从严治党",并且把"全面从严治党"列入"四个全面"战略布局,正式宣布我们走向"全面从严治党"的新时期,这应该看作是党的建设进入到一个新的发展阶段。

2016年1月12日,习近平总书记在中国共产党第十八届中央纪律检查委员会第六次全体会议的讲话中说"全面从严治党,核心是加强党的领导,基础在全面,关键在严,要害在治",赋予"全面从严治党"新的内涵。

党的十九大党章进一步提出,"中国共产党要领导全国各族人民实现'两个一百年'奋斗目标、实现中华民族伟大复兴的中国梦,必须紧密围绕党的基本路线,坚持党要管党、全面从严治党,加强党的长期执政能力建设、先进性和纯洁性建设,以改革创新精神全面推进党的建设新的伟大工程,以党的政治建设为统领,全面推进党的政治建设、思想建设、组织建设、作风建设、纪律建设,把制度建设贯穿其中,深入推进反腐败斗争,全面提高党的建设科学化水平。"③

由此可见,从"从严治党"到"全面从严治党"是我们党长期坚持、一以贯之的光荣传统,同时我们党结合革命、建设和改革开放不同历史时期的时

① 《中国共产党章程汇编》(从一大——十七大),中共党史出版社2007年11月版,第218页。
② 《党章党规学习辅导》,人民出版社2016年3月版,第8—9页。
③ 《中国共产党章程》,见《中国共产党第十九次全国代表大会文件汇编》,人民出版社2017年10月版,第75—76页。

代特征,与时俱进,不断发展,不断完善,形成了我们党自我净化、自我完善、自我革新、自我提高的独特政治优势。

（原载于《中国政协》2017 年第 1 期,收入本书时略有修改）

树立"抓好党建是最大政绩"的理念

习近平总书记在纪念建党 95 周年"七一"重要讲话中强调,治国必先治党,治党务必从严。此前,他在十八届中纪委六次全会上提出,全面从严治党,核心是加强党的领导,基础在全面,关键在严,要害在治。这是对于"全面从严治党"内涵的新阐释。

一、抓不好党建是不称职

实现"两个一百年"的奋斗目标,实现中华民族伟大复兴的中国梦,关键在党。习近平总书记指出:"全党同志必须在思想上真正明确,党的执政地位和领导地位并不是自然而然就能长期保持下去的,不管党、不抓党就有可能出问题甚至出大问题,结果不只是党的事业不能成功,还有亡党亡国的危险。"①全面从严治党,不断增强党自我净化、自我完善、自我革新、自我提高的能力,才能始终保持党的先进性和纯洁性,始终保持党同人民群众的血肉联系,确保党始终成为中国特色社会主义事业的坚强领导核心。

习近平总书记强调,各级各部门党委(党组)必须树立正确政绩观,坚持从巩固党的执政地位的大局看问题,把抓好党建作为最大的政绩。新形势下,各级各部门党委(党组)必须树立抓党建是本职、不抓党建是失职、抓不好党建是不称职、党建出了问题是渎职的意识。

全面从严治党是各级党组织的职责所在。从党风廉政建设主体责任到全面从严治党主体责任,不只是字面上的变化,更是实践的发展、认识的深

---

① 习近平:《在党的群众路线教育实践活动总结大会上的讲话》(2014 年 10 月 8 日),人民出版社 2014 年 10 月版,第 13 页。

化。党委书记是管党治党的第一责任人,各级党组织和党委书记不管好党、治好党就是严重的失职。

二、重点是抓住"关键少数"

全面从严治党,首先体现在"全"字上。"全面"就是管全党、治全党,面向8900多万党员,覆盖党的建设各个领域、各个方面、各个部门,重点是抓住"关键少数"。

2014年10月8日,习近平总书记在全国群众路线教育实践活动总结大会的讲话中,就新形势下坚持从严治党提出了八点要求,这是"全面从严治党"的八个方面:一是落实从严治党责任,二是坚持思想建党和制度治党紧密结合,三是严肃党内政治生活,四是坚持从严管理干部,五是持续深入改进作风,六是严明党的纪律,七是发挥人民监督作用,八是深入把握从严治党规律。

2014年12月,习近平总书记在江苏视察时第一次提出"全面从严治党",但全面从严治党的"全面"内涵在党的十八大、十九大修改的党章中就有所体现。十八大党章提出,"整体推进党的思想建设、组织建设、作风建设、反腐倡廉建设、制度建设,全面提高党的建设科学化水平"。十九大党章提出,"全面推进党的政治建设、思想建设、组织建设、作风建设、纪律建设,把制度建设贯穿其中,深入推进反腐败斗争,全面提高党的建设科学化水平。"这里的"全面"就是党建的"五位一体",就是全面提高党的建设的科学化水平。十九大党章提出,"全面推进党的政治建设、思想建设、组织建设、作风建设、纪律建设,把制度建设贯穿其中,深入推进反腐败斗争,全面提高党的建设科学化水平。"

三、真管真严,长管长严

坚持全面从严治党,必须在"严"字上用力气,把"严"的要求贯彻到党建各方面、全过程。"严"就是真管真严,长管长严。这具体体现在以下几个方面:

一是思想教育从严。对马克思主义的信仰,对社会主义和共产主义的信念,是共产党人的政治灵魂,是共产党人经受住任何考验的精神支柱。形象地说,理想信念就是共产党人精神上的"钙",理想信念不坚定,精神上就会"缺钙",就会得"软骨病"。

二是干部管理从严。党要管党,首先是管好干部;从严治党,关键是从严治吏。要着力培养选拔党和人民需要的好干部。习近平总书记把好干部的标准鲜明地概括为五个方面、二十个字,即"信念坚定、为民服务、勤政务实、敢于担当、清正廉洁"。要真正把好干部及时发现出来、合理使用起来。

三是作风要求从严。党的十八大以来,以习近平同志为核心的党中央以作风建设为切入点和突破口,拉开全面从严治党的大幕。从制定出台改进工作作风、密切联系群众的"八项规定",到深入开展以"为民务实清廉"为主要内容的党的群众路线教育实践活动,再到"两学一做"学习教育、"不忘初心、牢记使命"主题教育等,得到广大党员和人民的广泛认同和衷心拥护。

四是纪律约束从严。党章是全党必须遵循的总章程,也是总规矩;党的纪律是必须遵循的刚性约束,包括政治纪律、组织纪律、财经纪律、工作纪律和生活纪律;国家法律是党员干部必须遵守的规矩;党在长期实践中形成的优良传统和惯例也是规矩。在党的各类纪律和规矩中,党的政治纪律和政治规矩是最重要、最根本、最关键的。我们要增强政治意识、大局意识、核心意识、看齐意识,在思想上政治上行动上和以习近平同志为核心的党中央保持高度一致,向党的理论和路线方针政策看齐,向党中央的改革发展稳定、内政外交国防、治党治国治军的决策部署看齐。

五是组织建设从严。着力加强党的各级组织建设,强化基层党组织整体功能,充分发挥战斗堡垒作用和党员先锋模范作用。贯彻从严治党方针,必须扎实做好抓基层、打基础的工作。要抓好党员队伍的管理,严把入口,疏通出口。要做好扩大基层组织覆盖的工作,加大在两新组织、农民合作社、城乡接合部、流动人口聚集地、产业园区等建立党组织的力度,构建城乡统筹的基层党建新格局。

六是制度建设从严。运用党内法规把党要管党、从严治党落到实处,促进党员、干部带头遵守法规制度。2015年10月,中共中央印发《中国共产党廉洁自律准则》《中国共产党纪律处分条例》。2018年8月,中共中央印发修订后的《中国共产党纪律处分条例》。一个倡导思想道德高标准,重申党的理想信念宗旨、优良传统作风;一个开列违纪行为"负面清单",划出党组织和党员不可触碰的底线。这两个党内法规是反腐倡廉制度创新的重要成果,为党员干部的行为提供了对照标准和衡量尺子。

四、切实肩负起主体责任

习近平总书记强调,"治"就是从党中央到省市县党委,从中央部委、国家机关部门党组(党委)到基层党支部,都要肩负起主体责任。

第一,"老虎""苍蝇"一起打,解决"不敢腐"问题。反腐倡廉只有进行时,没有完成时,惩处腐败要坚持"老虎""苍蝇"一起打。"老虎"和"苍蝇"的比喻十分生动形象,前者指的是大案要案,后者指的是发生在群众身边的、损害群众切身利益的腐败分子。

第二,把权力关进制度的笼子,解决"不能腐"问题。要通过制度的完善,来管住权力的"乱作为",致使"不能腐"。习近平总书记有一个形象的说法,"把权力关进制度的笼子里"。在前些年的反腐败工作中,我们也编织了不少关权力的制度笼子,但忽略了一点——权力的"任性"决定了它不会自己走进笼子里去,而必须靠外力"驱赶"。还有一个"牛栏关猫"现象,笼子是有了,但栅栏太大太稀疏,猫在牛栏里还是来去自由。党的十八大以来,随着惩治腐败力度的不断加大,外力将权力往制度笼子里撵的"驱赶效应"开始显现,笼子也编得越来越密,越来越结实。

制度不能成"稻草人",要防止"破窗效应"。要善于用法治思维和法治方式反对腐败,加强反腐败国家立法。依法治国必须抓住领导干部这个"关键少数",领导干部要做尊法、学法、守法、用法的模范。阳光是最好的防腐剂。"权力清单"的推出,使得权力的运行有了一个规范的边际。

第三,发挥纪检组和巡视组"探头"和"千里眼"的作用。2015年8月13日,中共中央印发《中国共产党巡视工作条例》,要求对中央国家机关巡视全覆盖。习近平总书记把派驻纪检组形象地比喻为装"探头",把巡视组比喻为"千里眼"。"要以问题为导向,派出'侦察兵',哪里反映声音大、问题多,就派到哪里去侦察",巡视的震慑力有了明显提高。这些年一部分违纪违法的重要线索,就是通过巡视发现的。纪检组和巡视组在"全面从严治党"上发挥了很大的作用。

第四,加强党内监督,强化主体责任。其一,坚持民主集中制是强化党内监督的核心。其二,党内监督第一位的是党委监督。党委监督是全方位的监督,包括对党员的批评教育、组织处理、纪律处分等工作。党委要任命干部,更要监督干部。其三,党内监督既要加强党的自我监督,又要加强对国家机器的监督,监督正确用权、廉洁用权。其四,党内监督要破解"一把手"监督难题。对"一把手"的监督要多措并举,上级"一把手"对下级"一把手"的监督最管用、最有效;上级纪委要把下级"一把手"纳入监督重点;同级纪委要定期将同级领导班子成员特别是"一把手"落实主体责任、执行民主集中制、廉洁自律等情况向上级纪委报告;纪委平时掌握的对下级"一把手"的反映,要报告同级党委书记等。其五,把党内监督同国家监察、群众监督结合起来,同法律监督、民主监督、审计监督、司法监督、舆论监督等协调起来,形成监督合力,推进国家治理体系和治理能力现代化。

总之,"全面从严治党,核心是加强党的领导,基础在全面,关键在严,要害在治"①,既是对"全面从严治党"新内涵的科学阐释,也为全面从严治党的伟大实践提供了理论指导。

（原载于《解放日报》2016 年 7 月 5 日第 10 版,
收入本书时略有修改）

---

① 习近平:《在第十八届中央纪律检查委员会第六次全体会议上的讲话》(2016 年 1 月 12 日),人民出版社 2016 年 5 月版,第 16 页。

坚定理想信念，坚持党的基本路线

　　党的十八届六中全会是党的历史上首次以"全面从严治党"为主题的中央全会，是党的建设史上的重要里程碑。全会聚焦全面从严治党，围绕加强和规范党内政治生活、加强党内监督，审议通过的《关于新形势下党内政治生活的若干准则》（下称《准则》）和《中国共产党党内监督条例》（下称《条例》）两个重要的规范性文件，成为这次会议的重要制度成果，为全面从严治党、深入推进党的建设新的伟大工程提供了行动指南。十八届六中全会专题研究全面从严治党，标志着党中央已经实现了对"四个全面"战略布局的整体设计，全面展开了"四个全面"战略布局的整体行动，这在党的建设历史上具有十分重大而深远的意义。

　　党的十八届六中全会最具标志性的政治成果就是明确了习近平总书记在党中央和全党的领导核心地位。十八届六中全会正式提出"以习近平同志为核心的党中央"，明确习近平总书记是党中央的核心、全党的核心，这意味着党的领导体系得到了新发展。维护党中央权威、维护党的团结和集中统一领导，对于管党治党、治国理政、对于全党全国各族人民更好地团结一心、凝聚力量，战胜各种困难和挑战具有重大而深远的影响。党的十八大以来，习近平总书记带领全党和全国各族人民干了许多开创性的工作，做了许多过去想做而做不了的事情，在改革发展稳定、内政外交国防、治党治国治军等方面取得了一系列具有重大战略意义和深远历史意义的成就，赢得了全党全军和全国各族人民的信任、拥护和爱戴，赢得了国际社会的广泛赞誉。习近平总书记的核心地位是人心所向、全党认同的，是经过实践检验、历史证明的，是实至名归、当之无愧的。

　　严肃认真的党内政治生活、纯净健康的党内政治生态，是党的优良作风

188

的生成土壤,是党的旺盛生机的动力源泉,是保持党的先进性纯洁性、提高党的创造力凝聚力战斗力的重要条件。这也是我们党区别于其他政党的显著标志。1980 年 2 月,党的十一届五中全会总结党内政治生活正反两方面经验,特别是"文化大革命"的深刻教训,审议通过了《关于党内政治生活的若干准则》,第一次以党内法规形式对党内政治生活作出规范,对严肃开展党内政治生活产生了深远影响。十八届六中全会审议通过《关于新形势下党内政治生活的若干准则》和《中国共产党党内监督条例》这两个重要文件,既是对我们党开展严肃认真的政治生活的优良传统的继承和发扬,也是对十八大以来以习近平同志为核心的党中央推进全面从严治党的经验总结。

党的十八届六中全会通过的《准则》的主体部分一共讲了 12 个方面,这 12 个方面其实也是党内生活中存在的 12 个问题以及对解决这些问题提出的要求、给出的答案。在这里,我主要围绕前两个部分即坚定理想信念,坚持党的基本路线,来谈谈学习体会。

一、坚定理想信念是开展党内政治生活的首要任务

《准则》的第一部分"坚定理想信念"一开头就说:"共产主义远大理想和中国特色社会主义共同理想,是中国共产党人的精神支柱和政治灵魂,也是保持党的团结统一的思想基础。必须高度重视思想政治建设,把坚定理想信念作为开展党内政治生活的首要任务。"①

谈到坚定理想信念,涉及三个方面的问题:(一)什么是共产党人的理想信念?(二)为什么要坚定理想信念?(三)如何坚定理想信念?

(一)什么是共产党人的理想信念

共产党人的理想信念就是对马克思主义的信仰,对社会主义和共产主义的信念。《准则》指出:"全党同志必须把对马克思主义的信仰、对社会主义和共产主义的信念作为毕生追求,在改造客观世界的同时不断改造主观

---

① 《关于新形势下党内政治生活的若干准则》,《〈关于新形势下党内政治生活的若干准则〉〈中国共产党党内监督条例〉辅导读本》,人民出版社 2016 年 11 月版,第 21 页。

世界,解决好世界观、人生观、价值观这个'总开关'问题,不断增强政治定力,自觉成为共产主义远大理想和中国特色社会主义共同理想的坚定信仰者和忠实实践者;必须坚定对中国特色社会主义的道路自信、理论自信、制度自信、文化自信。"①"打铁还需自身硬",硬就硬在我们共产党人有着坚定的理想信念。

第一,中国共产党人的理想信念是共产党的本质规定,是党章所确立的。《中国共产党章程》对于党的最终奋斗目标的根本规定就是:"党的最高理想和最终目标是实现共产主义。"共产党之所以叫共产党,就因为是以马克思主义为根本理论基础、以实现共产主义为最终奋斗目标的。《中国共产党章程》对于共产党员的本质规定是:"中国共产党党员是中国工人阶级的有共产主义觉悟的先锋战士。"共产党员的先进性纯洁性聚焦到一点,就是必须具有共产主义世界观,坚持共产主义最高理想,为实现共产主义奋斗终身。

第二,中国共产党人理想信念中第一位的是对马克思主义的信仰。因为马克思主义是科学真理,是世界观、人生观、价值观,是"总开关"。习近平总书记指出:"中国共产党人的理想信念,建立在马克思主义科学真理的基础之上,建立在马克思主义揭示的人类社会发展规律的基础之上,建立在为最广大人民谋利益的崇高价值的基础之上。我们坚定,是因为我们追求的是真理。我们坚定,是因为我们遵循的是规律。我们坚定,是因为我们代表的是最广大人民根本利益。"②"马克思主义是我们立党立国的根本指导思想。背离或放弃马克思主义,我们党就会失去灵魂、迷失方向。在坚持马克思主义指导地位这一根本问题上,我们必须坚定不移,任何时候任何情况下都不能有丝毫动摇。"③

第三,中国共产党人的理想信念是共产主义远大理想和中国特色社会

① 《关于新形势下党内政治生活的若干准则》,《〈关于新形势下党内政治生活的若干准则〉〈中国共产党党内监督条例〉辅导读本》,人民出版社2016年11月版,第21页。
② 习近平:《在纪念红军长征胜利80周年大会上的讲话》(2016年10月21日),人民出版社2016年10月版,第12页。
③ 习近平:《在庆祝中国共产党成立95周年大会上的讲话》(2016年7月1日),人民出版社2016年7月版,第9页。

主义共同理想的统一,是最高纲领和基本纲领的统一。我们共产党人锤炼党性,首要的就是坚定共产主义远大理想和中国特色社会主义共同理想。共产主义远大理想与中国特色社会主义共同理想相比较,是最高理想和当前理想的关系。最高理想需要当前理想不断实现才能最终实现,而当前理想要以最高理想为指引。最高理想是需要一代又一代人接力奋斗的,如果大家都觉得这是看不见摸不着的东西,没有必要为之奋斗和牺牲,那共产主义就真的永远实现不了。正如习近平总书记指出的:"革命理想高于天。没有远大理想,不是合格的共产党员;离开现实工作而空谈远大理想,也不是合格的共产党员。"①中国特色社会主义共同理想是共产主义最高理想在现阶段的具体体现,中国特色社会主义是党的最高纲领和基本纲领的统一,实现共同理想和实现最高理想本质上是一致的。

第四,中国共产党的理想信念就是对党的忠诚、对人民的忠诚。共产党员必须把对党绝对忠诚作为基本政治素养,始终保持对党的忠诚,心中有党,在党言党,在党忧党,在党为党。习近平总书记指出:"全党同志要强化党的意识,始终把党放在心中最高位置,牢记自己的第一身份是共产党员,第一职责是为党工作,做到忠诚于组织,任何时候都与党同心同德。"②"坚持对党绝对忠诚,必须对党高度信赖,做到热爱党、拥护党、永远跟党走。"③

人民立场是中国共产党的根本政治立场,是马克思主义政党区别于其他政党的显著标志。共产党员要绝对忠诚于人民,必须忠实践行党的全心全意为人民服务宗旨。必须把人民放在心中最高位置,坚持一切为了人民、一切依靠人民,充分发挥广大人民群众的积极性、主动性、创造性,为人民过上更加美好生活而矢志奋斗。忘记了人民,脱离了人民,我们就会成为无源之水、无本之木,就会一事无成。

---

① 习近平:《毫不动摇坚持和发展中国特色社会主义》(2013年1月5日),《习近平谈治国理政》,外文出版社2014年10月版,第23—24页。

② 习近平:《严明党的组织纪律,增强组织纪律性》(2014年1月14日),中共中央文献研究室编:《十八大以来重要文献选编》(上),中央文献出版社2014年9月版,第767页。

③ 习近平:《办公厅工作要做到"五个坚持"》,《秘书工作》2016年第6期。

（二）为什么要坚定理想信念

第一，坚定的理想信念是中国共产党人的精神支柱和政治灵魂，失去了理想信念就失去了灵魂，就会迷失方向。"坚定理想信念，坚守共产党人精神追求，始终是共产党人安身立命的根本。对马克思主义的信仰，对社会主义和共产主义的信念，是共产党人的政治灵魂，是共产党人经受住任何考验的精神支柱。形象地说，理想信念就是共产党人精神上的'钙'，没有理想信念，理想信念不坚定，精神上就会'缺钙'，就会得'软骨病'。"①理想信念动摇是最危险的动摇，理想信念滑坡是最危险的滑坡。一个政党的衰落，往往从理想信念的丧失或缺失开始。历史经验和教训充分证明了这一点。苏联共产党的领导人对马克思主义失去了信仰，不相信科学社会主义的生命力，否定党的历史，歪曲和丑化党的领袖，结果，葬送了近70多年的苏维埃社会主义事业，埋葬了国际共产主义运动中最具影响力的、有着90多年历史的俄国（苏联）共产党。相反，中国共产党恰恰依靠坚定的理想信念，取得了中国革命、建设和改革开放的一个又一个胜利。

第二，坚定的理想信念是保持党的团结统一的思想基础，没有坚定的理想信念，就很难维护全党全国的统一。中国共产党在革命和建设过程中努力维护和实现了党的团结统一，而保持党的团结统一的思想基础则是坚定理想信念。邓小平同志说："最重要的是人的团结，要团结就要有共同的理想和坚定的信念。我们过去几十年艰苦奋斗，就是靠用坚定的信念把人民团结起来，为人民自己的利益而奋斗。"②对此，习近平总书记深表赞同，并且进一步强调："党面临的形势越复杂、肩负的任务越艰巨，就越要保持党的团结统一。党的团结统一靠什么来保证？要靠共同的理想信念，靠严密的组织体系，靠全党同志的高度自觉，还要靠严明的纪律和规矩。"③我们党

① 习近平：《紧紧围绕坚持和发展中国特色社会主义学习宣传贯彻党的十八大精神》（2012年11月17日），《习近平谈治国理政》，外文出版社2014年10月版，第15页。

② 邓小平：《用坚定的信念把人民团结起来》，《邓小平文选》第三卷，人民出版社1993年10月版，第190页。

③ 习近平：《加强纪律建设，把守纪律讲规矩摆在更加重要的位置》（2015年1月13日），中共中央文献研究室编：《十八大以来重要文献选编》（中），中央文献出版社2016年6月版，第347页。

现在有 8900 多万名党员、450 多万个党组织,如何把这么大一个党组织凝聚起来形成共同的意志,保持行动统一、步调一致呢? 党如何带领 13 亿多全国各族人民去推进中国特色社会主义的伟大事业呢? 最重要的就是要有共同的理想信念,理想信念的旗帜高高飘扬,党和全国各族人民的团结统一才有坚实的思想基础。

第三,坚定的理想信念是解决党内存在的突出矛盾和问题的需要。当前,国际国内形势发生了深刻变化,党所处的历史方位和面临的执政环境发生了深刻变化,党员队伍的数量、结构、思想状况都发生了深刻变化。面对国内外和党内外复杂的形势,面对社会上各种拉拢诱惑,党内有些干部的思想出现动摇和变化。在党的十八届六中全会上,习近平总书记在《关于〈关于新形势下党内政治生活的若干准则〉和〈中国共产党党内监督条例〉的说明》中指出,在长期实践中,党内政治生活状况总体是好的,但一个时期以来,也出现了一些亟待解决的突出矛盾和问题,在这些问题中,排在首位的是,在一些党员、干部包括高级干部中,理想信念不坚定,对党不忠诚,对共产主义心存怀疑,对社会主义前途命运丧失信心,不信马列信鬼神,他们出了问题首先是因为理想信念垮掉了。这就使我们认识到,要解决党内存在的一些突出矛盾和问题,必须把党的思想政治建设摆在首位,营造风清气正的政治生态。要解决这些问题,关键的是要让全体党员干部尤其是党的高级领导干部树立坚定的理想信念。"理想信念坚定,是好干部第一位的标准,是不是好干部首先看这一条。如果理想信念不坚定,不相信马克思主义,不相信中国特色社会主义,政治上不合格,经不起风浪,这样的干部能耐再大也不是我们党需要的好干部。"[1]

(三)如何坚定理想信念

第一,坚定理想信念,必须加强学习。要认真学习马克思列宁主义、毛泽东思想、邓小平理论、"三个代表"重要思想和科学发展观,认真学习习近平新时代中国特色社会主义思想,认真学习党章党规。

---

[1] 习近平:《着力培养选拔党和人民需要的好干部》(2013 年 6 月 28 日),《习近平谈治国理政》,外文出版社 2014 年 10 月版,第 413—414 页。

我们要认真学习好马克思主义理论,这是我们做好一切工作的看家本领。我们党是以马克思主义作为指导思想的政党,但这并不意味着我们党的广大党员不用学习就能够自发地掌握马克思主义。实践表明,只有真正学好马克思主义著作,掌握马克思主义基本理论,才能成为一个自觉的马克思主义者。

我们要学习好毛泽东思想、中国特色社会主义理论体系。在当前尤其要学习好习近平新时代中国特色社会主义思想。通过学习,系统掌握马克思主义基本原理,学会用马克思主义立场、观点、方法观察问题、分析问题、解决问题,特别是聚焦现实问题,就能够不断深化对共产党执政规律、社会主义建设规律、人类社会发展规律的认识。适应时代进步和事业发展要求,广泛学习经济、政治、文化、社会、生态文明以及哲学、历史、法律、科技、国防、国际等各方面知识,就能够不断提高战略思维、创新思维、辩证思维、法治思维、底线思维能力,提高领导能力和领导水平。

我们要认真学习好党章党规。尊崇党章、贯彻党章、维护党章,着力把党章关于党内政治生活和党内监督的要求具体化,把改革开放以来特别是近年来党中央出台的重要文件和党内法规中关于党内政治生活、党内监督的有关规定和要求系统化,推动党内政治生活和党内监督制度化、规范化、程序化。

第二,要把坚定的理想信念落实到日常工作中和具体行动中。我们不能空谈理想信念,坚定的理想信念要落实在行动上,体现在工作中。在革命战争年代,对于理想信念的检验更简单、更直接,那就是看面对敌人的疯狂进攻你敢不敢冲上去,能不能像董存瑞那样舍身炸碉堡,像黄继光那样用身体堵住敌人的枪眼,像王成那样为了胜利喊出"向我开炮"。习近平总书记说:"对理想信念的检验,和平年代不像战争年代那样直截了当,但依然可以分出优劣高低。领导干部的一招一式、一言一行,都有理想信念的影子。特别是在关键时刻和重大考验面前,公私是否分明,法纪是否严明,就是对理想信念是否坚定的最好检验。"①在和平建设时期,生死考验有,但毕竟不多,检验一个干部的理想信念是否坚定比较难,X 光、CT、核磁共振成像也

---

① 习近平:《党员、干部都要按照"三严三实"要求鞭策自己》(2015 年 9 月 11 日),中共中央文献研究室编:《十八大以来重要文献选编》(中),中央文献出版社 2016 年 6 月版,第 677 页。

没有办法。但也不是不能检验的,习近平总书记在 2013 年全国组织工作会议讲话中讲到要看"六个是否","那就主要看干部是否能在重大政治考验面前有政治定力,是否能树立牢固的宗旨意识,是否能对工作极端负责,是否能做到吃苦在前、享受在后,是否能在急难险重任务面前勇挑重担,是否能经得起权力、金钱、美色的诱惑"①。而且这个检验不是一下子或一两件事完成的,需要一个过程和看长期表现,甚至要看一辈子。

第三,坚定理想信念要坚持高标准与守底线相结合。在全面从严治党过程中,必须把加强理想信念教育与严肃党的纪律和规矩结合起来,也就是把高标准和守底线结合起来。首先是要注重发挥理想信念的先导作用。习近平总书记说:"坚持高标准和守底线相结合。全面从严治党,既要注重规范惩戒、严明纪律底线,更要引导人向善向上,发挥理想信念和道德情操引领作用。""对共产党人来讲,动摇了信仰,背离了党性,丢掉了宗旨,就可能在'围猎'中被人捕获。只有在立根固本上下功夫,才能防止歪风邪气近身附体。"②其次,要把依规治党与以德治党结合起来,习近平总书记在谈到 2015 年颁布的《中国共产党廉洁自律准则》和《中国共产党纪律处分条例》时就讲道:"全面从严治党,必然要求依规治党与以德治党紧密结合。道德使人向善,是纪律的必要前提和基础;纪律用来惩恶,是道德的坚强后盾和保障。新修订的准则,扣紧'廉洁自律'这个主题,坚持正面倡导、重在立德,重申党的理想信念宗旨、优良传统作风,这是党员和党员领导干部能够看得见、摸得着、够得着的一个标准,要树这么一个标准,这是高标准,展现了共产党人高尚的道德追求;而新修订的条例,围绕着党纪戒尺要求,开列'负面清单'、重在立规,划出了我们党组织和党员不可触碰的底线,这都是很清晰的。"③既

---

① 习近平:《在全国组织工作会议上的讲话》(2013 年 6 月 28 日),中共中央文献研究室编:《十八大以来重要文献选编》(上),中央文献出版社 2014 年 9 月版,第 340 页。

② 习近平:《在第十八届中央纪律检查委员会第六次全体会议上的讲话》(2016 年 1 月 12 日),《人民日报》2016 年 5 月 3 日。

③ 习近平:《在十八届中央政治局常委会第一百一十九次会议关于审议中国共产党廉政准则、党纪处分条例修订稿时的讲话》(2015 年 10 月 8 日),中共中央纪律检查委员会、中共中央文献研究室编:《习近平关于严明党的纪律和规矩论述摘编》,中国方正出版社、中央文献出版社 2016 年版,第 65—66 页。

强调思想建党和制度管党相结合,又强调依规治党与以德治党相结合。《中国共产党廉洁自律准则》是树立的道德高标准,《中国共产党纪律处分条例》就是设立的底线,这两个党内法规体现出了坚持高标准和守底线相结合。

二、坚持党的基本路线是党内政治生活正常开展的根本保证

《准则》的第二部分一开头就指出:"党在社会主义初级阶段的基本路线是党和国家的生命线、人民的幸福线,也是党内政治生活正常开展的根本保证。必须全面贯彻执行党的基本路线,把以经济建设为中心同坚持四项基本原则、坚持改革开放这两个基本点统一于中国特色社会主义伟大实践,任何时候都不能有丝毫偏离和动摇。"①

(一)进一步明确中国特色社会主义的总依据、总布局和总任务,充分认识党在社会主义初级阶段的基本路线是党和国家的生命线、人民的幸福线

党的十八大报告指出,建设中国特色社会主义,总依据是社会主义初级阶段,总布局是五位一体,总任务是实现社会主义现代化和中华民族伟大复兴。中国特色社会主义,既坚持了科学社会主义基本原则,又根据时代条件赋予其鲜明的中国特色,以全新的视野深化了对共产党执政规律、社会主义建设规律、人类社会发展规律的认识。

党的十九大报告指出,全党要牢牢把握社会主义初级阶段这个基本国情,牢牢立足社会主义初级阶段这个最大实际,牢牢坚持党的基本路线这个党和国家的生命线、人民的幸福线,领导和团结全国各族人民,以经济建设为中心,坚持四项基本原则,坚持改革开放,自力更生,艰苦创业,为把我国建设成为富强民主文明和谐美丽的社会主义现代化强国而奋斗。

我们要深刻认识我国仍处于并将长期处于社会主义初级阶段的基本国情没有变,我国是世界上最大发展中国家的国际地位没有变,并以此为基本

---

① 《关于新形势下党内政治生活的若干准则》,《〈关于新形势下党内政治生活的若干准则〉〈中国共产党党内监督条例〉辅导读本》,人民出版社 2016 年 11 月版,第 23 页。

依据来作出决策和谋划发展。

中国特色社会主义的开创与党在社会主义初级阶段基本路线的形成是内在统一的。中国特色社会主义就是在党的基本路线的提出和确立中逐步明确和成功开辟出来的。毫不动摇地坚持中国特色社会主义道路，最根本的就是要坚定不移地贯彻党的基本路线。

党的基本路线也称为政治路线，是党根据一定历史发展阶段的社会政治经济情况和主要矛盾而制定的总揽全局的行动纲领。它集中概括了党的基本政治主张和基本任务，是党制定一切方针政策的总依据。党的基本路线正确与否，对社会主义建设成败至关重要。中国特色社会主义的探索就是以党的政治路线的根本转变为开端的。党的十一届三中全会最重要的历史性贡献就在于果断停止了"文化大革命"时期的"以阶级斗争为纲"的政治路线，作出了把党和国家工作重点转移到社会主义现代化建设上来的重大决定，这是党在新时期的政治路线转变的重要标志，党的十一届三中全会同时还作出了改革开放的战略决策。1979年3月，在党的理论工作务虚会上，针对各种思潮和错误观点，邓小平又及时明确地提出必须坚持四项基本原则。1980年2月，党的十一届五中全会通过了《关于党内政治生活的若干准则》。在这次会议的讲话中，邓小平同志指出："我们党在现阶段的政治路线，概括地说，就是一心一意地搞四个现代化。"①党的政治路线不管怎样表述，"实质是搞四个现代化，最主要的是搞经济建设，发展国民经济，发展社会生产力"。② 1981年6月，党的十一届六中全会通过的《关于建国以来党的若干历史问题的决议》，首次作出了我国的社会主义制度还处在初级阶段的科学论断，确认了我国现阶段的主要矛盾，强调必须以经济建设为中心，并论述了坚持四项基本原则与坚持改革开放总方针的相互关系，逐步形成了"一个中心，两个基本点"的基本框架。党的十二大提出"走自己的道路，建设有中国特色的社会主义"的崭新命题，开始找到了一条社会主义

① 邓小平：《坚持党的群众路线，改进工作方法》，《邓小平文选》第二卷，人民出版社1994年10月版，第276页。
② 邓小平：《坚持党的群众路线，改进工作方法》，《邓小平文选》第二卷，人民出版社1994年10月版，第276页。

建设的新路。邓小平同志说:"从十一届三中全会到十二大,我们打开了一条一心一意搞建设的新路。"①

1987年10月,党的十三大在深刻总结新中国成立以来社会主义建设正反两方面的经验教训,特别是十一届三中全会以来新鲜经验的基础上,明确概括和全面阐述了党在社会主义初级阶段的基本路线,即"领导和团结全国各族人民,以经济建设为中心,坚持四项基本原则,坚持改革开放,自力更生,艰苦创业,为把我国建设成为富强、民主、文明的社会主义现代化国家而奋斗。"基本路线的提出表明了我们党对开辟中国特色社会主义在理性认识上已经升华到新高度、新水平,标志着中国特色社会主义的核心内容已经具备。

党的十五大报告中专门有一部分论述"社会主义初级阶段的基本路线和纲领",指出"这样的历史进程,至少需要一百年时间。至于巩固和发展社会主义制度,那还需要更长得多的时间,需要几代人、十几代人,甚至几十代人坚持不懈地努力奋斗"。② 党的十七大报告丰富了党的基本路线的内涵,在"富强民主文明"后面增加了"和谐"二字,体现了党的理论的与时俱进。

党的十八大以来,以习近平同志为核心的党中央高举中国特色社会主义伟大旗帜,统筹推进"五位一体"总体布局和协调推进"四个全面"战略布局,对坚持党的基本路线的重要意义有了更进一步的认识,形成了坚持党的基本路线的一系列新理念新思想新战略。习近平总书记在党的十八届中共中央政治局第一次集体学习时讲道,"邓小平同志说,巩固和发展社会主义制度,还需要一个很长的历史阶段,需要我们几代人、十几代人、甚至几十代人坚持不懈地努力奋斗。几十代人,那是多么长啊! 从孔夫子到现在也不过七十几代人。""必须认识到,实现共产主义是一个非常漫长的历史过程,

---

① 邓小平:《一心一意搞建设》,《邓小平文选》第三卷,人民出版社1993年10月版,第11页。

② 邓小平:《高举邓小平理论伟大旗帜,把建设有中国特色社会主义事业全面推向二十一世纪》,中共中央文献研究室编:《十五大以来重要文献选编》(上),中央文献出版社2011年6月版,第14页。

我们必须立足党在现阶段的奋斗目标,脚踏实地推进我们的事业。如果丢失了我们共产党人的远大目标,就会迷失方向,变成功利主义、实用主义。中国特色社会主义是党的最高纲领和基本纲领的统一,中国特色社会主义的基本纲领,概言之,就是建立富强民主文明和谐的社会主义现代化国家。这既是从我国正处于并将长期处于社会主义初级阶段的基本国情出发的,也没有脱离党的最高理想。我们既要坚定走中国特色社会主义道路的信念,也要胸怀共产主义的崇高理想,矢志不移贯彻执行党在社会主义初级阶段的基本路线和基本纲领,做好当前每一项工作。"①

习近平总书记在庆祝中国共产党成立 95 周年大会上的讲话中指出:"党的基本路线是国家的生命线、人民的幸福线,我们要坚持把以经济建设为中心作为兴国之要、把四项基本原则作为立国之本、把改革开放作为强国之路,不能有丝毫动摇。"②可见,以习近平同志为核心的党中央对党的基本路线的认识既体现出继承性,又体现出发展的思路,是继承和发展的辩证统一。

(二)我们在实践中要始终坚持"一个中心、两个基本点"不动摇,既不偏离"一个中心",也不偏废"两个基本点"

全党必须全面贯彻执行党的基本路线,把以经济建设为中心同坚持四项基本原则、坚持改革开放这两个基本点统一于中国特色社会主义伟大实践,任何时候都不能有丝毫偏离和动摇。

中国特色社会主义的总布局的制定是与坚持基本路线紧密相连的。"五位一体"是中国特色社会主义的总布局,也是党的基本路线的在实践中的展开和具体化。党的基本路线是社会主义建设的总纲领,是制定社会主义建设各方面具体纲领和方针政策的根本依据和必须遵循的原则。

党的十八届六中全会明确强调,必须毫不动摇地坚持以经济建设为中心。这个重要规定,是由社会主义本质决定的,由社会主义初级阶段的主要

---

① 习近平:《关于坚持和发展中国特色社会主义的几个问题》(2013 年 1 月 5 日),《十八大以来重要文献选编》(上),中央文献出版社 2014 年 9 月版,第 115—116 页。

② 习近平:《在庆祝中国共产党成立 95 周年大会上的讲话》(2016 年 7 月 1 日),人民出版社 2016 年 7 月版,第 14 页。

矛盾决定的。我国经济总量虽然已跃居世界第二,但人均水平仍然很低,而且存在发展不平衡、不协调、不可持续等问题。经济发展是社会全面进步的基础,也是我们抵御各种风险的物质基础。在新的历史阶段,我们面临许多新的矛盾和问题,解决这些矛盾和问题的基础和前提就是始终坚持以经济建设为中心不动摇,促进经济持续健康发展。

坚持四项基本原则最根本的就是要坚持党的领导。党的十八届六中全会明确强调,必须毫不动摇坚持四项基本原则,坚持四项基本原则,是实现中华民族伟大复兴的坚强保障。2014年9月在庆祝全国人民代表大会成立60周年大会上的讲话中,习近平总书记首次提出,中国共产党的领导是中国特色社会主义最本质的特征。在2016年7月1日庆祝中国共产党成立95周年的讲话中,他又提出,中国特色社会主义最本质的特征是中国共产党领导,中国特色社会主义制度的最大优势是中国共产党领导。坚持和完善党的领导,是党和国家的根本所在、命脉所在,是全国各族人民的利益所在、幸福所在。

坚持四项基本原则最重要的是坚持和发展中国特色社会主义。道路问题是关系党的事业兴衰成败第一位的问题,道路就是党的生命。习近平总书记深刻指出:"中国特色社会主义是社会主义,不是别的什么主义……中国特色社会主义,是科学社会主义理论逻辑和中国社会发展历史逻辑的辩证统一,是根植于中国大地、反映中国人民意愿、适应中国和时代发展进步要求的科学社会主义。"①中国特色社会主义是党和人民长期实践取得的根本成就。我们既不能走封闭僵化的老路,也不能走改旗易帜的邪路,坚持四项基本原则必须首先坚持走中国特色社会主义道路。中国特色社会主义是中国共产党和中国人民团结的旗帜、奋进的旗帜、胜利的旗帜。

坚持中国特色社会主义,就必须坚持改革开放。改革开放是决定中国前途命运的正确抉择。改革开放已经与中国特色社会主义融为一体。党的十八届三中全会通过的《中共中央关于全面深化改革若干重大问题的决

---

① 习近平:《关于坚持和发展中国特色社会主义的几个问题》(2013年1月5日),《十八大以来重要文献选编》(上),中央文献出版社2014年9月版,第109、118页。

定》中明确提出,全面深化改革的总目标是完善和发展中国特色社会主义制度,推进国家治理体系和治理能力现代化。习近平总书记指出,"改革开放是一场深刻革命,必须坚持正确方向,沿着正确道路推进。"①我国过去40多年的发展靠的是改革开放,今后的发展仍然要靠改革开放,仍然要着眼于推动社会生产力不断发展,围绕解决生产关系和上层建筑方面不适应生产力和经济基础发展的矛盾和问题,以更大决心和勇气推进各方面改革,通过全面深化改革开放把中国特色社会主义伟大事业不断推向前进。

坚持和发展中国特色社会主义,"一个中心,两个基本点"是相互贯通、相互依存、不可分割的统一整体,须臾不可偏离、丝毫不可偏废,必须全面坚持、一以贯之。

(三)空谈误国、实干兴邦,把坚持"一个中心、两个基本点"统一于中国特色社会主义伟大实践

空谈误国,实干兴邦,中国特色社会主义是靠我们脚踏实地,一手一足,一砖一瓦建设起来的。习近平总书记指出:"中国特色社会主义不是从天上掉下来的,是党和人民历尽千辛万苦、付出各种代价取得的根本成就。"②新的历史条件下,要聚精会神抓住发展这个执政兴国的第一要务,就要坚持统筹推进"五位一体"总体布局和协调推进"四个全面"战略布局,并使两者相互促进、统筹联动,在推动经济发展的基础上,建设社会主义市场经济、民主政治、先进文化、和谐社会、生态文明,协同推进人民富裕、国家强盛、中国美丽。就要坚持创新、协调、绿色、开放、共享的新发展理念,明确发展思路、发展方向和发展着力点。要把适应新常态、把握新常态、引领新常态作为贯穿经济发展全局和全过程的大逻辑,加快转变经济发展方式、调整经济发展结构、提高发展质量和效益。着力推进供给侧结构性改革,推动经济更有效率、更有质量、更加公平、更可持续地发展,不断壮大我国经济实力和综合国

---

① 习近平:《在十八届中央政治局第二次集体学习时的讲话》(2012年12月31日),中共中央文献研究室编:《习近平关于全面深化改革论述摘编》,中央文献出版社2014年版,第14页。

② 习近平:《在纪念毛泽东同志诞辰一百二十周年座谈会上的讲话》(2013年12月26日),《十八大以来重要文献选编》(上),中央文献出版社2014年9月版,第695页。

力。推进中国特色社会主义伟大事业,为全面建成小康社会、把我国建设成为富强民主文明和谐的现代化国家、实现中华民族伟大复兴的中国梦而努力奋斗!

三、坚定理想信念,坚持党的基本路线,夺取具有许多新的历史特点伟大斗争的新胜利

(一)坚定理想信念,坚持党的基本路线,必须始终坚持党的思想路线

要正确认识和准确把握坚定理想信念、坚持党的基本路线和坚持党的思想路线的关系。坚持正确的思想路线,反对错误的思想路线,对于一个政党能不能制定和执行正确的政治路线和各项方针政策,具有决定性意义。

无论是坚定理想信念,还是坚持党的基本路线,都要实事求是,一切从实际出发,理论联系实际,坚持和发展马克思主义,反对各种否定马克思主义的错误倾向,破除对马克思主义教条式的理解,既防止思想僵化、固守本本,又防止忘记国情、脱离实际,推进马克思主义的中国化,发展 21 世纪的马克思主义。

1980 年,邓小平同志对党的思想路线的内容作出清晰概括,他指出:"实事求是,一切从实际出发,理论联系实际,坚持实践是检验真理的标准,这就是我们党的思想路线。"①正是在正确的思想路线引领下,我们党制定了在社会主义初级阶段的基本路线,并在实践中毫不动摇地长期坚持。

党的十八届六中全会通过的《准则》中要求"全党必须把坚持党的思想路线贯穿于执行党的基本路线全过程"②,这是对党的历史深刻把握的必然要求,是对党的事业高度负责的必然要求。坚持解放思想、实事求是、与时俱进、求真务实,坚持理论联系实际,一切从实际出发,在实践中检验真理和发展真理,既反对各种否定马克思主义的错误倾向,又破除对马克思主义的

---

① 邓小平:《坚持党的路线,改进工作方法》,《邓小平文选》第二卷,人民出版社 1994 年 10 月版,第 278 页。

② 《关于新形势下党内政治生活的若干准则》,《〈关于新形势下党内政治生活的若干准则〉〈中国共产党党内监督条例〉辅导读本》,人民出版社 2016 年 11 月版,第 25 页。

教条式理解。坚持从我国仍处于并将长期处于社会主义初级阶段这个基本国情出发,不断研究新情况、总结新经验、解决新问题,不断推进马克思主义中国化。

(二)坚定理想信念,坚持党的基本路线,必须发挥我党开展严肃认真的党内政治生活的优良传统和政治优势,反对历史虚无主义

开展严肃认真的党内政治生活,是我们党的优良传统和政治优势。党的一大制定的纲领和党的二大制定的党章中,都对党内政治生活作出了严格的规定。党的五大后修订的党章,第一次把民主集中制写入其中,党的六大党章提出民主集中制三条原则,即下级党部和高级党部由党员大会代表会议及全国大会选举产生;各级党部对选举自己的党员,应做定期报告;下级党部一定要承认上级党部的决议,严守党纪。这些原则为党内政治生活的进一步展开奠定了基础。1926 年蔡和森在《中国共产党的发展(提纲)——中国共产党的发展及其使命》一文中就开始使用"党的生活""党的政治生活""党的内部生活""党内政治生活"等词句,1927 年李维汉从共产国际代表讲话中听到"党内政治生活"一词,其后他也开始使用起来。1929年 12 月,古田会议通过决议,严厉批评了极端民主化现象和非组织观点,明确了民主集中制是党的组织原则,提出了"思想建党"的基本方法,成为党内政治生活规范化、常态化发端的标志。1941 年 5 月开始了延安整风运动。通过延安整风运动,党内政治生活中因采用"批评与自我批评"的方法而有了具体的实践形式,因采用"惩前毖后,治病救人"的原则而有了合理的价值取向,延安整风运动使全党在政治上达到空前的团结和统一。在长期革命斗争实践中,我们党形成了实事求是、密切联系群众,批评与自我批评三大作风,这些为最终取得新民主主义革命胜利奠定了坚实的思想基础和组织基础,也成为我们党宝贵的精神财富。

1980 年 2 月,党的十一届五中全会总结了党内政治生活正反两方面经验,特别是"文化大革命"的深刻教训,审议通过了《关于党内政治生活的若干准则》,第一次以党内法规形式对党内政治生活作出规范,对严肃开展党内政治生活产生了深远影响。习近平总书记在十八届六中全会上所作的关于《准则》和《条例》的说明中指出:"1980 年准则,既对当时党内存在的突

出矛盾和问题提出了解决的办法，又对党在长期实践中取得的宝贵经验进行了归纳，是对马克思主义建党理论的丰富发展，具有开创性意义，其主要原则和规定今天依然适用。"①1980年发布的《关于党内政治生活的若干准则》和新的《准则》我们都要认真学习，贯彻执行。

我们一定要坚定理想信念，坚决捍卫党的基本路线，对否定党的领导、否定我国社会主义制度、否定改革开放的言行，对歪曲、丑化、否定中国特色社会主义的言行，对歪曲、丑化、否定党的历史、中华人民共和国历史、人民军队历史的言行，对歪曲、丑化、否定党的领袖和英雄模范的言行，对一切违背、歪曲、否定党的基本路线的言行，必须旗帜鲜明反对和抵制。继承和弘扬党的优良传统，反对历史虚无主义。

（三）坚定理想信念，坚持党的基本路线，就是要体现在坚定中国特色社会主义的"四个自信"上

中国特色社会主义是在改革开放40多年的伟大实践中"走出来的"，是在中华人民共和国成立70年的持续探索中"走出来的"，是在对近代以来170多年中华民族发展历程的深刻总结中"走出来的"，是在对中华民族5000多年悠久文明的传承中"走出来的"，具有深厚的历史渊源和广泛的现实基础。中国特色社会主义道路自信，就是对党领导人民探索形成的发展道路的高度自信。坚定道路自信，就是既不走封闭僵化的老路，也不走改旗易帜的邪路，而是要坚持中国特色社会主义道路不动摇，自觉为实现中华民族伟大复兴而努力奋斗。

中国特色社会主义理论自信，是对党自身理论创造和创新的高度自信。中国共产党人在革命、建设和改革中不但始终遵循马克思主义基本原理，而且努力使之与不同时期中国的具体实际和时代特征相结合，不断实现了马克思主义中国化，形成了毛泽东思想、中国特色社会主义理论体系。坚定理论自信，就是既要毫不动摇地坚持科学社会主义基本原则，又要根据时代条件赋予其鲜明的中国特色和时代特征，在中国特色社会主义的伟大实践中

---

① 习近平：《关于〈新形势下党内政治生活的若干准则〉和〈中国共产党党内监督条例〉的说明》，《〈关于新形势下党内政治生活的若干准则〉〈中国共产党党内监督条例〉辅导读本》，人民出版社2016年11月版，第88页。

进一步推进理论创新,丰富和发展中国特色社会主义理论体系。

中国特色社会主义的制度自信,就是对党根据中国国情进行的制度设计及其这个制度所展现的优越性高度自信。坚持中国特色社会主义的根本政治制度、基本政治制度、基本经济制度和社会主义的法律体系以及各种具体的制度,坚持党的领导、人民当家作主、依法治国的有机统一,是当代中国发展进步的根本制度保障。坚定制度自信,就是要坚持中国特色社会主义发展道路,积极借鉴人类政治文明有益成果,但绝不照搬西方政治制度模式,积极稳妥地推进政治体制改革,自觉完善和发展中国特色社会主义制度。

中国特色社会主义的文化自信,就是对中华优秀传统文化和党领导人民在革命、建设和改革中形成的独特文化价值的高度自信。习近平总书记指出:"在5000多年文明发展中孕育的中华优秀传统文化,在党和人民伟大斗争中孕育的革命文化和社会主义先进文化,积淀着中华民族最深层的精神追求,代表着中华民族独特的精神标识。""文化自信,是更基础、更广泛、更深厚的自信。"①坚定中国特色社会主义自信,首先就必须增强文化自信。

(四)坚定理想信念,坚持党的基本路线,就是要体现在增强"四个意识"、坚持"四个服从"上

历史和实践反复证明,一个国家、一个政党,领导核心至关重要。马克思主义认为,群众是划分为阶级的,阶级通常是由政党来领导的,政党通常是由最有威信、最有影响、最有经验、被选出来担任最重要职务而称为领袖的人们所组成的比较稳定的集团来主持的。列宁就非常重视无产阶级政党的领导核心建设,在强调无产阶级政党的领导集体核心的作用时,他认为,组织和造就大批忠于党、忠于人民的干部队伍,尤其是培养一批有经验、有很高威信、有凝聚力的无产阶级政党领导集体和核心,是关系到无产阶级革命事业成败的重大问题。

我们党继承和发展了马克思主义的这些基本原理,在不断总结历史经

---

① 习近平:《在庆祝中国共产党成立95周年大会上的讲话》(2016年7月1日),人民出版社2016年7月版,第13页。

验的基础上,在推动党的成熟的领导集体和核心形成过程中,形成了一系列重要思想和原则。1938年10月,"鉴于张国焘严重地破坏纪律的行为",毛泽东同志在扩大的六届六中全会上强调,全体党员要遵守"个人服从组织;少数服从多数;下级服从上级;全党服从中央"的纪律,"谁破坏了这些纪律,谁就破坏了党的统一"。① 为了贯彻民主集中制和"四个服从"的纪律,毛泽东同志还具体提出了建立向中央报告的制度,健全党委制等,并阐述了党委会的工作方法,为我们党确立中央权威,形成成熟稳定的中央领导集体和核心提供了制度保障。

邓小平同志明确提出中央领导集体必须要有核心。他说:"在历史上,遵义会议以前,我们的党没有形成过一个成熟的党中央。从陈独秀、瞿秋白、向忠发、李立三到王明,都没有形成过有能力的中央。我们党的领导集体,是从遵义会议开始逐步形成的","任何一个领导集体都要有一个核心,没有核心的领导是靠不住的。第一代领导集体的核心是毛主席"②。党的命运,国家的命运,人民的命运需要有一个坚强的领导集体和这个集体中的核心。当然,这个集体中的"核心",与集体领导制度并不矛盾,因为领导核心不是个人说了算,不是把个人凌驾于领导集体之上,而是强调领导集体中的"领班人"所处的重要地位和肩负的重大责任。有了这个"领班人",有利于巩固中央领导集体,使中央领导集体更加稳定、更加坚强、更加团结,如果出现重大问题也比较容易解决。这是总结我们党领导中国革命、建设和改革的全部历史得出的一个重要结论,也是对马克思主义基本原理的坚持和发展。

今天我们要切实增强政治意识、大局意识、核心意识、看齐意识。我们要更加紧密地团结在以习近平同志为核心的党中央周围,更加坚定地维护以习近平同志为核心的党中央权威,更加自觉地在思想上政治上行动上同以习近平同志为核心的党中央保持一致,更加扎实地把党中央的各项决策

① 毛泽东:《中国共产党在民族战争中的地位》,《毛泽东选集》第二卷,人民出版社1991年6月版,第528页。

② 邓小平:《第二代领导集体的当务之急》,《邓小平文选》第三卷,人民出版社1993年10月版,第309—310页。

部署落到实处。

党的十八届六中全会是在全面深化改革、决胜全面小康的关键时刻召开的一次重要会议。党的十八届六中全会,全面分析了全面从严治党面临的形势和任务,系统总结了近年来特别是党的十八大以来全面从严治党的理论和实践,对全面从严治党不断深入开展作出了重大部署,体现了马克思主义建党理论和实践在新形势下的创新发展。全会取得的政治成果和制度成果,对于更好地进行具有许多新的历史特点的伟大斗争、推进党的建设新的伟大工程、推进中国特色社会主义伟大事业,具有十分重大的意义。

(原载于《中共党史研究》2017 年第 1 期,收入本书时略有修改)

毫不动摇把党建设得更加坚强有力

党的十八大以来，以习近平同志为核心的党中央高度重视党的建设，坚决改变管党治党宽松软状况，全面从严治党成效卓著。回顾总结党的十八大以来党和国家事业取得的历史性成就、发生的历史性变革，尤其应该总结党的建设方面的实践经验、理论创新和发展规律。党的建设理论是习近平新时代中国特色社会主义思想创新性的突出体现，是 21 世纪马克思主义创新发展的重要成果之一。站在新的起点上，党要团结带领人民进行伟大斗争、推进伟大事业、实现伟大梦想，必须坚定不移地建设伟大工程，推动全面从严治党向纵深发展，毫不动摇把党建设得更加坚强有力。

一、党的十八大以来党建实践的历史性成就

其一，全面从严治党是党的十八大以来党中央抓党的建设的鲜明主题。

2016 年，习近平总书记在就《关于新形势下党内政治生活的若干准则》和《中国共产党党内监督条例》起草的有关情况作说明时曾指出，全面从严治党是党的十八大以来党中央抓党的建设的鲜明主题。办好中国的事情，关键在党，关键在党要管党、从严治党。新的历史条件下，我们要更好进行具有许多新的历史特点的伟大斗争、推进中国特色社会主义伟大事业，就必须以更大力度推进党的建设新的伟大工程，坚定不移推进全面从严治党，切实把党建设好、管理好，保持党的先进性和纯洁性，增强党的创造力凝聚力战斗力，提高党的领导水平和执政水平，确保党始终成为中国特色社会主义事业的坚强领导核心。①

---

① 习近平：《关于〈关于新形势下党内政治生活的若干准则〉和〈中国共产党党内监督条例的说明〉》，中共中央党史和文献研究院编：《十八大以来重要文献选编》（下），中央文献出版社 2018 年 5 月版，第 407 页。

全面从严治党，核心是加强党的领导，基础在全面，关键在严，要害在治。全面从严治党是各级党组织的职责所在。党的十八大以来，我们坚持问题导向，主要从六方面推进全面从严治党：

一是抓思想从严。坚持用马克思主义中国化最新成果武装头脑、凝心聚魂，用理想信念和党性教育固本培元、补钙壮骨，着力教育引导全党坚定理想信念，增强中国特色社会主义道路自信、理论自信、制度自信、文化自信。党的十八大以来，持续开展党内教育，部署开展党的群众路线教育实践活动、"三严三实"专题教育、"两学一做"学习教育等主题教育，推动了党内教育从"关键少数"向广大党员拓展、从集中性教育向经常性教育延伸，推动了全面从严治党向基层延伸。

二是抓管党从严。坚持和落实党的领导，着力落实管党治党责任，不断增强各级党组织管党治党意识和能力，引导全党增强政治意识、大局意识、核心意识、看齐意识。坚持把高标准和守底线结合起来，把依规治党与以德治党结合起来。《中国共产党廉洁自律准则》紧扣"廉洁自律"这个主题，坚持正面倡导、重在立德；《中国共产党纪律处分条例》围绕党纪戒尺要求，开列"负面清单"、重在立规，划出了我们党组织和党员不可触碰的底线。

三是抓执纪从严。把纪律和规矩挺在前面，讲纪律，守规矩。党的纪律和规矩是多方面的，党章是全党必须遵循的总章程，也是总规矩。在所有党的纪律和规矩中，第一位的是政治纪律和政治规矩。遵守党的政治纪律是遵守党的全部纪律的重要基础。针对党内存在的无视党的政治纪律和政治规矩的种种表现，习近平总书记告诫全党要坚决防止"七个有之"，强调党员领导干部要做到"五个必须"，即必须维护党中央权威，必须维护党的团结，必须遵循组织程序，必须服从组织决定，必须管好亲属和身边工作人员。

四是抓治吏从严。党要管党，首先是管好干部；从严治党，关键是从严治吏。落实新时期好干部标准，即"信念坚定、为民服务、勤政务实、敢于担当、清正廉洁"。树立正确用人导向，把德才兼备，以德为先，忠诚、干净、担当作为选人用人的重要导向，纠正"唯票、唯分、唯 GDP、唯年龄"的倾向。精准科学选人用人，把干部识准用好。优化干部成长路径，加强干部实践锻炼。完善干部政绩考核体系，对于干部的考核指标体系更全面、具有综合性,鼓励干部一张蓝图干到底,一茬接着一茬干,久久为功。

五是抓作风从严。党的十八大以来,中央出台八项规定,从改进调查研究、精简会议活动等方面对加强作风建设立下规矩。深入开展以为民务实清廉为主要内容的党的群众路线教育实践活动,反对形式主义、官僚主义、享乐主义和奢靡之风等"四风"。以习近平同志为核心的党中央深刻洞察党内存在的问题,以作风建设为切入点和突破口,全面从严治党,让人民群众看到了实实在在的成效和变化,得到广大党员和人民群众广泛认同和衷心拥护。

六是抓反腐从严。坚持以零容忍态度惩治腐败,"老虎""苍蝇"一起打,着力扎紧制度的笼子,有效遏制腐败蔓延势头。深入推进反腐败斗争,持续保持高压态势,做到零容忍的态度不变、猛药去疴的决心不减、刮骨疗毒的勇气不泄、严厉惩处的尺度不松,凡腐必反,除恶务尽。努力形成不敢腐、不能腐、不想腐的有效机制。

其二,维护党中央权威和集中统一领导。

我们这么大一个党,这么大一个国家,如果没有党的坚强领导,没有强有力的党中央的权威,没有坚强的核心,是不行的。党的十八届六中全会正式提出"以习近平同志为核心的党中央",反映了全党全军全国各族人民的共同心愿,是坚持和加强党的领导的根本保证,是进行具有许多新的历史特点的伟大斗争、坚持和发展中国特色社会主义伟大事业的迫切需要。这对维护党中央权威、维护党的团结和集中统一领导,具有十分重大而深远的意义。党的十九大报告强调,保证全党服从中央,坚持党中央权威和集中统一领导,是党的政治建设的首要任务。

其三,严肃党内政治生活,加强党内监督,净化党内政治生态。

党要管党,首先要从党内政治生活管起;从严治党,首先要从党内政治生活严起。一段时间内,受多方面复杂因素影响,党内政治生活质量有所降低,体现在政治性、时代性、原则性、战斗性不强,随意化、形式化、平淡化、庸俗化现象滋长等方面。党的十八届六中全会审议通过《关于新形势下党内政治生活的若干准则》《中国共产党党内监督条例》,紧紧围绕全面从严治党这个主题,继承和发扬党的优良传统和宝贵经验,充分反映党的十八大以来党中央全面从严治党的新经验新成果,并结合新的实践提出一系列新观点新举措,为新形势下加强和规范党内政治生活、加强党内监督提供了根本遵循,对于推进党的建设新的伟大工程,更好进行具有许多新的历史特点的伟大斗争、推进中国特色社会主义伟大事业,具有重大现实意义和深远历史意义。

政治生态好,人心就顺、正气就足;政治生态不好,就会人心涣散、弊病丛生。党的十八大以来,党中央把净化党内政治生态摆在更加突出的位置来抓,激浊扬清,让党内正能量充沛,让歪风邪气无所遁形,倡导清清爽爽的同志关系、规规矩矩的上下级关系,促进政治生态的山清水秀。

其四,加强制度性建设,实现派驻和巡视全覆盖,夺取反腐败斗争压倒性胜利。

党的十八大以来,坚持反腐败无禁区、全覆盖、零容忍,坚定不移"打虎""拍蝇""猎狐",不敢腐的目标初步实现,不能腐的笼子越扎越牢,不想腐的堤坝正在构筑,反腐败斗争压倒性态势已经形成并巩固发展。

中央注重发挥纪检组和巡视组的"探头"和"千里眼"作用,实现派驻和巡视全覆盖。2015 年,中共中央印发《中国共产党巡视工作条例》。党的十九大后,专门成立了国家监察委员会,将反腐败纳入法制轨道。

二、党的十八大以来党建理论的重大创新

党的十八大以来,国内外形势变化和我国各项事业发展都给我们提出了一个重大时代课题,这就是必须从理论和实践结合上系统回答新时代坚持和发展什么样的中国特色社会主义、怎样坚持和发展中国特色社会主义。围绕这个重大时代课题,以习近平同志为核心的党中央以全新的视野深化对共产党执政规律、社会主义建设规律、人类社会发展规律的认识,进行艰辛理论探索,取得重大理论创新成果,创立了习近平新时代中国特色社会主义思想。其中,党建理论占有十分重要的地位。在"八个明确"中,很重要的一点就是"明确中国特色社会主义最本质的特征是中国共产党领导,中国特色社会主义制度的最大优势是中国共产党领导,党是最高政治领导力量,提出新时代党的建设总要求,突出政治建设在党的

建设中的重要地位"①。在"十四个坚持"中,强调"坚持党对一切工作的领导""坚持全面从严治党"。

党的十九大报告明确提出了新时代党的建设总要求,强调要坚持和加强党的全面领导,坚持党要管党、全面从严治党,以加强党的长期执政能力建设、先进性和纯洁性建设为主线,以党的政治建设为统领,以坚定理想信念宗旨为根基,以调动全党积极性、主动性、创造性为着力点,全面推进党的政治建设、思想建设、组织建设、作风建设、纪律建设,把制度建设贯穿其中,深入推进反腐败斗争,不断提高党的建设质量,把党建设成为始终走在时代前列、人民衷心拥护、勇于自我革命、经得起各种风浪考验、朝气蓬勃的马克思主义执政党。这体现了党建理论的重大创新,提出了党的建设的根本方针、工作思路、工作布局等,对推进党的建设新的伟大工程作出了顶层设计和战略部署,进一步丰富发展了马克思主义建党学说,具有鲜明时代特征,反映了历史发展趋势,是我们今后一个时期建设伟大工程的基本遵循。

总的来看,党的十八大以来,党建理论有很多重要的创新发展。如,坚持党对一切工作的领导。事在四方,要在中央。党政军民学,东西南北中,党是领导一切的。维护党中央权威和集中统一领导,是我国革命、建设、改革的重要经验,是一个成熟的马克思主义执政党的重大建党原则。只有始终坚持党对一切工作的领导,才能在更高水平上实现全党全社会思想上的统一、政治上的团结、行动上的一致,才能进一步增强党的创造力、凝聚力、战斗力,才能为决胜全面建成小康社会,夺取新时代中国特色社会主义伟大胜利提供根本政治保证。又如,把党的政治建设摆在首位。旗帜鲜明讲政治是我们党作为马克思主义政党的根本要求。党的十九大报告强调,"以党的政治建设为统领","把党的政治建设摆在首位"②,明确了政治建设在新时代党的建设中的战略定位,抓住了全面从严治党的根本性问题。再如,

---

① 习近平:《决胜全面建成小康社会 夺取新时代中国特色社会主义伟大胜利——在中国共产党第十九次全国代表大会上的报告》(2017 年 10 月 18 日),人民出版社2017 年 10 月版,第 20 页。

② 习近平:《决胜全面建成小康社会 夺取新时代中国特色社会主义伟大胜利——在中国共产党第十九次全国代表大会上的报告》(2017 年 10 月 18 日),人民出版社2017 年 10 月版,第 62 页。

以党的自我革命来推动党领导人民进行的伟大社会革命。勇于自我革命，从严管党治党，是我们党最鲜明的品格。要把新时代坚持和发展中国特色社会主义这场伟大社会革命进行好，我们党必须勇于进行自我革命，把党建设得更加坚强有力。

三、党的十八大以来党的建设的经验和启示

党和人民事业发展到什么阶段，党的建设就要推进到什么阶段。这是加强党的建设必须把握的基本规律。① 习近平总书记在中国共产党第十九届中央纪律检查委员会第二次全体会议上的讲话中总结了党的十八大后我们加强党的建设、全面从严治党的六条经验，这六条经验是：一要坚持思想建党和制度治党相统一，既要解决思想问题，也要解决制度问题，把坚定理想信念作为根本任务，把制度建设贯穿到党的各项建设之中。二要坚持使命引领和问题导向相统一，既要立足当前、直面问题，在解决人民群众最不满意的问题上下功夫；又要着眼未来、登高望远，在加强统筹谋划、强化顶层设计上着力。三要坚持抓"关键少数"和管"绝大多数"相统一，既对广大党员提出普遍性要求，又对"关键少数"特别是高级干部提出更高更严的标准，进行更严的管理和监督。四要坚持行使权力和担当责任相统一，真正把落实管党治党政治责任作为最根本的政治担当，紧紧咬住"责任"二字，抓住"问责"这个要害。五要坚持严格管理和关心信任相统一，坚持真管真严、敢管敢严、长管长严，贯彻惩前毖后、治病救人的一贯方针，抓早抓小、防微杜渐，最大限度防止干部出问题，最大限度激发干部积极性。六要坚持党内监督和群众监督相统一，以党内监督带动其他监督，积极畅通人民群众建言献策和批评监督渠道，充分发挥群众监督、舆论监督作用。这些经验既坚持发扬了我们党历史上行之有效的好经验好做法，又深化了对管党治党规律的认识、创造新的经验，需要我们长期坚持、不断深化。

全面从严治党永远在路上。我们要以习近平新时代中国特色社会主

---

① 参见习近平：《在庆祝中国共产党成立95周年大会上的讲话》（2016年7月1日），人民出版社2016年7月版，第22页。

思想为指导,总结党的十八大以来党建实践的历史性成就和党建理论的重大创新,总结党的建设的基本经验和管党治党的基本规律,开创全面从严治党新局面,不断提高党的执政能力和领导水平,确保我们党永葆旺盛生命力和强大战斗力。

(原载于《经济日报》2018 年 7 月 5 日第 13 版)

新思想中党建理论八大创新点

伟大的实践会产生出伟大的理论。党的十八大以来,党的建设和全面从严治党的伟大实践取得了历史性的成就,积累了许多成功的经验,为党建理论创新提供了实践源泉。党的十九大把十八大以来党的创新理论概括为"习近平新时代中国特色社会主义思想"。习近平新时代中国特色社会主义思想是马克思主义中国化的最新成果,是 21 世纪的马克思主义。党建理论是习近平新时代中国特色社会主义思想中的重要组成部分。

认真学习和深刻领会习近平新时代中国特色社会主义思想、尤其是习近平总书记的十九大报告和十九大以来一系列重要讲话中关于党的建设和全面从严治党的重要论述,可以看出习近平新时代中国特色社会主义思想中党的建设理论有八大创新点。

一、新时代党的建设总要求

习近平总书记在党的十九大报告中提出"新时代党的建设总要求",这是党建理论的一大创新。

"新时代党的建设总要求"提出了"两个坚持"的根本方针即"坚持和加强党的全面领导,坚持党要管党、全面从严治党";"四个以"的工作思路即"以加强党的长期执政能力建设、先进性和纯洁性建设为主线,以党的政治建设为统领,以坚定理想信念宗旨为根基,以调动全党积极性、主动性、创造性为着力点";"6+1 或 5+2"的工作布局即"全面推进党的政治建设、思想建设、组织建设、作风建设、纪律建设,把制度建设贯穿其中,深入推进反腐败斗争";"一项迫切任务或基本要求"是"不断提高党的建设质量";"五句话"的总目标是"把党建设成为始终走在时代前列、人民衷心拥护、勇于自我革命、经得起各种风浪考验、朝气蓬勃的马克思主义执政党。"①这个总要求是中国特色社会主义新时代全面从严治党的纲领性要求,具有鲜明时代特征,反映了历史发展趋势,是我们今后一个时期建设伟大工程的基本遵循。

在党的十九届一中全会的讲话中,习近平总书记指出:"党的十九大总结我们坚持党的领导、加强党的建设的新鲜经验,明确提出了新时代党的建设总要求。这个总要求不是空洞的、抽象的、说教的,而是来自加强党的建设、推进全面从严治党的现实需要,来自解决党内存在的突出矛盾和问题的现实需要,来自保持党的先进性和纯洁性、增强党的创造力凝聚力战斗力的现实需要,来自永葆党的性质和宗旨、保持党同人民群众的血肉联系的现实需要,来自坚持党的执政地位、提高党的执政能力、扩大党的执政基础的现实需要。"②习近平总书记用这"五个现实需要"说明了"新时代党的建设总要求"的重大现实意义。

二、坚持和加强党的全面领导

坚持和发展新时代中国特色社会主义十四条基本方略的第一条就是"坚持党对一切工作的领导"。③ 中国特色社会主义最本质的特征是中国共产党领导,中国特色社会主义制度的最大优势是中国共产党领导。事在四方,要在中央。党政军民学,东西南北中,党是领导一切的。坚持党的领导是决胜全面建成小康社会、夺取新时代中国特色社会主义伟大胜利的根本保证。维护党中央权威和集中统一领导,是我国革命、建设、改革的重要经验,是一个成熟的马克思主义执政党建设的重大原则。

---

① 习近平:《决胜全面建成小康社会　夺取新时代中国特色社会主义伟大胜利——在中国共产党第十九次全国代表大会上的报告》(2017 年 10 月 18 日),人民出版社 2017 年 10 月版,第 61—62 页。
② 习近平:《在党的十九届一中全会上的讲话》(2017 年 10 月 25 日),《求是》2018 年第 1 期,第 6 页。
③ 习近平:《决胜全面建成小康社会　夺取新时代中国特色社会主义伟大胜利——在中国共产党第十九次全国代表大会上的报告》(2017 年 10 月 18 日),人民出版社 2017 年 10 月版,第 20 页。

全党必须牢固树立政治意识、大局意识、核心意识、看齐意识,在思想上政治上行动上同以习近平同志为核心的党中央保持高度一致。坚决维护党中央权威,坚决服从党中央集中统一领导。保证全党令行禁止,是党和国家前途命运所系,是全国各族人民根本利益所在。在思想上高度认同,政治上坚决维护,组织上自觉服从,行动上紧紧跟随。

党的十八大以来,中央政治局常委会、中央政治局连续 3 年听取全国人大常委会、国务院、全国政协、最高人民法院、最高人民检察院党组工作汇报和中央书记处工作报告,并将这项工作写入《关于新形势下党内政治生活的若干准则》和《中共中央政治局关于加强和维护党中央集中统一领导的若干规定》。实践证明,这是坚持党中央权威和集中统一领导的重要制度安排,十分必要,很有意义,必须坚持下去。

三、坚持把党的政治建设摆在首位

习近平总书记提出把党的政治建设摆在首位,这也是新时代党建工作的突出特点。党的政治建设是党的根本性建设,决定党的建设方向和效果。保证全党服从中央,坚持党中央权威和集中统一领导,是党的政治建设的首要任务,是最高政治原则和根本政治规矩。

全党要坚定执行党的政治路线,严格遵守政治纪律和政治规矩,在政治立场、政治方向、政治原则、政治道路上同党中央保持高度一致。尊崇党章,严格执行新形势下党内政治生活若干准则,完善和落实民主集中制,增强党内政治生活的政治性、时代性、原则性、战斗性。形成健康的政治文化,培育良好的政治生态。弘扬忠诚老实、公道正派、实事求是、清正廉洁等价值观,加强党性锻炼,不断提高政治觉悟和政治能力,永葆共产党人政治本色。

四、勇于自我革命,全面从严治党永远在路上

习近平总书记在党的十九大报告中把我们党团结带领人民进行改革开放看作是一场新的伟大革命。他在讲第十四条基本方略时又讲"坚持全面从严治党。勇于自我革命,从严管党治党,是我们党最鲜明

的品格"①。在"新时代党的建设总要求"中就有一句是"勇于自我革命"，说明勇于自我革命是马克思主义执政党的内在要求。习近平总书记在十九届中共中央政治局常委同中外记者见面时的讲话中说，"中国共产党立志于中华民族千秋伟业，百年恰是风华正茂！中国共产党是世界上最大的政党。大就要有大的样子。实践充分证明，中国共产党能够带领人民进行伟大的社会革命，也能够进行伟大的自我革命。"②

2018年1月5日，习近平总书记再次论述了"两个革命"的思想：要把新时代坚持和发展中国特色社会主义这场伟大社会革命进行好，我们党必须勇于进行自我革命，把党建设得更加坚强有力。这里把新时代坚持和发展中国特色社会主义看作是伟大社会革命，从严管党治党是自我革命。"在新时代，我们党必须以党的自我革命来推动党领导人民进行的伟大社会革命"。③ 只有党的自我革命搞好了，才能去很好地推动党领导人民进行的伟大社会革命；如果党的自我革命没搞好，推动党领导人民进行的伟大社会革命只能是一句空话。

党要勇于自我革命就要持之以恒正风肃纪。坚持以上率下，巩固拓展落实中央八项规定精神成果，继续整治"四风"问题，坚持开展批评和自我批评，坚持惩前毖后、治病救人，运用监督执纪"四种形态"，抓早抓小、防微杜渐。让党员、干部知敬畏、存戒惧、守底线，习惯在受监督和约束的环境中工作生活。

党要勇于自我革命就要夺取反腐败斗争压倒性胜利。腐败是我们党面临的最大威胁。只有以反腐败永远在路上的坚韧和执着，深化标本兼治，保证干部清正、政府清廉、政治清明，才能跳出历史周期率，确保党和国家长治

---

① 习近平：《决胜全面建成小康社会　夺取新时代中国特色社会主义伟大胜利——在中国共产党第十九次全国代表大会上的报告》（2017年10月18日），人民出版社2017年10月版，第26页。

② 《习近平在十九届中共中央政治局常委同中外记者见面时的讲话》，《人民日报》2017年10月26日第2版。

③ 《习近平在学习贯彻党的十九大精神研讨班开班式上发表重要讲话强调　以时不我待只争朝夕的精神投入工作　开创新时代中国特色社会主义事业新局面》，《人民日报》2018年1月6日第1版。

久安。

五、抓住"关键少数"，管好"绝大多数"

党的十八大以来，习近平总书记反复强调要抓住领导干部这个"关键少数"。例如，2015 年 2 月，习近平总书记讲全面依法治国必须抓住领导干部这个"关键少数"，领导干部要做尊法学法守法用法的模范。2015 年 3 月，习近平总书记指出，从严治党，关键是要抓住领导干部这个"关键少数"，从严管好各级领导干部。从严管理干部，要坚持思想建党和制度治党紧密结合，既从思想教育上严起来，又从制度上严起来。2016 年 1 月，习近平总书记要求，"全面从严治党，核心是加强党的领导，基础在全面，关键在严，要害在治。"①重点是抓住"关键少数"。在讲到加强党内监督时，习近平总书记指出，抓住"关键少数"，破解一把手监督难题。各级领导班子一把手是"关键少数"中的"关键少数"。

2018 年 1 月 11 日，习近平总书记在中国共产党第十九届中央纪律检查委员会第二次全体会议上讲话强调，坚持抓"关键少数"和管"绝大多数"相统一，既对广大党员提出普遍性要求，又对"关键少数"特别是高级干部提出更高更严的标准，进行更严的管理和监督。其实在讲全面从严治党的"全面"时就有管好"绝大多数"的意思，"全面"除了领域的全面，还有涵盖 8900 多万党员、450 多万个党组织的全面，从严治党是每一个党员的事，每一个党组织的事，一个也不能少。强调抓住"关键少数"是以覆盖"全面"和管好"绝大多数"为前提的，就是要处理好点和面的关系，重点和一般的关系。"两学一做"学习教育就是使党内教育活动层层递进，从"关键少数"向广大党员拓展，从集中性教育向经常性教育延伸。靠什么来管好大多数呢？主要是靠党章、党纪、党内法规，靠思想教育，靠思想建党和制度治党相结合。

---

① 中共中央文献研究室编：《习近平关于全面从严治党论述摘编》，中央文献出版社 2016 年 12 月版，第 11 页。

六、加强党的基层组织建设

加强基层组织建设是落实新时代党的建设总要求的一个重要方面。党的基层组织是确保党的路线方针政策和决策部署贯彻落实的基础。

从党的十九大报告的要求来看,加强基层组织建设涉及以下几个方面的重要内容:1. 以提升组织力为重点,突出政治功能,把企业、农村、机关、学校、科研院所、街道社区、社会组织等基层党组织建设成为宣传党的主张、贯彻党的决定、领导基层治理、团结动员群众、推动改革发展的坚强战斗堡垒;2. 党支部要担负好直接教育党员、管理党员、监督党员和组织群众、宣传群众、凝聚群众、服务群众的职责,引导广大党员发挥先锋模范作用;3. 坚持"三会一课"制度,推进党的基层组织设置和活动方式创新;4. 扩大党内基层民主,推进党务公开;5. 注重从产业工人、青年农民、高知识群体中和在非公有制经济组织、社会组织中发展党员;6. 加强党内激励关怀帮扶;7. 增强党员教育管理针对性和有效性,稳妥有序开展不合格党员组织处置工作。

基础不牢,地动山摇,以上七个方面都是加强党的基层组织建设的重要举措,关键在于落实。

七、在全党开展"不忘初心、牢记使命"主题教育,用习近平新时代中国特色社会主义思想武装全党

党的十九大报告指出,"在全党开展'不忘初心、牢记使命'主题教育,用党的创新理论武装头脑,推动全党更加自觉地为实现新时代党的历史使命不懈奋斗。"①"不忘初心、牢记使命"主题教育将要在全党开展,这次主题教育的核心就是,通过大学习,用习近平新时代中国特色社会主义思想武装全党。

党的十九大闭幕刚一周,习近平总书记就带领新一届中共中央政治局常委赴中国共产党的诞生地——上海中共一大会址和浙江嘉兴南湖红船开

①　习近平:《决胜全面建成小康社会　夺取新时代中国特色社会主义伟大胜利——在中国共产党第十九次全国代表大会上的报告》(2017 年 10 月 18 日),人民出版社2017 年 10 月版,第 63 页。

启了"不忘初心、牢记使命"之旅。习近平总书记带领中共中央政治局常委同志一起重温入党誓词,宣示新一届党中央领导集体的坚定政治信念,为全党作出了示范。

不忘初心,牢记使命,就不要忘记我们是共产党人,我们是革命者,不要丧失了革命精神。昨天的成功并不代表着今后能够永远成功,过去的辉煌并不意味着未来可以永远辉煌。要实现党和国家兴旺发达、长治久安,全党同志必须保持革命精神、革命斗志,勇于把我们党领导人民进行了98年的伟大社会革命继续推进下去,决不能因为胜利而骄傲,决不能因为成就而懈怠,决不能因为困难而退缩。我们要始终不忘心怀的共产主义的理想,始终不忘全心全意为人民服务的根本宗旨,始终不忘革命战争年代那种革命精神和斗志,始终不忘我们党的优良作风和革命传统。

八、全党来一个大学习

注重学习,大兴学习之风是我们党的优良传统。在 2013 年中央党校春季学期开学典礼上,习近平总书记强调我们党历来重视抓全党特别是领导干部的学习,这是推动党和人民事业发展的一条成功经验。中国共产党人依靠学习走到今天,也必然要依靠学习走向未来。我们的干部要上进,我们的党要上进,我们的国家要上进,我们的民族要上进,就必须大兴学习之风,坚持学习、学习、再学习,坚持实践、实践、再实践。

习近平总书记指出:"领导干部加强学习,根本目的是增强工作本领、提高解决实际问题的水平。"我们要正确认识和妥善处理我国发展起来后不断出现的新情况新问题,还要解决长期存在的老问题和改变了形式的老问题。"要认识好、解决好,唯一的途径就是增强我们自己的本领。增强本领就要加强学习,既把学到的知识运用于实践,又在实践中增长解决问题的新本领。"①

在党的十九大报告中,习近平总书记专门提出要"全面增强执政本

① 习近平:《在中央党校建校 80 周年庆祝大会暨 2013 年春季学期开学典礼上的讲话》(2013 年 3 月 1 日),人民出版社 2013 年 3 月版,第 3 页。

领"，主要包括学习本领、政治领导本领、改革创新本领、科学发展本领、依法执政本领、群众工作本领、狠抓落实本领、驾驭风险本领等八个方面的本领。把增强学习本领放在第一位，因为要掌握其他本领也得依靠学习。增强本领的目的是要治国理政、长期执政。我们这个党是领导13亿多人的社会主义大国、有8900多万党员的大党，我们要想治好国、理好政并且长期执政，既要政治过硬，也要本领高强。

党的十九大结束后中央政治局第一次集体学习时，习近平总书记强调，"贯彻落实党的十九大精神，在新时代坚持和发展中国特色社会主义，要求全党来一个大学习。"①学习宣传贯彻党的十九大精神是全党全国当前和今后一个时期的首要政治任务。要在学懂、弄通、做实上下功夫。学习贯彻党的十九大精神，要把自己摆进去，把职责摆进去，把工作摆进去，坚持理论联系实际的学风，学用结合，知行合一。通过大学习，推动大落实，实现大目标，谱写新时代中国特色社会主义崭新篇章。

以上党建理论八大创新点，有的是在党的十九大之后首次提出，有的是十八大以来提出的但十九大以后又特别强调，并且有了新形式、新载体、新方法，它们是党建理论的最新成果。它们既是对以往党建理论、党建经验的提升和总结，又是在新时代推动全面从严治党向纵深发展的新举措、新抓手，需要我们以钉钉子的精神长期坚持、锲而不舍。这八大创新点既是党建理论的重大创新，同时也是党建实践的重大创新，我们要深刻认识这些创新点的重大理论意义和现实意义。我们要用习近平新时代中国特色社会主义思想中的党建创新理论武装头脑、指导实践、推动工作，坚持问题导向，保持战略定力，推动全面从严治党向纵深发展，使中国特色社会主义新时代党的建设更有新气象，全面从严治党更有新作为。

（原载于《北京日报》2018年2月12日理论版，

收入本书时略有修改）

---

① 《习近平在中共中央政治局第一次集体学习时强调　切实学懂弄通做实党的十九大精神　努力在新时代开启新征程续写新篇章》，《人民日报》2017年10月29日第1版。

改革开放 40 年党的政治建设回顾

习近平总书记在党的十九大报告中第一次提出"党的政治建设"概念，并且强调党的政治建设"突出""统领""摆在首位"的重要地位。报告对"把党的政治建设摆在首位"所作的论述，是对党的政治建设内涵最完整、准确的规定。改革开放 40 年来，党中央通过中央全会部署党的建设新的伟大工程，通过修改党章来实现党的指导思想与时俱进，通过全党的集中教育使党的政治建设落到实处，党的领导人高度重视和有力推进党的政治建设。回顾这段历史，可以帮助我们总结党的政治建设的优良传统和历史经验。

习近平总书记在党的十九大报告中第一次提出"党的政治建设"概念，并且强调党的政治建设的"突出""统领""摆在首位"的重要地位。党的十九大报告在论述新时代中国特色社会主义理论"八个明确"的最后一个明确中提出，"突出政治建设在党的建设中的重要地位"①；在中国特色社会主义基本方略"十四个坚持"的最后一条中提出，"必须以党章为根本遵循，把党的政治建设摆在首位"②；在新时代党的建设总要求中提出，"以党的政治建设为统领"③。

党的十九大报告在具体部署党的建设八个方面工作时，第一条就是

---

① 习近平：《决胜全面建成小康社会　夺取新时代中国特色社会主义伟大胜利——在中国共产党第十九次全国代表大会上的报告》(2017 年 10 月 18 日)，人民出版社 2017 年 10 月版，第 20 页。

② 习近平：《决胜全面建成小康社会　夺取新时代中国特色社会主义伟大胜利——在中国共产党第十九次全国代表大会上的报告》(2017 年 10 月 18 日)，人民出版社 2017 年 10 月版，第 26 页。

③ 习近平：《决胜全面建成小康社会　夺取新时代中国特色社会主义伟大胜利——在中国共产党第十九次全国代表大会上的报告》(2017 年 10 月 18 日)，人民出版社 2017 年 10 月版，第 62 页。

"把党的政治建设摆在首位",并作了展开论述。这段论述讲了八句话。前两句是总论,是对于党的政治建设重要性的肯定和强调,"旗帜鲜明讲政治是我们党作为马克思主义政党的根本要求。党的政治建设是党的根本性建设,决定党的建设方向和效果。"①后六句是分论,是加强党的政治建设要做的六件事或政治建设六方面的内容。从关键词和重点句来看,一是保证全党服从中央,坚持党中央权威和集中统一领导;二是全党要坚定执行党的政治路线,严格遵守政治纪律和政治规矩;三是要尊崇党章,严格执行新形势下党内政治生活若干准则;四是完善和落实民主集中制;五是弘扬忠诚老实、公道正派、实事求是、清正廉洁等价值观;六是全党同志特别是高级干部要加强党性锻炼。这六句话是对于党的政治建设内涵最完整、准确的规定。应该从这六个方面入手来回顾和总结我们党的政治建设的优良传统和历史经验。

毛泽东在1939年10月《〈共产党人〉发刊词》中将统一战线、武装斗争、党的建设看作是党领导人民取得革命胜利的三大法宝。关于党的建设,我们党的历史上长期沿用思想、组织、作风三大建设。改革开放以来,党的十六大提出"制度建设",党的十七大提出"反腐倡廉建设",党的建设形成了五大建设布局,即思想建设、组织建设、作风建设、反腐倡廉建设、制度建设。在以前党的文献中有政治路线、政治纲领、政治立场、政治纪律等概念,没有明确使用过政治建设,这是党的十九大第一次提出的新概念。新时代党的建设总布局是"5+2",即"全面推进党的政治建设、思想建设、组织建设、作风建设、纪律建设,把制度建设贯穿其中,深入推进反腐败斗争"。这标志着党的建设总布局的重大变化,增加了政治建设、纪律建设,而且"把党的政治建设摆在首位"。这是对于我们党的建设优良传统的总结和凝练,是对党的建设的理论和实践的发展和创新。

改革开放40多年,中国发生了天翻地覆的变化,中国特色社会主义取得辉煌成就。一个重要的原因或历史经验就是中国共产党一直十分重视党

---

① 习近平:《决胜全面建成小康社会　夺取新时代中国特色社会主义伟大胜利——在中国共产党第十九次全国代表大会上的报告》(2017年10月18日),人民出版社2017年10月版,第62页。

的自身建设,把政治建设摆在首位,坚持党的指导思想的不断创新、与时俱进,不断提高执政能力和领导水平,自我净化、自我完善、自我革新、自我提高,确保党始终成为推进中国特色社会主义伟大事业的坚强领导核心。

一、通过中央全会部署党的建设新的伟大工程

党的十一届三中全会以来,中国共产党加强党的政治建设,一个很重要的措施就是通过党的中央全会来部署党的建设新的伟大工程。40 多年来,召开了八届党的代表大会,每一届党代会都要用一至两次全会专门研究党的建设问题。据统计,共有 10 次中央全会专门研究党的建设工作。例如,十一届五中全会(1980 年 2 月)讨论通过《关于党内政治生活的若干准则》。十一届六中全会(1981 年 6 月)作出《关于建国以来党的若干历史问题的决议》。十二届六中全会(1986 年 9 月)作出《中共中央关于社会主义精神文明建设指导方针的决议》。十三届六中全会(1990 年 3 月)审议通过《中共中央关于加强党同人民群众联系的决定》。十四届四中全会(1994 年 9 月)作出《中共中央关于加强党的建设几个重大问题的决定》。十四届六中全会(1996 年 10 月)审议通过《中共中央关于加强社会主义精神文明建设若干重要问题的决议》。十五届六中全会(2001 年 9 月)审议通过《中共中央关于加强和改进党的作风建设的决定》。十六届四中全会(2004 年 9 月)审议通过《中共中央关于加强党的执政能力建设的决定》。十七届四中全会(2009 年 9 月)审议通过《中共中央关于加强和改进新形势下党的建设若干重大问题的决定》。十八届六中全会(2016 年 10 月)审议通过《关于新形势下党内政治生活的若干准则》和《中国共产党党内监督条例》。

从中可以看出,有两次中央全会专门研究精神文明建设问题。1986 年9 月党的十二届六中全会通过《中共中央关于社会主义精神文明建设指导方针的决议》,这是改革开放以来作出的第一个关于精神文明建设的决议。1996 年 10 月十四届六中全会审议通过《中共中央关于加强社会主义精神文明建设若干重大问题的决议》,这是改革开放新时期的第二个精神文明建设决议。

有两次全会讨论通过党内政治生活准则。一次是十年"文化大革命"

之后、改革开放开始不久的 1980 年 2 月,十一届五中全会通过《关于党内政治生活的若干准则》。这对于当时恢复和健全党内民主、维护党的集中统一、严肃党的纪律、促进党的团结,实现政治上、思想上、组织上、作风上的拨乱反正,实现全党工作重心的转移,发挥了重要历史作用。30 多年过去了,党面临的形势任务和党内情况都发生了很大变化,党的建设既积累了大量新成果新经验,又面临许多新情况新问题。2016 年 10 月,十八届六中全会审议通过《关于新形势下党内政治生活的若干准则》,中央就新形势下加强和规范党内政治生活作出新的决定、提出新的要求。

有两次中央全会研究党的建设的若干重大问题。1994 年 9 月,十四届四中全会作出《中共中央关于加强党的建设几个重大问题的决定》。2009年 9 月,十七届四中全会审议通过《中共中央关于加强和改进新形势下党的建设若干重大问题的决定》。从这些两次内容相同的中央全会可以看出来,每过 10 年、15 年,甚至更长一些时间,形势和任务变化了、党内的状况变化了,党的政治建设也要与时俱进,增强针对性和有效性。

二、通过修改党章实现党的指导思想与时俱进

党章是党的总章程、总规矩,确定党的指导思想,是加强党的政治建设的最高依据,是加强党的政治建设的根本。

党的十二大实现党章的拨乱反正,成为现行党章的蓝本。十一届三中全会实现伟大转折,十一届六中全会通过历史决议,完成了党在指导思想上的拨乱反正。但要从根本上巩固拨乱反正取得的成果,还必须制定一部适应新形势新要求的党章。十二大党章在总纲中,对党的性质和党的指导思想,对我国社会的主要矛盾和党的总任务,对党在国家生活中如何正确地发挥领导作用,都作了规定。新党章对党员和党的干部在思想上、政治上和组织上的要求,比过去历次党章的规定都更加严格。这使党章更加充实和完善。它是党的历史经验和集体智慧的宝贵结晶,是在新的历史时期把我们党建设得更加坚强的重要保证。

十五大党章最鲜明的特点是把邓小平理论确立为党的指导思想、行动指南。十六大党章适应新形势新任务新要求,将"三个代表"重要思想确立

为党必须长期坚持的指导思想。十七大党章首次写入科学发展观,十八大党章把科学发展观同马列主义、毛泽东思想、"三个代表"重要思想一道确立为党的行动指南。党的十九大对党章修订的要点和亮点就是把习近平新时代中国特色社会主义思想写进党章,确立为我们党的指导思想。党章的修订体现了党的指导思想的与时俱进。

1987年10月,党的十三大正式提出"从严治党"。1992年10月,党的十四大第一次把"从严治党"写进了新修订的党章"总纲"。党的十四大以来,在党章"总纲"中一直强调"党要管党,从严治党",而且内涵不断丰富。从党的历史发展来看,从严治党是我们党长期形成的优良传统。党的十八大以来,提出"全面从严治党",并将"全面从严治党"与另三个全面并提为"四个全面",确定为中国特色社会主义的战略布局。

三、通过全党的集中教育使党的政治建设落到实处

加强作风建设和整顿党风是我们党的优良传统,也是加强党的政治建设的重要手段。

党的十一届三中全会以来,中国共产党共进行了九次全党集中学习教育活动。整顿党风;做合格共产党员的教育,开展以"讲学习、讲政治、讲正气"为主要内容的党性党风教育,开展保持共产党员先进性教育活动,开展深入学习实践科学发展观活动,开展创先争优活动,开展以为民务实清廉为主题的党的群众路线教育实践活动,开展"三严三实"专题教育,开展"两学一做"学习教育。即将开展的以"不忘初心、牢记使命"为主题的教育活动是第十次全党集中学习教育。

这些全党的集中教育活动,或从上至下,或从下至上,分阶段、分层次地集中学习,使党员干部提高了思想认识和理论水平,明确了政治方向,坚定了政治立场。教育活动坚持问题导向,对照检查,触及灵魂,整顿作风,立行立改,使党员干部增强了政治纪律,严肃了政治规矩。通过集中教育使各级党的组织增强了全党"四个服从"的组织意识,加强了民主集中制,强化了党内监督,增强了党内团结,使党增强了政治定力和执政能力。全党的集中教育成为加强党的政治建设行之有效的重要手段,把党的政治建设落到了

实处。

四、党的领导人高度重视和有力推进党的政治建设

改革开放 40 多年来,党的历任领导人都十分重视和有力推进党的政治建设,以党的政治建设优势推进中国特色社会主义伟大事业的发展进程。

改革开放初期,邓小平就十分重视党的政治建设,拨正改革开放的航向。1979 年 3 月 30 日,邓小平在题为《坚持四项基本原则》的重要讲话中说:"中央认为,我们要在中国实现四个现代化,必须在思想政治上坚持四项基本原则。这是实现四个现代化的根本前提。这四项是:第一,必须坚持社会主义道路;第二,必须坚持无产阶级专政;第三,必须坚持共产党的领导;第四,必须坚持马列主义、毛泽东思想。"①邓小平认为,我们必须坚持这四项基本原则,决不允许动摇这些原则。如果动摇了四项基本原则的任何一项,那就动摇了整个社会主义事业,整个现代化建设事业。四项基本原则的提出使十一届三中全会的路线更加清晰、全面、完整。

邓小平多次强调讲政治在党的建设和社会主义现代化建设中的重要性,并高度重视政治领导在党的建设尤其是在党员干部政治思想教育中的重要性。邓小平主持制定了《关于党内政治生活的若干准则》,对拨乱反正、恢复和健全党内政治生活、推进党的建设发挥了重要作用。1980 年 12 月 25 日,邓小平在中央工作会议闭幕式上强调,"我们要建设的社会主义国家,不但要有高度的物质文明,而且要有高度的精神文明。所谓精神文明,不但是指教育、科学、文化(这是完全必要的),而且是指共产主义的思想、理想、信念、道德、纪律,革命的立场和原则,人与人的同志式关系,等等。"②邓小平在这里是第一次对社会主义精神文明的内涵作出规定和阐发。他一直强调两个文明建设要同时抓,"两手抓,两手都要硬"。1989 年 6 月,邓小平同几位中央负责同志谈话时严肃指出,"十年最大的失误是教

---

① 邓小平:《坚持四项基本原则》,《邓小平文选》第二卷,人民出版社 1994 年 10 月版,第 164—165 页。
② 邓小平:《贯彻调整方针,保证安定团结》,《邓小平文选》第二卷,人民出版社 1994 年 10 月版,第 367 页。

育,这里我主要是讲思想政治教育,不单纯是对学校、青年学生,是泛指对人民的教育。对于艰苦创业,对于中国是个什么样的国家,将要变成一个什么样的国家,这种教育很少,这是我们很大的失误。"①邓小平说,今天回头来看,一手比较硬,一手比较软。一硬一软不相称,配合得不好。因此要认真总结经验,对的要继续坚持,失误的要纠正,不足的要加把劲。

1989 年政治风波之后,邓小平特别强调党中央要形成坚强有力的领导核心。他指出,"在历史上,遵义会议以前,我们的党没有形成过一个成熟的党中央。从陈独秀、瞿秋白、向忠发、李立三到王明,都没有形成过有能力的中央。我们党的领导集体,是从遵义会议开始逐步形成的"。"任何一个领导集体都要有一个核心,没有核心的领导是靠不住的。"②加强党的集中统一领导,保证全党服从中央,这是改革开放取得成功的根本保障。1986年 8 月,邓小平在视察天津时指出,"改革,现代化科学技术,加上我们讲政治,威力就大多了。到什么时候都得讲政治,外国人就是不理解后面这一条。"③我们党作为马克思主义政党,讲政治是突出的特点和优势。没有强有力的政治保证,党的团结统一就是一句空话。1992 年春天,邓小平在南方谈话中还提醒我们,改革开放要辨清政治方向,防止两种错误倾向,"右可以葬送社会主义,'左'也可以葬送社会主义。中国要警惕右,但主要是防止'左'"④。

1998 年 11 月到 2000 年底,在县级以上党政领导班子和领导干部中,用整风精神开展了以"讲学习、讲政治、讲正气"为主要内容的党性党风教育活动,这是我们党面向新世纪加强党的政治建设的一个新的创造性探索。江泽民说过,"讲政治,对共产党人来说任何时候都要坚持。……有的同志

① 邓小平:《在接见首都戒严部队军以上干部时的讲话》,《邓小平文选》第三卷,人民出版社 1993 年 10 月版,第 306 页。
② 邓小平:《第三代领导集体的当务之急》,《邓小平文选》第三卷,人民出版社 1993 年 10 月版,第 309—310 页。
③ 邓小平:《视察天津时的讲话》,《邓小平文选》第三卷,人民出版社 1993 年 10 月版,第 166 页。
④ 邓小平:《在武昌、深圳、珠海、上海等地的谈话要点》,《邓小平文选》第三卷,人民出版社 1993 年 10 月版,第 375 页。

产生了一种误解,以为坚持以经济建设为中心,就可以不注意政治了。这完全不符合邓小平同志的思想和中央的要求。邓小平在改革开放之初就明确提出,搞经济建设、搞现代化建设,必须有政治保证。"①"讲政治,核心是坚持正确的政治方向、政治立场。我们搞的现代化是社会主义现代化,我们搞的市场经济是社会主义市场经济。在这些根本问题上,中央历来是十分明确的。现在,我们有些干部埋头于事务,很少考虑政治方向、政治立场问题,缺乏应有的政治辨别力、政治敏锐性。问题的症结就在于不讲政治,头脑里缺乏马克思主义和社会主义的政治。"②"没有离开政治的经济,也没有离开经济的政治。没有强有力的政治保证,经济建设是搞不好的。"③

进入 21 世纪,我国进入全面建设小康社会的阶段,这也是完善社会主义市场经济体制和扩大对外开放的关键阶段。加强党的执政能力建设和先进性建设成为党面临的重大现实任务。为了加强党的先进性建设,党中央决定从 2005 年 1 月开始,用一年半左右的时间,在全党开展以实践"三个代表"重要思想为主要内容的保持共产党员先进性教育活动。这对于新形势下加强党的政治建设发挥了重要作用。胡锦涛强调,"要坚持民主集中制的根本组织制度和领导制度。党员领导干部要摆正自己在党内政治生活中的位置,以身作则,严于律己,坚持在党纪面前人人平等,带头维护党纪的严肃性,自觉接受党组织和群众监督。"④"党的各级组织和全体党员要自觉遵守党的政治纪律,坚持党的基本路线,坚决维护党的集中统一,始终同党中央保持一致,坚决维护中央权威,切实保证政令畅通。"⑤

党的十八大以来,以习近平同志为核心的党中央坚持以党的政治建设为统领,把全面从严治党纳入战略布局,特别强调严明政治纪律和政治规

---

① 江泽民:《讲学习、讲政治、讲正气》,《江泽民文选》第一卷,人民出版社 2006 年 8 月版,第 484—485 页。
② 江泽民:《宣传思想战线的主要任务》,《江泽民文选》第一卷,人民出版社 2006 年 8 月版,第 499—500 页。
③ 江泽民:《关于讲政治》,《江泽民文选》第一卷,人民出版社 2006 年 8 月版,第 516 页。
④ 胡锦涛:《在新时期保持共产党员先进性专题报告会上的讲话》,中共中央文献研究室编:《十六大以来重要文献选编》(中),中央文献出版社 2008 年 4 月版,第 626 页。
⑤ 胡锦涛:《反腐倡廉要把握和处理好四个关系》,《胡锦涛文选》第三卷,人民出版社 2016 年 9 月版,第 57 页。

矩。习近平总书记强调,"严明党的纪律,首要的就是严明政治纪律。党的纪律是多方面的,但政治纪律是最重要、最根本、最关键的纪律,遵守党的政治纪律是遵守党的全部纪律的重要基础。政治纪律是各级党组织和全体党员在政治方向、政治立场、政治言论、政治行为方面必须遵守的规矩,是维护党的团结统一的根本保证。"①习近平总书记严厉批评党内存在的无视党的政治纪律和政治规矩"七个有之"的种种表现,特别强调遵守政治纪律和政治规矩应该做到"五个必须"。

全面从严治党坚定了全党的政治意识、大局意识、核心意识、看齐意识。党的十八届六中全会明确了习近平总书记的核心地位,正式提出"以习近平同志为核心的党中央"。这充分反映了全党的共同意志和人民的共同心声。坚决维护习近平总书记在党中央的核心、全党的核心地位,坚决维护党中央的权威和集中统一领导,坚定执行党的政治路线,严格遵守政治纪律和政治规矩,在思想上政治上行动上同以习近平同志为核心的党中央保持高度一致。党的十八大结束后不久,中央政治局就出台《十八届中央政治局关于改进工作作风、密切联系群众的八项规定》。紧接着又在全党开展了以为民务实清廉为主要内容的党的群众路线教育实践活动,反对形式主义、官僚主义、享乐主义和奢靡之风等"四风"。2014 年 10 月全军政治工作会议在福建古田召开。为了确保全面从严治党工作的规范化、常态化、制度化,党中央还先后制定、修订、颁布了一系列党内法规文件,从制度上保证党的政治建设扎实推进。2015 年中共中央印发《中国共产党廉洁自律准则》《中国共产党纪律处分条例》。2016 年党的十八届六中全会审议通过了《关于新形势下党内政治生活的若干准则》《中国共产党党内监督条例》。

严肃党内政治生活,加强党内监督,净化党内政治生态。党要管党,首先要从党内政治生活管起;从严治党,首先要从党内政治生活严起。习近平总书记在多个场合批评了党内政治生活不正常的状况,例如搞"圈子文化"、潜规则,做"两面人"。在党和国家各种监督形式中党内监督是最根本

---

① 习近平:《严明政治纪律,自觉维护党的团结统一》(2013 年 1 月 22 日),中共中央文献研究室编:《十八大以来重要文献选编》(上),中央文献出版社 2014 年 9 月版,第131—132 页。

的、第一位的,党内监督要同有关国家机关监督、民主党派监督、群众监督、舆论监督等结合起来,形成监督合力。党内监督必须把纪律挺在前面,运用监督执纪"四种形态"。党内监督要破解"一把手"监督难题,对高级干部提出了更高的标准、更严的要求。注重加强党内政治文化建设,倡导清清爽爽的同志关系、规规矩矩的上下级关系,让党内关系全面回归正常化、纯洁化,促进政治生态的山清水秀。坚持以零容忍态度惩治腐败,"老虎""苍蝇"一起打,着力扎紧制度的笼子,实现了中央和国家机关纪检和监察机构派驻全覆盖和巡视全覆盖。深入推进反腐败斗争,持续保持高压态势,做到零容忍的态度不变、猛药去疴的决心不减、刮骨疗毒的勇气不泄、严厉惩处的尺度不松,凡腐必反,除恶务尽。努力形成不敢腐、不能腐、不想腐的有效机制。

党的十九大提出的新时代党的建设总要求和加强党的政治建设的战略部署,为进一步开创党的政治建设新局面指明了前进方向,提供了行动纲领。中央出台《中共中央政治局贯彻落实中央八项规定的实施细则》和《中共中央政治局关于加强和维护党中央集中统一领导的若干规定》。2018年8月,重新修订了《中国共产党纪律处分条例》。

回顾改革开放40多年,我们党加强党的政治建设的主要经验是:在政治纲领方面,从社会主义初级阶段理论出发,坚定党的共产主义远大理想和中国特色社会主义的共同理想;在政治路线方面,坚持"一个中心、两个基本点"这条党的基本路线不动摇,坚持改革开放,不断推进中国特色社会主义伟大事业;在政治纪律方面,维护党章权威,坚持党中央权威和集中统一领导,坚持民主集中制,贯彻"四个服从";在严肃党内政治生活方面,强化"四个意识",加强作风建设,加强党内监督,净化党内政治生态;在政治思想教育方面,加强理想信念教育,运用好全党整风和集中教育,树立中国特色社会主义核心价值观,加强党员干部的党性锻炼,不断提高政治觉悟和政治能力。

（原载于《前线》2018年第11期,收入本书时略有修改）

新型政党制度是一个伟大政治创造

习近平总书记在 2018 年 3 月 4 日看望参加全国政协会议的民盟、致公党、无党派人士、侨联界委员时讲话指出,中国共产党领导的多党合作和政治协商制度作为我国一项基本政治制度,是中国共产党、中国人民和各民主党派、无党派人士的伟大政治创造,是从中国土壤中生长出来的新型政党制度。① 习近平总书记对于我国基本政治制度和政党制度的最新论述深化了我们对于中国特色社会主义制度的认识和理解,增强了我们的"四个自信"。

一、从中国土壤中生长出来的新型政党制度

政党制度是一个国家关于政党及其活动规范的总称,其内涵包括一个国家的各个政党在政治生活中所处的法律地位,政党同国家权力的关系,政党对政治生活的影响,政党自身的运转方式和模式,政党在行使国家政权、参与国家政权或干预政治的活动方式、方法、规则和程序,还包括各个政党在掌握国家政治权力时逐渐形成的一种权力、地位划分的类型和模式。政党制度是以政治制度为基础的,是在一定的政治制度环境或条件下产生的,是政治制度的重要组成部分。从狭义上讲,政治制度就是关于国家政权组织形式和管理形式及有关国家政治活动体制、机制的一整套规范体系。它主要包括国体、政体、国家结构形式、政党与政党制度、选举制度和决策过程等政治行为规范、公民的权利和义务等。因为政党是国家政治行为的主体,

---

① 参见《习近平在看望参加政协会议的民盟致公党无党派人士侨联界委员时强调 坚持多党合作发展社会主义民主政治 为决胜全面建成小康社会而团结奋斗》,《人民日报》2018 年 3 月 5 日第 1 版。

在国家政治活动和政治运作中处于中心地位,因此政党制度是国家政治制度中的关键成分。中国特色社会主义制度是由根本制度、基本制度和具体制度构成的一个完整的体系。中国特色社会主义的根本政治制度是人民代表大会制度,中国实行工人阶级领导的、以工农联盟为基础的人民民主专政的国体,实行人民代表大会制度的政体;基本政治制度包括中国共产党领导的多党合作和政治协商制度、民族区域自治制度、基层群众自治制度,中国特色社会主义法律体系,以公有制为主体、多种所有制经济共同发展的基本经济制度;还有政治体制、经济体制、文化体制、社会体制、生态文明体制等具体制度。在坚持根本政治制度、基本政治制度的基础上,不断推进制度体系完善和发展。中国共产党领导的多党合作和政治协商制度是我国基本政治制度之一,是中国特色社会主义的新型政党制度,它在中国特色社会主义制度体系中具有十分重要的意义。习近平总书记在庆祝全国人民代表大会成立 60 周年大会上的讲话中说过:"各国国情不同,每个国家的政治制度都是独特的,都是由这个国家的人民决定的,都是在这个国家历史传承、文化传统、经济社会发展的基础上长期发展、渐进改进、内生性演化的结果。中国特色社会主义政治制度之所以行得通、有生命力、有效率,就是因为它是从中国的社会土壤中生长起来的。中国特色社会主义政治制度过去和现在一直生长在中国的社会土壤之中,未来要继续茁壮成长,也必须深深扎根于中国的社会土壤。"①作为中国特色社会主义政治制度重要组成部分的新型政党制度——中国共产党领导的多党合作和政治协商制度,是在中国独特的国情条件下、在中国的社会土壤中成长起来的,植根于中国历史文化,产生于近代以后中国人民革命的伟大斗争,发展于中国特色社会主义光辉实践,具有鲜明中国特色,是中国共产党、中国人民和各民主党派、无党派人士的伟大政治创造。习近平总书记用了"三个新"来描述这一新型政党制度的特点,说它是新型政党制度,新就新在它是马克思主义政党理论同中国实际相结合的产物,能够真实、广泛、持久代表和实现最广大人民根本利益、

---

① 习近平:《在庆祝全国人民代表大会成立 60 周年大会上的讲话》(2014 年 9 月 5 日),人民出版社 2014 年 9 月版,第 16 页。

全国各族各界根本利益,有效避免了旧式政党制度代表少数人、少数利益集团的弊端;新就新在它把各个政党和无党派人士紧密团结起来、为着共同目标而奋斗,有效避免了一党缺乏监督或者多党轮流坐庄、恶性竞争的弊端;新就新在它通过制度化、程序化、规范化的安排集中各种意见和建议、推动决策科学化民主化,有效避免了旧式政党制度囿于党派利益、阶级利益、区域和集团利益决策施政导致社会撕裂的弊端。它不仅符合当代中国实际,而且符合中华民族一贯倡导的天下为公、兼容并蓄、求同存异等优秀传统文化,是对人类政治文明的重大贡献。① 这"三个新"实际上也充分彰显了这一新型政党制度的优越性,彰显了中国特色社会主义制度的优越性。

二、建立新型政党制度也是中国共产党人的初心

在历史上是先有政党然后才有政党制度。政党是人类社会历史发展到一定阶段的产物。近代真正意义上的政党是在欧洲和北美资产阶级革命过程中产生的。英国在 1688 年"光荣革命"前后产生了"辉格党"和"托利党"两党,到 19 世纪 30 年代以后逐渐演变成为自由党和保守党,20 世纪 20 年代自由党内部分裂,后来英国工党取代了自由党的地位。18 世纪 70 年代美国独立后在美国议会中出现了联邦党和反联邦党两大政治派别,到 19 世纪 60 年代演变成美国的民主党和共和党。资产阶级政党是随着资本主义生产关系的发展,在资本主义取得国家统治权和建立资本主义议会制度的条件下产生的。

1840 年鸦片战争后,中国逐步成为半殖民地半封建社会。那个时代,为了挽救民族危亡、实现民族振兴,中国人民和无数仁人志士孜孜不倦寻找着适合国情的政治制度模式。民主革命的先行者孙中山先生 1905 年领导成立了中国第一个资产阶级的政党—中国同盟会,1912 年同盟会改组为中国国民党。辛亥革命后到中国共产党成立之前,在中国出现了两三百个政党,中国尝试过君主立宪、帝制复辟、议会制、多党制、总统制等各种形式,

---

① 参见《习近平在看望参加政协会议的民盟致公党无党派人士侨联界委员时强调 坚持多党合作发展社会主义民主政治 为决胜全面建成小康社会而团结奋斗》,《人民日报》2018 年 3 月 5 日第 1 版。

各种政治势力及其代表人物纷纷登场,各种名目的改良主义、旧式农民战争、资产阶级革命派领导的民主主义革命、照搬西方政治制度模式的各种方案,都不能完成中华民族救亡图存和反帝反封建的历史任务。

中国共产党的诞生是开天辟地的大事件。中国共产党把马克思列宁主义同中国革命的具体实际相结合,将马克思列宁主义的革命理论同中国工人阶级的革命运动和具体实践结合起来,领导全国各族人民进行艰苦卓绝的革命斗争,终于彻底推翻了帝国主义、封建主义、官僚资本主义三座大山,建立了人民当家作主的新中国,亿万中国人民从此成为国家和社会的主人,实现中国人民当家作主,走向中华民族伟大复兴。

解放战争到了 1948 年,人民解放军取得节节胜利,中国革命已达到一个历史的转折点,迎来了前所未有的新高潮。4 月 27 日,毛泽东给中共北平市委书记刘仁去信,让他明确告诉北平的民主人士,我党准备邀请他们来解放区召开各民主党派、各人民团体代表会议,讨论关于召开人民代表大会成立民主联合政府问题,讨论关于加强各民主党派各人民团体的合作及纲领政策问题,会议的名称拟称为"政治协商会议"。4 月 30 日,毛泽东在河北平山县城南庄主持召开中共中央书记处扩大会议,讨论通过中共中央纪念"五一"劳动节口号。毛泽东在审阅这二十三条口号时,将第五条改写为:"各民主党派、各人民团体、各社会贤达迅速召开政治协商会议,讨论并实现召集人民代表大会,成立民主联合政府。"①"五一"口号的提出,揭开了筹建新中国的序幕。

为了促进召开新政协主张的实现,毛泽东于 1948 年 5 月 1 日又致信民革中央主席李济深和民盟负责人沈钧儒,征求他们的意见。信中说:"在目前形势下,召集人民代表大会,成立民主联合政府,加强各民主党派、各人民团体的相互合作,并拟订民主联合政府的施政纲领,业已成为必要,时机亦已成熟。"②2018 年是"五一口号"发布 70 周年,中国共产党和各民主党派要弘扬优良传统,纪念这一重要的历史节点。

---

① 《建党以来重要文献选编(1921—1949)》第 25 册,中央文献出版社 2011 年 6 月版,第 283—284 页。

② 《毛泽东文集》第五卷,人民出版社 1996 年 8 月版,第 90 页。

1949 年 9 月 21 日至 30 日,中国人民政治协商会议第一届全体会议召开。会议代表全国各族人民意志,代行全国人民代表大会职权,通过了具有临时宪法性质的《中国人民政治协商会议共同纲领》,选举中国人民政治协商会议全国委员会和中华人民共和国中央人民政府委员会,宣告中华人民共和国的成立。这标志着 100 多年来中国人民争取民族独立和人民解放运动取得了历史性的伟大胜利,标志着爱国统一战线和全国人民大团结在组织上完全形成,标志着中国共产党领导的多党合作和政治协商制度正式确立。

政党制度的设计和发展,和国家的政治制度一样,都必须坚持从国情出发、从实际出发,既要把握长期形成的历史传承,又要把握走过的发展道路、积累的政治经验、形成的政治原则,还要把握现实要求、着眼解决现实问题,不能割断历史。建立中国共产党领导的多党合作和政治协商制度,是中国共产党的初心,习近平总书记说:我们应该不忘多党合作建立之初心,坚定不移走中国特色社会主义政治发展道路,把我国社会主义政党制度坚持好、发展好、完善好。①

三、新型政党制度的本质是中国特色社会主义协商民主

新型政党制度的本质是中国特色社会主义协商民主。2018 年 3 月 4 日,习近平总书记看望参加全国政协会议的民盟、致公党、无党派人士、侨联界委员时讲话强调:中国共产党历来高度重视多党合作。中国共产党领导的多党合作和政治协商制度,既强调中国共产党的领导,也强调发扬社会主义民主。政治协商、民主监督、参政议政,就是这种民主最基本的体现。坚持中国共产党的领导,不是不要民主了,而是要形成更广泛、更有效的民主。②

---

① 参见《习近平在看望参加政协会议的民盟致公党无党派人士侨联界委员时强调 坚持多党合作发展社会主义民主政治 为决胜全面建成小康社会而团结奋斗》,《人民日报》2018 年 3 月 5 日第 1 版。

② 参见《习近平在看望参加政协会议的民盟致公党无党派人士侨联界委员时强调 坚持多党合作发展社会主义民主政治 为决胜全面建成小康社会而团结奋斗》,《人民日报》2018 年 3 月 5 日第 1 版。

社会主义协商民主，是中国社会主义民主政治的特有形式和独特优势，是中国共产党的群众路线在政治领域的重要体现。协商民主是中国社会主义民主政治中独特的、独有的、独到的民主形式。协商民主是中国共产党、各民主党派和中国人民在中国革命、建设、改革的长期实践中共同创造出来的，中国共产党领导人民实行人民民主，就是保证和支持人民当家作主。实行人民民主，保证人民当家作主，要求我们在治国理政时在人民内部各方面进行广泛商量。"涉及全国各族人民利益的事情，要在全体人民和全社会中广泛商量；涉及一个地方人民群众利益的事情，要在这个地方的人民群众中广泛商量；涉及一部分群众利益、特定群众利益的事情，要在这部分群众中广泛商量；涉及基层群众利益的事情，要在基层群众中广泛商量"。① 坚持协商于决策之前和决策实施之中。要推动协商民主广泛、多层、制度化发展，统筹推进政党协商、人大协商、政府协商、政协协商、人民团体协商、基层协商以及社会组织协商。

人民是否享有民主权利，要看人民是否在选举时有投票的权利，也要看人民在日常政治生活中是否有持续参与的权利；要看人民有没有进行民主选举的权利，也要看人民有没有进行民主决策、民主管理、民主监督的权利。人民只有投票的权利而没有广泛参与的权利，人民只有在投票时被唤醒、投票后就进入休眠期，这样的民主是形式主义的。所以说，中国社会主义协商民主丰富了民主的形式，拓展了民主的渠道，加深了民主的内涵。

习近平总书记指出："新时代多党合作舞台极为广阔，要用好政党协商这个民主形式和制度渠道，有事多商量、有事好商量、有事会商量，通过协商凝聚共识、凝聚智慧、凝聚力量。完善政党协商制度决不是搞花架子，要做到言之有据、言之有理、言之有度、言之有物，真诚协商、务实协商，道实情、建良言，参政参到要点上，议政议到关键处，努力在会协商、善议政上取得实效。"②

---

① 习近平：《在庆祝全国人民代表大会成立 60 周年大会上的讲话》（2014 年 9 月 5 日），人民出版社 2014 年 9 月版，第 14 页。
② 参见《习近平在看望参加政协会议的民盟致公党无党派人士侨联界委员时强调 坚持多党合作发展社会主义民主政治 为决胜全面建成小康社会而团结奋斗》，《人民日报》2018 年 3 月 5 日第 1 版。

中国共产党领导的多党合作和政治协商制度这一新型政党制度要求，巩固和发展爱国统一战线，要高举爱国主义、社会主义旗帜，牢牢把握大团结大联合的主题，坚持一致性和多样性统一，找到最大公约数，画出最大同心圆。坚持长期共存、互相监督、肝胆相照、荣辱与共，支持民主党派按照中国特色社会主义参政党要求更好履行职能。

四、不"输入"外国模式，也不"输出"中国模式

新型政党制度的作用和功能不仅仅体现在国内的政治活动和政治运作中，也体现在国际上政党合作和国际交往中。新型政党关系是新型政党制度中的重要组成部分。习近平总书记 2017 年 12 月 1 日在中国共产党与世界政党高层对话会上的主旨讲话中说，"政党在国家政治生活中发挥着重要作用，也是推动人类文明进步的重要力量"[1]，"当前，世界格局在变，发展格局在变，各个政党都要顺应时代发展潮流、把握人类进步大势、顺应人民共同期待，把自身发展同国家、民族、人类的发展紧密结合在一起"。[2]

我们要探索在新型国际关系的基础上建立求同存异、相互尊重、互学互鉴的新型政党关系，搭建多种形式、多种层次的国际政党交流合作网络，汇聚构建人类命运共同体的强大力量。习近平总书记在讲话中倡议，世界各国政党同我们一道，做世界和平的建设者、全球发展的贡献者、国际秩序的维护者；世界各国政党同我们一道，为世界创造更多合作机会，努力推动世界各国共同发展繁荣；将中国共产党与世界政党高层对话会机制化，使之成为具有广泛代表性和国际影响力的高端政治对话平台；面向未来，中国共产党愿同世界各国政党加强往来，分享治党治国经验，开展文明交流对话，增进彼此战略信任，同世界各国人民一道，推动构建人类命运共同体，携手建设更加美好的世界！

中国共产党历来强调树立世界眼光，积极学习借鉴世界各国人民创造的文明成果，并结合中国实际加以运用。建立新型政党制度时我们需要借

---

[1]　习近平：《携手建设更加美好的世界——在中国共产党与世界政党高层对话会上的主旨讲话》(2017 年 12 月 1 日)，人民出版社 2017 年 12 月版，第 2 页。

[2]　习近平：《携手建设更加美好的世界——在中国共产党与世界政党高层对话会上的主旨讲话》(2017 年 12 月 1 日)，人民出版社 2017 年 12 月版，第 7 页。

鉴国外政治文明有益成果,但绝不能放弃中国政治制度和政党制度的根本。习近平总书记曾经说过:"我们应该秉持兼容并蓄的态度,虚心学习他人的好东西,在独立自主的立场上把他人的好东西加以消化吸收,化成我们自己的好东西,但决不能囫囵吞枣、决不能邯郸学步。照抄照搬他国的政治制度行不通,会水土不服,会画虎不成反类犬,甚至会把国家前途命运葬送掉。只有扎根本国土壤、汲取充沛养分的制度,才最可靠、也最管用"。① 在政治制度上,看到别的国家有而我们没有就简单认为我们的制度有欠缺,要把外国的制度搬过来;或者,看到我们有而别的国家没有就简单认为我们的制度是多余的,要去除掉。这两种观点都是简单化的、片面的,因而都是不正确的。在这次中国共产党与世界政党高层对话会上,习近平总书记指出,"我们不'输入'外国模式,也不'输出'中国模式,不会要求别国'复制'中国的做法"②。习近平总书记提出的不"输入"也不"输出"模式的理论是新型政党制度的重要组成部分,为各国政党交往提供了新的指导方针,为世界政党关系理论作出了新贡献,为政党政治学理论作出了新贡献。

习近平总书记关于新型政党制度的论述是习近平新时代中国特色社会主义思想的重要组成部分,这一论述是对马克思列宁主义关于政党制度理论的继承和发展,是对中国特色社会主义道路、制度、理论体系和文化的认识深化和实践创新,是马克思主义中国化的重要理论成果,是 21 世纪马克思主义的最新发展成果。我们要认真学习、深刻领会这一理论,在国内政党活动和处理世界政党关系的实践中贯彻落实这一理论,推进国家治理体系和治理能力现代化,推进政党治理和全球治理的现代化。

(原载于《中国党政干部论坛》2018 年第 4 期,《新华文摘》2018 年第 15 期全文转载,题目改为《深入理解中国共产党领导的多党合作和政治协商制度》)

---

① 习近平:《在庆祝全国人民代表大会成立 60 周年大会上的讲话》(2014 年 9 月 5 日),人民出版社 2014 年 9 月版,第 15—16 页。

② 习近平:《携手建设更加美好的世界——在中国共产党与世界政党高层对话会上的主旨讲话》(2017 年 12 月 1 日),人民出版社 2017 年 12 月版,第 8 页。

人民拥护和支持是党执政的最牢根基

一、群众组织力是我党的执政能力和国家治理能力的具体体现

党的群众组织力，一般而论，就是党依靠群众、动员群众、组织群众进行物质生产活动、精神文化活动、革命斗争和社会变革活动的能力。在当前，党的群众组织力就是党依靠群众、动员群众、组织群众进行伟大斗争、建设伟大工程、推进伟大事业、实现伟大梦想的能力。群众组织力是我们党的执政能力和国家治理能力的具体体现。

历史唯物主义认为，人民群众是真正的英雄，是历史的创造者，是社会发展前进的动力。得民心者得天下，失民心者失天下，这是历史的铁律。中国共产党是以人民为中心的政党，其宗旨就是全心全意为人民服务，中国共产党成就的伟业都是在人民群众的参与和支持下取得的。人民拥护和支持是党执政的最牢根基。人心向背关系党的生死存亡。我们党只有始终与人民群众心连心、同呼吸、共命运，始终依靠人民群众推动历史前进，才能夯实党的执政基础，巩固党的执政地位，遇到各种风浪和挑战时，才会安如泰山、坚如磐石。

二、群众组织力是我党的光荣传统和制胜法宝，也是我党永葆旺盛生命力和强大战斗力的重要原因

习近平总书记指出，"历史和现实都告诉我们，密切联系群众，是党的性质和宗旨的体现，是中国共产党区别于其他政党的显著标志，也是党发展壮大的重要原因；能否保持党同人民群众的血肉联系，决定着党的事业的成败。"[①]

---

① 习近平：《在党的群众路线教育实践活动工作会议上的讲话》(2013 年 6 月 18 日)，中共中央文献研究室编：《十八大以来重要文献选编》(上)，中央文献出版社 2014 年 9 月版，第 309 页。

回望我们党的历史,凡是我们依靠群众、动员群众、组织群众做得好,我们的革命事业就能成功,就能取得胜利。

红军打胜仗,人民是靠山。长征是宣言书,长征是宣传队,长征是播种机。我们党始终植根于人民,联系群众、武装群众、团结群众、依靠群众,以自己的行动,赢得人民群众真心拥护和支持,广大人民群众是长征胜利的力量源泉。

中国人民抗日战争胜利的重要法宝是广大人民群众参与的全民族抗战。中国共产党坚持动员人民、依靠人民,提出和实施持久战的战略总方针和一整套人民战争的战略战术,广泛开展伏击战、破袭战、地雷战、地道战、麻雀战等游击战的战术战法,使日本侵略者陷入了人民战争的汪洋大海之中。

在解放战争的三大战役中,党在人民群众中进行了巨大的动员和组织工作,充分调动各方面的力量来支援这场空前规模的大决战。人民群众用肩挑、车推、驴驮、船运等方法,从千里之外将大量的粮食、弹药等军需物资源源不断地运到前线,将伤病员送往后方医治。当时华东野战军司令员陈毅曾深情地说:"淮海战役的胜利,是人民群众用小车推出来的。"

三、增强群众组织力,要学会和掌握组织群众的规律,向群众学习、把群众的利益放在第一位

新时代下,增强群众组织力,重要的是学会和掌握组织群众的规律。邓小平同志 1943 年在《根据地建设与群众运动》一文中指出:"群众运动有其自身的规律,党在指导群众运动中,必须掌握住这种规律。"①什么是我们指导根据地群众运动应掌握的规律呢? 第一是发动群众,在发动群众中组织群众、武装群众;第二是在发动群众之后,立即注意整理与健全群众组织生活;第三是在发动与组织群众中注意群众的政治教育,在发动与组织任务完成之后,应将重心转入教育群众;第四是把群众的经济斗争政治斗争约束于

---

① 邓小平:《根据地建设与群众运动》,《邓小平文选》第一卷,人民出版社 1994 年 10 月版,第 67 页。

统一战线范围之内。

邓小平同志讲的这四点在今天仍然具有很强的现实意义。我们应结合新时代中国特色社会主义下群众的特点和实际，深入研究和掌握组织群众的规律，按照组织群众的规律想问题、做事情，才能有效开展工作、达到预定目的。

除此之外，增强群众组织力，还应做到以下三点：一是向群众学习。人民群众最聪明、最有智慧，我们要当好群众的学生，在人民群众中汲取智慧和精神营养。二是把群众的利益放在第一位，想人民群众之所想，急人民群众之所急，关心群众的疾苦，做让人民群众满意的事。三是转变作风，和人民群众打成一片，想在一起、干在一起。带着群众干，干给群众看，人民群众才能组织起来和你一起干。

（原载于《人民日报》2017 年 11 月 6 日第 11 版，
收入本书时略有修改）

全面从严治党是完成
历史使命的根本保证

实现中华民族伟大复兴是中华民族近代以来最伟大的梦想，也是中国共产党的历史使命。在以习近平同志为核心的党中央领导下，我们前所未有地接近实现中华民族伟大复兴的目标。习近平总书记强调，党要团结带领人民进行伟大斗争、推进伟大事业、实现伟大梦想，必须毫不动摇坚持和完善党的领导，毫不动摇推进党的建设新的伟大工程，把党建设得更加坚强有力。

加强政治建设，全面加强党的领导，增强党的凝聚力、战斗力和领导力、号召力。党政军民学，东西南北中，党是领导一切的。广大党员干部要严格遵守政治纪律和政治规矩，维护党中央权威，维护党的团结和集中统一领导，牢固树立政治意识、大局意识、核心意识、看齐意识，在思想上政治上行动上始终同以习近平同志为核心的党中央保持高度一致。

加强理想信念教育，坚守共产党人的精神家园。共产主义远大理想和中国特色社会主义共同理想，是中国共产党人的精神支柱和政治灵魂。广大党员干部必须毫不动摇坚持马克思主义指导地位，认真学习马克思列宁主义、毛泽东思想和中国特色社会主义理论体系，认真学习习近平新时代中国特色社会主义思想，补足精神之"钙"。

坚持思想建党和制度治党紧密结合，把制度建设贯穿于党的建设的方方面面和全过程。党的十八大以来，党中央制定和修订了一批党内法规，使制度的笼子越扎越紧。《中国共产党巡视工作条例》《中国共产党问责条例》《中国共产党廉洁自律准则》《中国共产党纪律处分条例》等党内法规的颁布施行，使全面从严治党有规可循、有据可依。特别是党的十八届六中全会通过的《关于新形势下党内政治生活的若干准则》和《中国共产党党内监督条例》，为新形势下加强和规范党内政治生活、加强党内监督提供了重要制度遵循。

坚持从严治吏，抓好领导干部这个"关键少数"。坚持正确选人用人导向，选拔任用干部必须坚持德才兼备、以德为先，坚持五湖四海、任人唯贤，坚持信念坚定、为民服务、勤政务实、敢于担当、清正廉洁的好干部标准。领导干部要严格自律、慎独慎微，从自己做起，从身边人管起。

保持反腐败斗争压倒性态势。党的十八大闭幕后不久，中央政治局就制定出台八项规定，发出正风肃纪、从严治党的强烈信号。党的十八大以来，党中央以壮士断腕的决心刮骨疗毒、猛药去疴，坚持有腐必反、有贪必肃，使腐败蔓延势头得到有效遏制。坚持全面从严治党，就要保持反腐败斗争压倒性态势，不断赢得党心民心。

（原载于《人民日报》2017 年 9 月 20 日第 19 版，收入本书时略有修改）

旗帜鲜明讲政治是我们党的优良传统

习近平总书记在党的十九大报告中强调："把党的政治建设摆在首位。"①

旗帜鲜明讲政治是我们党作为马克思主义政党的根本要求。中国共产党自成立之日起就公开地表明自己的政治立场，党的一大《中国共产党第一个纲领》就指明中国共产党是以马克思主义为指针、以共产主义为奋斗目标的党。《中国共产党第二次全国代表大会宣言》提出了党的最高纲领和最低纲领，最高纲领是"要组织无产阶级，用阶级斗争的手段，建立劳农专政的政治，铲除私有财产制度，渐次达到一个共产主义的社会"；最低纲领是：消除内乱，打倒军阀，建设国内和平；推翻国际帝国主义的压迫，达到中华民族完全独立；统一中国为真正的民主共和国。因此，中国共产党领导中国革命的道路是分两步走，第一步是进行反帝反封建的新民主主义革命，第二步是进行无产阶级革命，最终实现共产主义。党的七大在党章中规定："中国共产党，以马克思列宁主义的理论与中国革命的实践统一的思想——毛泽东思想，作为自己一切工作的指针，反对任何教条主义的或经验主义的偏向。"鲜明地表明了我们党的政治纲领、政治方向和政治立场。

旗帜鲜明讲政治是中国共产党的优良传统。早在井冈山时期，工农红军就"经过政治教育，红军士兵都有了阶级觉悟，都有了分配土地、建立政

① 习近平：《决胜全面建成小康社会　夺取新时代中国特色社会主义伟大胜利——在中国共产党第十九次全国代表大会上的报告》（2017 年 10 月 18 日），人民出版社2017 年 10 月版，第 62 页。

权和武装工农等项常识,都知道是为了自己和工农阶级而作战"①。著名的古田会议是我们政治建军、思想建军同时也是政治建党、思想建党的光辉范例。会议特别强调要纠正红军中和党内的错误思想,把讲政治摆在首位,特别强调党指挥枪。"从教育上提高党内的政治水平,肃清单纯军事观点的理论根源,认清红军和白军的根本区别"②。1939 年 10 月,毛泽东同志在《〈共产党人〉发刊词》中将党的建设和统一战线、武装斗争一起列为党领导中国革命取得胜利的三大法宝。他特别强调,18 年来,党的建设过程,党的布尔什维克化的过程,是同党的政治路线密切地联系着的。在社会主义革命和建设、改革开放和中国特色社会主义的实践中我们党同样是把讲政治摆在首位。毛泽东同志说:"没有正确的政治观点,就等于没有灵魂。"③邓小平同志说:"改革,现代化科学技术,加上我们讲政治,威力就大多了。到什么时候都得讲政治,外国人就是不理解后面这一条。"④政治包括政治方向、政治立场、政治观点、政治纪律、政治鉴别力、政治敏锐性。没有离开政治的经济,也没有离开经济的政治。没有强有力的政治保证,经济建设是搞不好的。

旗帜鲜明讲政治是全面从严治党的必然要求。习近平总书记强调:我们党作为马克思主义政党,必须旗帜鲜明讲政治,严肃认真开展党内政治生活。讲政治,是我们党补钙壮骨、强身健体的根本保证,是我们党培养自我革命勇气、增强自我净化能力、提高排毒杀菌政治免疫力的根本途径。⑤ 讲政治首先就要牢固树立政治理想,对马克思主义的信仰,对社会主义和共产主义的信念,是共产党人的政治灵魂,是共产党人经受住任何考验的精神支

---

① 毛泽东:《井冈山的斗争》,《毛泽东选集》第一卷,人民出版社 1991 年 6 月版,第 64 页。

② 毛泽东:《关于纠正党内的错误思想》,《毛泽东选集》第一卷,人民出版社 1991 年 6 月版,第 87 页。

③ 毛泽东:《关于正确处理人民内部矛盾》(1957 年 2 月 27 日),中共中央文献研究室编:《建国以来重要文献选编》第 10 册,中央文献出版社 2011 年 6 月版,第 76 页。

④ 邓小平:《视察天津时的谈话》,《邓小平文选》第三卷,人民出版社 1993 年 10 月版,第 166 页。

⑤ 参见《习近平在省部级主要领导干部学习贯彻十八届六中全会精神专题研讨班开班式上发表重要讲话强调 以解决突出问题为突破口和主要抓手 推动党的十八届六中全会精神落到实处》,《人民日报》2017 年 2 月 14 日第 1 版。

柱。讲政治就要坚定把握政治方向,自觉维护党中央权威,维护党中央集中统一领导,在思想上政治上行动上同以习近平同志为核心的党中央保持高度一致。讲政治就要始终站稳以人民为中心的政治立场,与人民群众保持密切的联系。讲政治就要坚决遵守政治纪律和政治规矩,党章是全党必须遵循的总章程,也是总规矩。政治纪律更是全党在政治方向、政治立场、政治言论、政治行动方面必须遵守的刚性约束。同时,我们要严肃党内政治生活,形成健康的政治文化,培育良好的政治生态。领导干部还要增加政治历练,积累政治经验,提高政治能力。

(原载于《党建》2018 年第 3 期)

合格共产党员的标准是与时俱进的

合格共产党员的标准是原则的，也是具体的。同时，在中国革命、社会主义建设和改革开放的不同历史时期，随着我们面临的中心工作和历史任务的变化，作为一名合格共产党员的标准也是与时俱进的。

从我们党1921年成立之日起，我们党的第一个纲领就规定，"凡承认本党纲领和政策，并愿成为忠实党员的人，经党员一人介绍，不分性别、国籍，均可接收为党员，成为我们的同志。"①中国共产党第二次全国代表大会确立了党的第一个党章，在第一个党章的第四章就专门讲"纪律"，共九条，其中就有党员个人服从组织，下级机关完全执行上级机关之命令，少数绝对服从多数的内容，对于有六种情况的党员要开除出党，比如，言论行动违背本党宣言、章程和大会决议的，无故连续两次不到会，三个月欠交党费，连续四个星期不为本党服务，留党察看期满而不改悟、泄露党的秘密等都要开除出党。可见，中国共产党在建党之初就把纪律挺在前面，而且还纪律十分严格。在我们党的历史上的每一部党章中几乎有专门的章节对"党员"作出规定，说明如何成为党员和做一个合格的党员。其中共同的东西是，必须拥护党的纲领，遵守党的章程，服从党的组织，执行党的纪律。

但是，仅仅做到这些还不够。因为中国共产党是中国工人阶级的先锋队组织，党员还必须起先锋模范作用。党在不同的历史时期的中心任务不同，党员应该起的模范带头作用也不完全一样。譬如，抗日战争时期，在1938年的六届六中全会上，毛泽东提出共产党员在民族战争中各方面都应

---

① 《中国共产党第一个纲领》(1921年7月)，中共中央文献研究室编：《建党以来重要文献选编》第1册，中央文献出版社2011年6月版，第1页。

该成为模范,包括应该成为英勇作战的模范、执行命令的模范、纪律的模范、政治工作的模范与内部团结统一的模范。成为实行抗战任务的模范、多做工作少取报酬的模范,应该是实事求是的模范,又是远见卓识的模范,以及又应该成为学习的模范等等。只有共产党员"高度地发挥其先锋的模范的作用,才能动员全民族一切生动力量,为克服困难、战胜敌人、建设新中国而奋斗"①。

刘少奇同志 1939 年在《论共产党员的修养》中说,按照党章的规定,只要承认党纲、党章,交纳党费,并且在党的一个组织内担负一定工作的人,就可成为党员。不具备这些条件,就不能成为共产党的党员。"但是,我们每一个共产党员,不应该只是做一个起码的够格的党员,而应该按照党章的规定力求进步,不断提高自己的觉悟程度,努力学习马克思列宁主义。把伟大的马克思列宁主义创始人一生的言行、事业和品质,作为我们锻炼和修养的模范。"②共产党员应该具有哪些修养呢? 刘少奇认为"要有马克思列宁主义理论的修养,要有运用马克思列宁主义的立场、观点和方法去研究和处理各种问题的修养;要有无产阶级的革命战略、战术的修养;要有无产阶级的思想意识和道德品质的修养;要有坚持党内团结、进行批评和自我批评、遵守纪律的修养;要有艰苦奋斗的工作作风的修养;要有善于联系群众的修养,以及各种科学知识的修养等。我们都是共产党员,所以我们大家都无例外地需要进行上述各方面的修养。"③也就是说,只有具有了这些修养的才算合格的共产党员,不具备这些修养的就不是合格的共产党员。

1939 年 5 月 30 日,陈云同志在中国共产党中央委员会机关刊物《解放》第 72 期上发表了《怎样做一个共产党员》,文中讲了六条"共产党员的标准",陈云提出:"第一,终身为共产主义奋斗。第二,革命的利益高于一切。第三,遵守党的纪律,严守党的秘密。第四,百折不挠地执行决议。第

① 毛泽东:《中国共产党在民族战争中的地位》,《毛泽东选集》第二卷,人民出版社 1991 年 6 月版,第 523 页。
② 刘少奇:《论共产党员的修养》(1939 年 7 月),中共中央文献研究室编:《建党以来重要文献选编》第 16 册,中央文献出版社 2011 年 6 月版,第 472 页。
③ 刘少奇:《论共产党员的修养》(1939 年 7 月),中共中央文献研究室编:《建党以来重要文献选编》第 16 册,中央文献出版社 2011 年 6 月版,第 476 页。

五,群众模范。第六,学习。……只有具备以上的六个条件,才不愧称为一个良好的共产党员,才不致玷污了这伟大而光荣的党员的称号。"①

1980年12月25日,邓小平同志在中共中央工作会议上的讲话《贯彻调整方针,保证安定团结》中概括了合格共产党员应该具备的"五种精神"。邓小平同志说,"我们要建设的社会主义国家,不但要有高度的物质文明,而且要有高度的精神文明。"②精神文明不但是指教育、科学、文化,而且是指共产主义的思想、理想、信念、道德、纪律,革命的立场和原则,人与人的同志式关系等等。学习和培养这些革命精神,并不需要多么好的物质条件,也不需要多么高的教育程度。中国共产党人和革命先辈就是靠马克思主义的科学理论和革命精神走到今天的,取得了中国革命和社会主义建设一个又一个的胜利。邓小平同志把革命精神概括为"五种精神"。他说:"在长期革命战争中,我们在正确的政治方向指导下,从分析实际情况出发,发扬革命和拼命精神,严守纪律和自我牺牲精神,大公无私和先人后己精神,压倒一切敌人、压倒一切困难的精神,坚持革命乐观主义、排除万难去争取胜利的精神,取得了伟大的胜利。搞社会主义建设,实现四个现代化,同样要在党中央的正确领导下,大大发扬这些精神。如果一个共产党员没有这些精神,就决不能算是一个合格的共产党员。"③这是邓小平同志从中国革命、社会主义建设和改革开放时期我党的成长和发展的历史中提炼出的"五种精神",而且把具有这五种精神作为一个合格共产党员的标准。

正是革命领袖的这些要求,和全党党员在革命、建设和改革开放的不同历史时期中的实践和自我完善,对党员的权利和义务、模范共产党员的标准和要求越来越明确。党员的标准从怎样成为一名共产党员,到怎样成为一名合格的共产党员、模范的共产党员,标准是与时俱进、不断提高的。在党

---

① 陈云:《怎样做一个共产党员》(1939年5月30日),中共中央文献研究室编:《建党以来重要文献选编》第16册,中央文献出版社2011年6月版,第340—346页。

② 邓小平:《贯彻调整方针,保证安定团结》,《邓小平文选》第二卷,人民出版社1994年10月版,第367页。

③ 邓小平:《贯彻调整方针,保证安定团结》,《邓小平文选》第二卷,人民出版社1994年10月版,第367—368页。

的十八大通过的《中国共产党章程》中,规定了党员的八项义务和八项权利,①我认为党章中的"八项义务"就是合格共产党员的标准,你尽到了这八项义务,你就是一名合格的共产党员,你没有尽到这八项义务,你就不是一名合格的共产党员。从党章的规定来看,这八项义务非常全面,把党的历史上毛泽东、刘少奇和邓小平等领袖人物对合格党员的要求都包含在其中,这是党对自身的要求不断完善自我提升的结果,也是党章不断修订和完善的最新理论成果。

今天,我们为了实现"两个一百年"的奋斗目标,在全面建成小康社会的决胜阶段,如何在中国特色社会主义"五位一体"的总布局,"四个全面"战略布局和五大发展理念的指导下发挥好一名共产党员的作用,做一名合格的共产党员呢? 我们除了履行好党章中的八条义务外,还要做"讲政治、有信念,讲规矩、有纪律,讲道德、有品行,讲奉献、有作为"的合格共产党员。在这"四讲四有"中,"讲政治、有信念"就要求党员必须有坚定的马克思主义的信仰,社会主义和共产主义的信念,保持政治本色,树立政治意识,大局意识,核心意识,看齐意识,自觉地在思想上政治上和行动上同以习近平同志为核心的党中央保持高度一致,经常主动地向党中央看齐,向党的理论和路线方针政策看齐。"讲规矩、有纪律"就是要求党员严格遵守党章这个总规矩,还要遵守党的各项法规制度,尤其是有遵守2015年10月中央印发的《中国共产党廉洁自律准则》、《中国共产党纪律处分条例》(2018年8月重新修订),追求以德治党的最高标准,明确依规治党的"负面清单",同时做尊法学法守法用法的模范,同时也把我们党长期形成的优良传统和惯例作为规矩来践行。"讲道德、有品行"就是要求党员要弘扬和践行社会主义核心价值观,在树立社会公德、职业道德、家庭美德和个人品德方面起带头和示范作用,遵守"八项规定"、持之以恒反对"四风"。"讲奉献、有作为"就是要求党员明确"空谈误国,实干兴邦"的道理,实现"两个一百年"的目标,实现中华民族伟大复兴的中国梦,是要靠我们脚踏实地一点一点地干出来的。每一个党员都要有所作为,甘于奉献,要克服不想为、不敢为、不会为

---

① 党员的权利和义务在十九大党章中没有发生变化。——编者注

和乱作为,而是要提高本领,善作善成,用我们的辛劳和汗水把"小康社会"干出来,把富强民主文明和谐的社会主义现代化国家的蓝图变成现实。

(原载于《思想政治工作研究》2016 年第 6 期,
收入本书时略有修改)

抓住继承和创新这两个关键环节

认真学习贯彻党的十八届六中全会精神、贯彻执行好《关于新形势下党内政治生活的若干准则》，加强和规范党内政治生活，就要深入理解继承和创新的关系，抓住继承和创新这两个关键环节。

党的光荣传统要永远继承代代守护。我们党在长期实践中形成的党内政治生活的光荣传统，不论过去、现在还是将来都是党的宝贵财富。党的民主集中制的形成和发展就体现了对于党的优良传统的继承。党的二大制定的党章中就有党员个人服从组织，下级机关完全执行上级机关之命令，少数绝对服从多数的内容。1927年6月中央政治局会议通过《中国共产党第三次修正章程决案》第一次表述了党的"民主集中制"。党的六大制定和通过的党章中明确指出中国共产党的组织原则为民主集中制，而且第一次规定了民主集中制的三项根本原则。1938年10月在党的六届六中全会上，针对张国焘违反纪律、分裂红军、另立中央的严重错误，毛泽东同志提出了"个人服从组织；少数服从多数；下级服从上级；全党服从中央""四个服从"的纪律，为我们党确立中央权威，形成成熟稳定的中央领导集体和核心提供了制度保障。党的七大党章系统全面地阐发了民主集中制的科学内涵，指出"民主集中制，即是在民主基础上的集中和在集中领导下的民主"。1957年毛泽东同志在《关于正确处理人民内部矛盾的问题》一文中指出，"民主和集中的统一，自由和纪律的统一，就是我们的民主集中制。"①民主集中制在继承传统的过程中内涵不断丰富充实。我们党开展延安整风运动，遵循

---

① 毛泽东：《关于正确处理人民内部矛盾》（1957年2月27日），中共中央文献研究室编：《建国以来重要文献选编》第10册，中央文献出版社2011年6月版，第60页。

的宗旨是:惩前毖后,治病救人。整风的主要方式是开展批评和自我批评。延安整风运动,确立了实事求是的思想路线,使全党在政治上达到空前的团结和统一。在长期实践中,我们党形成了实事求是、密切联系群众、批评和自我批评三大作风。除了党的制度继承发展、不断完善外,党的优良传统和优良作风也逐渐地演变成为我们党必须遵守的规矩。

全面从严治党要求党的建设不断创新。党的十八大以来,以习近平同志为核心的党中央推进全面从严治党,坚持思想建党和制度治党紧密结合,坚定党员干部的理想信念,抓好"补钙壮骨",强调抓好党建是最大的政绩,提出了党委"全面从严治党的主体责任",坚持纪严于法、纪在法前,把纪律和规矩挺在前面,坚持从严管理干部,提出好干部的五条标准,制定出台改进工作作风、密切联系群众的"八项规定",反对"四风","把权力关进制度的笼子里",有腐必反,除恶务尽,坚持"老虎""苍蝇"一起打,严肃党内政治生活,净化党内政治生态,加强党内监督,推进巡视和派驻监督全覆盖,等等。这些都是抓住创新这个环节取得的突出成果。党的十八届六中全会通过的新准则承接1980年党的十一届五中全会通过的准则,是在继承和发扬我们党在长期实践中形成的制度规定和优良传统基础上的创新,对党的十八大以来党中央推进全面从严治党的理论和实践创新成果进行了集纳,形成了新的制度安排。

实现继承与创新的辩证统一。继承使党的血脉和红色基因得到传承,创新使党不断焕发出新的活力和旺盛的生命力。两个环节缺一不可,都要抓好。不忘初心,开创未来,我们要立足新的实际,不断从内容、形式、载体、方法、手段等方面不断进行改进和创新,善于以新的经验指导新的实践,更好发挥党内政治生活的作用,努力在全党形成又有集中又有民主、又有纪律又有自由、又有统一意志又有个人心情舒畅生动活泼的政治局面。

(原载于《求是》2017年第2期)

"两学一做"是每一名共产党员的事

"两学一做"即"学党章党规,学系列讲话,做合格共产党员"活动是中国共产党十八大以来对在全党开展的群众路线教育实践活动和"三严三实"专题教育活动成果的巩固和拓展,是"全面从严治党"向基层的延伸,是党内教育从集中性教育向经常性教育的延伸,从领导干部这些"关键少数"向广大普通党员的拓展和延伸。因此,"两学一做"活动和我们每一名党员都有关,是每一名党员的事。

党的十八大以来,中国共产党"全面从严治党"打出了一系列"组合拳"。首先是中央政治局身体力行,率先垂范,推出了"八项规定",中央各部委,各省市区直到县乡的各级领导干部都严格执行。以"为民、务实、清廉"为主题的"群众路线教育实践活动",主要是在领导干部中开展反对"官僚主义、形式主义、享乐主义和奢靡之风"。"三严三实"是面对副处级以上领导干部的一次专题教育活动,主要是解决领导干部修身、律己、用权严不严,谋事、创业、做人实不实的问题。这些教育活动都是针对领导干部的,但是,这次"两学一做"是面对全体党员的一次教育活动,通过学习党章党规,学习习近平总书记十八大以来的系列重要讲话,让每一名党员都成为合格的共产党员,这不仅仅是领导干部的事,而是每一名党员的事,人人都要把自己摆进去,人人都得学好做好,人人都要用共产党员的标准来要求自己。

"两学一做"的基础在学。首先是要求每一名党员学好党章。党章是我们党的总章程、总规矩。建党之初,在党的一大时就通过了我们党的第一个纲领,党的二大颁布了中国共产党的第一部党章,到十八大是第十七次颁布和修改党章。党章的修订体现了党自身的理论的不断发展,自身建设的不断完善。十八大颁布的党章是我们党 90 多年历史发展的道路、理论、制度、宗旨观念，纪律作风的结晶。由"总纲"加十一章、五十三条所组成①，简单明了，纲举目张。学党章重点要学好"总纲""党员""党的干部""党的组织制度""党的纪律"等章节，学好党章可以强党性，明是非，守纪律，懂规矩。党章的"党员"一章中规定了党员必须履行八项义务，享有八项权利。八项义务其实就是合格共产党员的八条标准，履行好这八项义务就是一名合格的共产党员。但是，作为党员领导干部，仅仅做到这八条还不够，除了做一名合格的党员外，还必须符合更高的要求，具备相关的领导素质和能力，因此，党章的第六章中提出了"党的干部"必须具备的六个条件。其次，要求每一名党员学好党规。除了党章之外，我们党还有大量的准则、条例、意见等法规，和普通党员工作生活密切相关的就有30个左右。我们需要重点学习的就是2015年10月颁布的《中国共产党廉洁自律准则》和《中国共产党纪律处分条例》(2018年8月重新修订)，前者是高标准，努力的目标；后者是硬约束，是不可触碰的底线，二者在一起是完美的结合。第三，要求每一名党员学好十八大以来习近平总书记的系列重要讲话。以习近平同志为核心的党中央治国理政的新理念新思想新战略就体现在系列重要讲话中，"两个一百年"的奋斗目标，中华民族伟大复兴的中国梦，中国特色社会主义"五位一体"的总体布局，"四个全面"的战略布局，五大发展理念，适应把握引领中国经济新常态，供给侧结构性改革，"一带一路"倡议，京津冀协同发展，长江经济带，等等，我们要领悟好重大思想理论观点，掌握好科学的思想方法和工作方法。同时要把学习系列重要讲话与学习马列原著原典结合起来、与学习毛泽东思想、邓小平理论、"三个代表"重要思想和科学发展观结合起来，与学好党史国史结合起来。

"两学一做"的关键在做。学的目的和落脚点是在做上，要做合格的共产党员。首先，做合格的共产党员，在当前的情况下，就是要增强政治意识、大局意识、核心意识、看齐意识，向党中央看齐，向党的路线方针政策看齐，在思想上政治上和行动上与以习近平同志为核心的党中央保持高度一致。其次，做合格共产党员，就是要做到"四讲四有"，即讲政治，有信念；讲规

---

① 十九大新修订的党章是五十五条。——编者注

矩,有纪律;讲道德,有品行;讲奉献,有作为。就是要有坚定的理想信念,严守政治纪律政治规矩,践行社会主义核心价值观,敢于负责,勇于担当。

"两学一做"突出的是要让基层党组织的每一名党员受教育,重点是放在基层、放在每一名党员上;突出的是对每一名党员进行经常性教育,抓在日常,严在经常。通过"两学一做",要提振每一名党员的精气神,激发每一名党员干事创业的热情和活力。

"两学一做"要有强烈的问题意识,以问题为导向,带着问题学,针对问题改,从一些小问题着手,从小至大,一点一点地改。例如,要求每一名党员先从按时按量交党费做起,解决一些党员不像党员、不在组织、不起作用、不守规矩的问题,还要解决党员和基层干部不愿为、不想为、不会为、不善为和乱作为的问题,要通过"两学一做",学习见成效,落实到实处,推动本单位本部门的工作。

（原载于《人民政协报》2016 年 5 月 12 日第 4 版,

收入本书时略有修改）

新时代党支部建设和
基层党建的基本遵循

　　2018 年 9 月 21 日,习近平总书记主持中央政治局会议,审议《中国共产党支部工作条例(试行)》和《2018—2022 年全国干部教育培训规划》,10月 28 日以中共中央文件的形式印发了《中国共产党支部工作条例(试行)》(以下简称《条例》),11 月 26 日人民日报头版头条全文发表了《条例》①。《条例》以习近平新时代中国特色社会主义思想为指导,既发扬了我们党长期积累的党支部建设优良传统和宝贵经验,又体现了党的十八大以来基层创造的好做法好经验。加强党的组织建设,使党支部工作标准化、规范化,《条例》是党的十九大以后党的建设又一新的举措,是把全面从严治党落实到支部的重要抓手,为新时代党支部建设和基层党建提供了基本遵循。

一、《条例》是坚持和践行习近平新时代中国特色社会主义思想、贯彻落实十九大精神的具体体现

　　习近平总书记在党的十九大报告中提出了新时代党的建设总要求,特别强调要坚持和加强党的全面领导,以党的政治建设为统领,不断提高党的建设质量。习近平总书记在十九大报告中就加强党的基层组织建设做了专门的论述,强调党的基层组织是确保党的路线方针政策和决策部署贯彻落实的基础。加强基层组织建设涉及七个方面的重要内容:(1)要以提升组织力为重点,突出政治功能,把企业、农村、机关、学校、科研院所、街道社区、

---

　　① 单行本见《中国共产党支部工作条例(试行)》,人民出版社 2018 年 11 月版。——编者注

社会组织等基层党组织建设成为宣传党的主张、贯彻党的决定、领导基层治理、团结动员群众、推动改革发展的坚强战斗堡垒;(2)党支部要担负好直接教育党员、管理党员、监督党员和组织群众、宣传群众、凝聚群众、服务群众的职责,引导广大党员发挥先锋模范作用;(3)坚持"三会一课"制度,推进党的基层组织设置和活动方式创新,加强基层党组织带头人队伍建设,扩大基层党组织覆盖面,着力解决一些基层党组织弱化、虚化、边缘化问题;(4)扩大党内基层民主,推进党务公开,畅通党员参与党内事务、监督党的组织和干部、向上级党组织提出意见和建议的渠道;(5)注重从产业工人、青年农民、高知识群体中和在非公有制经济组织、社会组织中发展党员;(6)加强党内激励关怀帮扶;(7)增强党员教育管理针对性和有效性,稳妥有序开展不合格党员组织处置工作。

党的十九大对党章进行了修订,在新党章中专门增加了一条,对党支部的作用和功能作出了规定,"第三十四条 党支部是党的基础组织,担负直接教育党员、管理党员、监督党员和组织群众、宣传群众、凝聚群众、服务群众的职责。"①

《条例》通过党内法规的形式来使习近平总书记的讲话和新时代中国特色社会主义思想落实到组织体系建设、基层党建的具体工作中去,使党章这个党的总章程、总规矩具体化,便于实行和操作。党内法规有党章、准则、条例、规则、规定、办法、细则等七个层级,用条例这个层级很高的党内法规来规范党的支部工作,足以看出党中央对于支部工作的重视。

二、《条例》继承和发扬了我们党重视支部建设的优良传统

我们党历来重视支部建设,把加强党支部建设作为党的建设的基础性工作。早在 1925 年 2 月,党的第四次全国代表大会上就把党的基层组织从"小组"改成了"支部",党章要求"凡有党员三人以上均得成立一支部"。1927 年 6 月,在党的五大后颁布的《中国共产党第三次修正章程决案》中,专门设立了

---

① 《中国共产党章程》,《中国共产党第十九次全国代表大会文件汇编》,人民出版社 2017 年 10 月版,第 93—94 页。

"党的支部"一章。规定"支部是党的基本组织,各工厂,各铁路,各矿山,各农村,各兵营,各学校,各街道及其各机关内或附近,凡有党员三人以上均得成立支部但须得区或县委员会之批准"。而且指明"支部是党与群众直接发生关系的组织,支部的任务是:(一)积极在各该工厂等之内活动,领导该处群众之日常斗争,扩大党的影响;(二)实行党的口号与决议于群众中;(三)吸收新的党员;(四)服从地方党部从事组织与宣传的工作;(五)积极参加地方政治经济的斗争;(六)尽可能讨论党的重要问题"①。由此可见,从一开始党支部就被规定为是党开展各项斗争的一个战斗堡垒。

1927年9月,毛泽东同志领导的秋收起义部队在江西永新县进行了著名的"三湾改编",党支部建在连上,建立党的各级组织和党代表制度,从组织上确立党对军队的领导,是建设党领导的新型人民军队的重要开端。1929年12月,红四军党的第九次代表大会即著名的"古田会议"的决议强调了加强党的思想建设的重要性,同时也提出了党的组织建设的任务。尤其是将"每连建设一个支部,每班建设一个小组,这是红军中党的组织的重要原则之一"写进了决议,这样就将"三湾改编"的成果变成了红军党组织的文件,使支部建设制度化、规范化,使党指挥枪的原则在基层组织上得到落实。因此,古田会议不仅是人民军队建设史上的里程碑,也是党的建设史上的里程碑。

党的六大党章中还是专门设有"支部"一章,并且指明"党的基本组织是党的支部"。党的七大党章中在"党的基础组织"一章中指出"党的基础组织,是党的支部"。"支部的任务是:(一)在人民群众中进行宣传和组织工作,以实现党的主张和上级组织的各种决议。(二)经常注意并向上级机关反映人民群众的情绪和要求,关心人民群众之政治的、经济的、文化的生活。并组织人民群众来解决他们自己的各种问题。(三)吸收新党员,征收党费,审查与鉴定党员,对党员执行党的纪律。(四)教育党员,组织党员的学习。"②从党

---

① 《中国共产党第三次修正案章程决案》,《建党以来重要文献选编(1921—1949)》第四册,中央文献出版社2011年6月版,第273—274页。

② 《中国共产党章程》(1945年6月11日中国共产党第七次全国代表大会通过),《建党以来重要文献选编(1921—1949)》第二十二册,中央文献出版社2011年6月版,第545—546页。

的八大党章开始,党的基层组织包括党的基层委员会、总支部委员会、支部委员会,不单单指党支部。

改革开放后,经过拨乱反正,1982年党的十二大修订的党章强调"党的基层组织是党在社会基层组织中的战斗堡垒",而且全面阐述了基层党组织的八项任务。以后历届党代会修订的党章都以十二大党章为蓝本,都是从八个方面来规定党的基层组织的任务,内容不断丰富发展。党的十九大在新修订的党章"党的基层组织"一章中专门增加了"第三十四条 党支部是党的基础组织,担负直接教育党员、管理党员、监督党员和组织群众、宣传群众、凝聚群众、服务群众的职责"。这次新修订的党章新增加的只有两条,一条是关于党支部,另一条是关于巡视工作全覆盖,足以看出对于党支部工作的高度重视。

三、《条例》使党的十八大以来党的组织建设理论创新和实践经验标准化、规范化

党的十八大以来,把全面从严治党落实到每一个支部、每名党员,推动全党形成大抓基层、大抓支部的鲜明导向和良好态势,持续整顿软弱涣散基层党组织,推动基层党组织全面进步、全面过硬。

党的十八大以来,中国特色社会主义进入了新时代,世情国情党情都发生了很多新变化,党的建设尤其是基层党建出现了许多新特点,工作重点和工作方法也都发生了变化。例如,统筹推进基层党组织建设,坚持以重点带动整体,突出抓"两面、两线、两新"六个领域。"两面"是指农村和城市两大块面、两大阵地,"两线"是指国企和高校,"两新"是指新经济组织和新社会组织。基层党建的实践探索,百花齐放,积累了不少经验,《条例》充分反映了新时代党建工作面临的新情况新特点、工作的新重点新方法、实践的新探索新经验。

《条例》有如下几个特点:

1.《条例》强调坚持和加强党的全面领导,强化党支部的政治功能。党支部要坚持把党的政治建设摆在首位,坚决维护习近平总书记党中央的核心、全党的核心地位,坚决维护党中央权威和集中统一领导。牢固树立"四

个意识"，坚定"四个自信"，做到"四个服从"。

2.《条例》适应党情新变化，要求做到党的组织和党的工作全覆盖。例如，《条例》要求，规模较大、跨区域的农民专业合作组织，专业市场、商业街区、商务楼宇等，符合条件的，应当成立党支部；流动党员较多，工作地或居住地相对固定集中，应当由流出地党组织商流入地党组织，依托园区、商会、行业协会、驻外地办事机构等成立流动党支部；为执行某项任务临时组建的机构，可以成立临时党支部等。

《条例》根据新情况将党支部分成了10种类型：村党支部，社区党支部，国有企业和集体企业中的党支部，高校中的党支部，非公有制经济组织中的党支部，社会组织中的党支部，事业单位中的党支部，各级党和国家机关中的党支部，流动党员党支部，离退休干部职工党支部。这种划分涵盖了新时代党支部的各种类型，反映了党的组织建设与时俱进、不断创新。

3.《条例》对党支部的任务和工作职能作了详细和精准的表述。《条例》对于"党支部的基本任务"的八条表述是以党章中对于党的基层组织的八条任务的表述为基础，并且根据情况又比党章更加细化、具体化，例如，增加了做好思想政治工作和意识形态工作，关怀帮扶生活困难党员和老党员，领导和支持本地区本部门本单位的工、青、妇等群团组织开展工作，发现、培养和推荐党员、群众中的优秀人才。特别是增加了"实事求是对党的建设、党的工作提出意见建议，及时向上级党组织报告重要情况"，"按照规定，向党员、群众通报党的工作情况，公开党内有关事务"等内容。

《条例》的一大创新点就是分别表述了10种不同类型的党支部的基本任务，体现了任务的个性化、具体化。例如，村党支部要围绕实施乡村振兴战略开展工作，组织带领农民群众发展集体经济，走共同富裕道路，领导村级治理，建设和谐美丽乡村。贫困村党支部应当动员和带领群众，全力打赢脱贫攻坚战。非公有制经济组织中的党支部，引导和监督企业严格遵守法律法规，团结凝聚职工群众，依法维护各方面合法权益，建设企业先进文化，促进企业健康发展，等等。分门别类，使条例更加具有指导性、针对性和可操作性。

4.《条例》使组织生活和工作机制标准化、规范化。严肃党内政治生活,增强党内政治生活的政治性、时代性、原则性、战斗性,要靠党内法规和制度、机制来落实。例如,党支部党员大会一般每季度召开一次,党支部委员会会议一般每月召开一次,党小组会一般每月召开一次;落实好"三会一课"制度;党员领导干部应定期为基层党员讲党课,党委(党组)书记每年至少讲一次党课;党支部每月相对固定一天开展主题党日;党支部每年至少召开一次组织生活会;党支部一般每年开展一次民主评议党员;党支部委员之间、党支部委员和党员之间、党员和党员之间每年谈心谈话一般不少于一次。另外,贯彻落实《条例》也有新机制,例如,增强村、社区党支部运转经费保障能力,落实村、社区党支部书记报酬待遇,并根据当地经济发展水平建立正常增长机制;县级以上党委管理的党费每年应当按照一定比例下拨到党支部,重点支持贫困村党支部、困难国有企业党支部、非公有制经济组织和社会组织党支部、流动党员党支部、离退休干部职工党支部等开展党的活动,等等。

四、认真学习领会习近平总书记关于基层党建的新论述新指示,推动《条例》落到实处,见到成效

2018年7月3日,习近平总书记在全国组织工作会议上的讲话中指出,基层党组织是党执政大厦的地基,地基固则大厦坚,地基松则大厦倾。加强基层党组织建设,要以提升组织力为重点,突出政治功能。要健全基层组织,理顺隶属关系,创新活动方式,扩大基层党的组织覆盖和工作覆盖。推动基层党组织全面进步、全面过硬。要加强支部标准化、规范化建设。

2018年11月6日,习近平总书记在出席首届中国国际进口博览会开幕式和相关活动后,在上海视察,详细考察了基层党建工作情况。习近平总书记指出,党建工作的难点在基层,亮点也在基层。随着经济成分和就业方式越来越多样化,在新经济组织、新社会组织就业的党员越来越多,要做好其中的党员教育管理工作,引导他们积极发挥作用。基层党建既要发扬优良传统,又要与时俱进,不断适应新形势,拓宽基层党建的领域,做到党员工作生活在哪里、党组织就覆盖到哪里,让党员无论在哪里都能找到组织,找到家。希望上海在加强基层党建工作上继续探索、走在前头。习近平总书

记对上海提出工作要求时也强调,要加强党的基层组织建设,把资源、服务、管理下沉基层、做实基层,把每个基层党组织建设成为坚强战斗堡垒。

习近平总书记的这些重要讲话和最新指示是我们加强党的建设、做好基层党建工作的重要遵循。重视党支部、善抓党支部,一切工作到支部,是党员领导干部政治成熟的重要标志。抓好党支部建设是党的组织体系建设的基本内容、管党治党的基本任务、检验党建工作的基本标准。我们要认真学习条例、深入领会条例,增强贯彻执行《条例》的思想自觉和行动自觉,推动《条例》落到实处,见到实效。

(此文是在全国城市基层党建工作理论研讨会上的发言,2018 年 11 月,上海)

六、信仰　信念　信心

坚定"四个自信"，
迈向"两个一百年"奋斗目标

习近平总书记在 2016 年"七一"重要讲话中强调，坚持不忘初心、继续前进，"就要坚持中国特色社会主义道路自信、理论自信、制度自信、文化自信，坚持党的基本路线不动摇，不断把中国特色社会主义伟大事业推向前进"①，"就要统筹推进'五位一体'总体布局，协调推进'四个全面'战略布局，全力推进全面建成小康社会进程，不断把实现'两个一百年'奋斗目标推向前进"②。我们要深刻学习领会习近平总书记"七一"重要讲话精神，坚定"四个自信"，向着党的十八大确立的"两个一百年"奋斗目标迈进。

中国特色社会主义是党和人民历尽千辛万苦、付出巨大代价取得的根本成就，是我们开辟未来的根本保证。方向决定道路，道路决定命运。中国共产党 98 年来肩负着民族独立、人民解放和国家富强、人民幸福两大历史使命，带领中国人民进行艰苦卓绝的斗争，谱写出可歌可泣的壮丽篇章，取得了新民主主义革命伟大胜利，建立了新中国，实现了中国从几千年封建专制政治向人民民主的伟大飞跃；完成社会主义革命，确立了社会主义基本制度，实现了中华民族由不断衰落到根本扭转命运、持续走向繁荣富强的伟大飞跃；进行改革开放，开辟了中国特色社会主义道路，形成了中国特色社会主义理论体系，确立了中国特色社会主义制度，实现了中国人民从站起来到富起来、强起来的伟大飞跃。中国特色社会主义是我们必须不断推进的伟

---

① 习近平：《在庆祝中国共产党成立 95 周年大会上的讲话》(2016 年 7 月 1 日)，人民出版社 2016 年 7 月版，第 12 页。
② 习近平：《在庆祝中国共产党成立 95 周年大会上的讲话》(2016 年 7 月 1 日)，人民出版社 2016 年 7 月版，第 14 页。

大事业，也是我们开辟未来的根本保证。

坚定"四个自信"，始终坚持和发展中国特色社会主义。习近平总书记指出："当今世界，要说哪个政党、哪个国家、哪个民族能够自信的话，那中国共产党、中华人民共和国、中华民族是最有理由自信的。"[1]中国特色社会主义道路是实现社会主义现代化的必由之路，是创造人民美好生活的必由之路；中国特色社会主义理论体系是指导党和人民沿着中国特色社会主义道路实现中华民族伟大复兴的正确理论，是立于时代前沿、与时俱进的科学理论；中国特色社会主义制度是当代中国发展进步的根本制度保障，是具有鲜明特色、明显制度优势、强大自我完善能力的先进制度；在5000多年文明发展中孕育的中华优秀传统文化，在党和人民伟大斗争中孕育的革命文化和社会主义先进文化，积淀着中华民族最深层的精神追求，代表着中华民族独特的精神标识，是不断增强全党全国各族人民的精神力量，是更基础、更广泛、更深厚的文化自信。坚定"四个自信"，必须始终坚持和发展中国特色社会主义，必须坚持"一个中心、两个基本点"的基本路线不动摇。

全力推进全面建成小康社会进程，努力实现"两个一百年"奋斗目标。全面建成小康社会，实现"两个一百年"奋斗目标，是党向人民、向历史作出的庄严承诺，是13亿多中国人民的共同期盼，也是现阶段建设中国特色社会主义的主要任务。发展是党执政兴国的第一要务，是解决中国所有问题的关键。我们要认清我国仍处于并将长期处于社会主义初级阶段的基本国情没有变，我国是世界上最大发展中国家的国际地位没有变，了解世界经济和世界科技发展的大逻辑大趋势，统筹推进"五位一体"总体布局，协调推进"四个全面"战略布局，以经济建设为中心，以新发展理念把握、适应和引领中国经济发展新常态，推动经济更有效率、更有质量、更加公平、更可持续地发展，不断壮大我国经济实力和综合国力。

（原载于《求是》2016年第14期，收入本书时略有修改）

---

[1] 习近平：《在庆祝中国共产党成立95周年大会上的讲话》（2016年7月1日），人民出版社2016年7月版，第12页。

文化自信是更基础
更广泛更深厚的自信

一个国家的制度是历史的选择,是人民的选择,但归根到底是文化的选择。

习近平总书记在庆祝中国共产党成立 95 周年大会上的重要讲话中说:"坚持不忘初心、继续前进,就要坚持中国特色社会主义道路自信、理论自信、制度自信、文化自信,坚持党的基本路线不动摇,不断把中国特色社会主义伟大事业推向前进。"①习近平总书记把文化自信和坚持中国特色社会主义三个自信并提,强调四个自信,是对中国特色社会主义理论的深化和发展。

党的十八大以来,习近平总书记多次讲到文化自信。例如,2014 年 2 月 24 日中共中央政治局就培育和弘扬社会主义核心价值观、弘扬中华传统美德进行第十三次集体学习时,习近平总书记指出,要讲清楚中华优秀传统文化的历史渊源、发展脉络、基本走向,讲清楚中华文化的独特创造、价值理念、鲜明特色,增强文化自信和价值观自信。2014 年 10 月 15 日在文艺工作者座谈会上他讲道,"中华优秀传统文化是中华民族的精神命脉,是涵养社会主义核心价值观的重要源泉,也是我们在世界文化激荡中站稳脚跟的坚实根基。增强文化自觉和文化自信,是坚定道路自信、理论自信、制度自信的题中应有之义。"②他强调,讲三个自信是离不开文化自信的。2016 年

---

① 习近平:《在庆祝中国共产党成立 95 周年大会上的讲话》(2016 年 7 月 1 日),人民出版社 2016 年 7 月版,第 12 页。

② 习近平:《在文艺工作座谈会上的讲话》(2014 年 10 月 15 日),人民出版社 2014 年 10 月版,第 25 页。

5月17日在哲学社会科学工作座谈会上的讲话中他又表示:"我们说要坚定中国特色社会主义道路自信、理论自信、制度自信,说到底是要坚定文化自信。文化自信是更基本、更深沉、更持久的力量。"①2016年"七一"讲话中,习近平总书记重申"文化自信,是更基础、更广泛、更深厚的自信"。这说明文化自信是根本,是我们能够坚持其他三个自信的底气和根由。

我们为什么会有文化自信呢? 因为我们有5000多年文明发展中孕育的中华优秀传统文化,有98年来党和人民伟大斗争中孕育的革命文化,有在70年的社会主义改造和全面建设、改革发展以及现代化建设过程中形成的社会主义先进文化,这三种文化体现了以爱国主义为核心的民族精神和以改革创新为核心的时代精神,积淀着中华民族最深层的精神追求,代表着中华民族独特的精神标识。这种独特的文化是别人没有的,是值得我们自信的。

中华民族独特的文化使中国选择了马克思主义、共产党和走社会主义道路。一种学说能否在一个国家传播和被接纳采用,是由这个国家的文化传统和社会现实需要决定的。近代以来,许多仁人志士向西方寻求救国救民的真理,找来了各种学说和主义,但是它们都和我们的文化传统和社会需要不相契合,不符合中国国情,不能在中国生根开花结果。而马克思主义的社会主义和共产主义理想,人民翻身解放建立无产阶级政权的思想和中国古代的大同理想、小康社会的传统文化相契合,符合新兴的中国工人阶级和广大劳动人民的现实需要,人民愿意在共产党的领导下为社会主义和共产主义的远大理想而奋斗。

中华民族独特的文化使我们能在遵义会议和十一届三中全会这样重大的历史关头选择毛泽东和邓小平这样的革命领袖,实现伟大历史转折,产生了伟大的理论。毛泽东同志和我们党的第一代领导集体把马克思主义的基本原理同中国革命和建设的实际相结合,完成第一次伟大飞跃,产生了毛泽东思想这一伟大理论成果。邓小平同志通过十一届三中全会这一伟大历史

---

① 习近平:《在哲学社会科学工作座谈会上的讲话》(2016年5月17日),人民出版社2016年5月版,第17页。

转折,带领中国人民选择了走中国特色社会主义道路,马克思主义的基本原理同中国改革开放的实际相结合,完成第二次伟大飞跃,产生了中国特色社会主义理论这一伟大理论成果。

中华民族独特的文化使我们选择了中国特色社会主义制度。习近平总书记在庆祝全国人民代表大会成立 60 周年大会上的讲话中说:"各国国情不同,每个国家的政治制度都是独特的,都是由这个国家的人民决定的,都是在这个国家历史传承、文化传统、经济社会发展的基础上长期发展、渐进改进、内生性演化的结果。中国特色社会主义政治制度之所以行得通、有生命力、有效率,就是因为它是从中国的社会土壤中生长起来的。"①一个国家的制度是历史的选择,是人民的选择,但归根到底是文化的选择。

无论我们走得多远,都不要忘记为什么出发。正是中华民族独特的文化使我们坚信,中国特色社会主义道路是实现社会主义现代化的必由之路,中国特色社会主义理论体系是实现中华民族伟大复兴的正确理论,中国特色社会主义制度是当代中国发展进步的根本制度保障。因为有了文化自信,我们的另外三个自信才更深沉、更持久。中国特色社会主义的四个自信是密不可分、融为一体的。

（原载于《人民政协报》2016 年 7 月 14 日第 3 版,
收入本书时略有修改）

---

① 习近平:《在庆祝全国人民代表大会成立 60 周年大会上的讲话》(2014 年 9 月 5 日),人民出版社 2014 年 9 月版,第 16 页。

理想信念是中国共产党人的
精神支柱和政治灵魂

　　党的十八届六中全会审议通过的《关于新形势下党内政治生活的若干准则》(下称《准则》)第一部分的开头就提出:"共产主义远大理想和中国特色社会主义共同理想,是中国共产党人的精神支柱和政治灵魂,也是保持党的团结统一的思想基础。必须高度重视思想政治建设,把坚定理想信念作为开展党内政治生活的首要任务。"①《准则》有十二个专论,其实就是关于党内政治生活的十二个问题及解决这些问题的办法、给出的答案。在这十二个问题中排在第一位的是"坚定理想信念",这说明中国共产党一直把坚定理想信念置于最为重要的位置。

一、共产党人理想信念的精神内涵

　　共产党人的理想信念就是对马克思主义的信仰,对社会主义和共产主义的信念。《准则》指出,"全党同志必须把对马克思主义的信仰、对社会主义和共产主义的信念作为毕生追求,在改造客观世界的同时不断改造主观世界,解决好世界观、人生观、价值观这个'总开关'问题,不断增强政治定力,自觉成为共产主义远大理想和中国特色社会主义共同理想的坚定信仰者和忠实实践者;必须坚定对中国特色社会主义的道路自信、理论自信、制度自信、文化自信。"②"打铁还需自身硬",硬就硬在我们共产党人有着坚定的理想信念。

---

① 《关于新形势下党内政治生活的若干准则》,《〈关于新形势下党内政治生活的若干准则〉〈中国共产党党内监督条例〉辅导读本》,人民出版社 2016 年 11 月版,第 21 页。

② 《关于新形势下党内政治生活的若干准则》,《〈关于新形势下党内政治生活的若干准则〉〈中国共产党党内监督条例〉辅导读本》,人民出版社 2016 年 11 月版,第 21 页。

中国共产党人的理想信念是共产党的本质规定,是党章所确立的。党章对于党的最终奋斗目标的根本规定就是:"党的最高理想和最终目标是实现共产主义。"共产党之所以叫共产党,就是因为是以马克思主义为根本理论基础、以实现共产主义为最终奋斗目标的。党章对于共产党员的本质规定是:"中国共产党党员是中国工人阶级的有共产主义觉悟的先锋战士。"共产党员的先进性纯洁性聚焦到一点,就是必须具有共产主义世界观,坚持共产主义最高理想,为实现共产主义奋斗终身。

中国共产党人理想信念中第一位的是对马克思主义的信仰。因为马克思主义是科学真理,是世界观、价值观、人生观,是"总开关"。习近平总书记指出,中国共产党人的理想信念,建立在马克思主义科学真理的基础之上,建立在马克思主义揭示的人类社会发展规律的基础之上,建立在为最广大人民谋利益的崇高价值的基础之上。我们坚定,是因为我们追求的是真理。我们坚定,是因为我们遵循的是规律。我们坚定,是因为我们代表的是最广大人民群众根本利益。马克思主义是我们立党立国的根本指导思想。背离或放弃马克思主义,我们党就会失去灵魂、迷失方向。在坚持马克思主义指导地位这一根本问题上,我们必须坚定不移,任何时候任何情况下都不能有丝毫动摇。

中国共产党人的理想信念是共产主义远大理想和中国特色社会主义共同理想的统一,是最高纲领和基本纲领的统一。共产主义远大理想与中国特色社会主义共同理想相比较,是最高理想和当前理想的关系。最高理想需要当前理想不断实现才能最终实现,而当前理想要以最高理想为指引。最高理想是需要一代又一代人接力奋斗的,如果大家都觉得这是看不见摸不着的东西,没有必要为之奋斗和牺牲,那共产主义就真的永远实现不了了。正如习近平总书记指出的:"我们既要坚定走中国特色社会主义道路的信念,也要胸怀共产主义的崇高理想,矢志不移贯彻执行党在社会主义初级阶段的基本路线和基本纲领,做好当前每一项工作。革命理想高于天。没有远大理想,不是合格的共产党员;离开现实工作而空谈远大理想,也不是合格的共产党员。"①中

---

① 习近平:《关于坚持和发展中国特色社会主义的几个问题》(2013年1月5日),《十八大以来重要文献选编》(上),中央文献出版社2014年9月版,第115—116页。

国特色社会主义共同理想是共产主义最高理想在现阶段的具体体现,中国特色社会主义是党的最高纲领和基本纲领的统一,实现共同理想和实现最高理想本质上是一致的。

中国共产党的理想信念就是对党的忠诚、对人民的忠诚。共产党员必须把对党绝对忠诚作为基本政治素养,始终保持对党的忠诚,心中有党,在党言党,在党忧党,在党为党。习近平总书记指出:"全党同志要强化党的意识,始终把党放在心中最高位置,牢记自己的第一身份是共产党员,第一职责是为党工作,做到忠诚于组织,任何时候都与党同心同德。""坚持对党绝对忠诚,必须对党高度信赖,做到热爱党、拥护党、永远跟党走。"①

人民立场是中国共产党的根本政治立场,是马克思主义政党区别于其他政党的显著标志。共产党员要绝对忠诚于人民,必须忠实践行党的全心全意为人民服务宗旨。必须把人民放在心中最高位置,坚持一切为了人民、一切依靠人民,充分发挥广大人民群众的积极性、主动性、创造性,为人民过上更加美好生活而矢志奋斗。忘记了人民,脱离了人民,我们就会成为无源之水、无本之木,就会一事无成。

二、坚定理想信念的重要性和必要性

坚定的理想信念是中国共产党人的精神支柱和政治灵魂,失去了理想信念就失去了灵魂,就会迷失方向。"坚定理想信念,坚守共产党人精神追求,始终是共产党人安身立命的根本。对马克思主义的信仰,对社会主义和共产主义的信念,是共产党人的政治灵魂,是共产党人经受住任何考验的精神支柱。形象地说,理想信念就是共产党人精神上的'钙',没有理想信念,理想信念不坚定,精神上就会'缺钙',就会得'软骨病'。"理想信念动摇是最危险的动摇,理想信念滑坡是最危险的滑坡。一个政党的衰落,往往从理想信念的丧失或缺失开始。历史的经验和教训就充分地说明了这一点。苏联共产党的领导人对马克思主义失去了信仰,不相信科学社会主义的生命力,否定党的历史,歪曲和丑化党的领袖,结果葬送了近 70 年的苏维埃社会

---

① 习近平:《办公厅工作要做到"五个坚持"》,《秘书工作》2016 年第 6 期。

主义事业,埋葬了国际共产主义运动中最具影响力、有着 90 多年历史的俄国(苏联)共产党。相反,中国共产党靠坚定的理想信念,取得了中国革命、建设和改革开放的一个又一个胜利。我们纪念红军长征胜利 80 周年,在长征路上用生命忠于信仰的例子不可胜数,没有崇高理想信念的有力支撑,要取得长征胜利是不可想象的。

坚定的理想信念是保持党的团结统一的思想基础,是党保持团结统一的必然要求,没有坚定的理想信念,就很难维护全党全国的统一。中国共产党在革命、建设和改革过程中努力维护和实现了党的团结统一,而保持党的团结统一的思想基础则是坚定理想信念。邓小平同志说:"最重要的是人的团结,要团结就要有共同的理想和坚定的信念。我们过去几十年艰苦奋斗,就是靠用坚定的信念把人民团结起来,为人民自己的利益而奋斗。"①习近平总书记强调:"党面临的形势越复杂、肩负的任务越艰巨,就越要保持党的团结统一。党的团结统一靠什么来保证? 要靠共同的理想信念,靠严密的组织体系,靠全党同志的高度自觉,还要靠严明的纪律和规矩。"②理想信念是一个政党团结奋进的精神旗帜,决定着一个政党的凝聚力和向心力。我们党现在有 8900 多万名党员、450 多万个党组织,如何把这么大一个党组织起来、凝聚起来形成共同的意志,保持行动统一、步调一致呢? 党如何带领 13 亿多全国各族人民去推进中国特色社会主义的伟大事业呢? 最重要的就是要有共同的理想信念,理想信念的旗帜高高飘扬,党和全国各族人民的团结统一才有坚实的思想基础。坚定的理想信念是解决党内存在的突出矛盾和问题的需要。当前,国际国内形势发生了深刻变化,党所处的历史方位和面临的执政环境发生了深刻变化,党员队伍的数量、结构、思想状况都发生了深刻变化。面对国内外和党内外复杂的形势,面对社会上各种拉拢诱惑,党内有些干部的思想出现动摇和变化。习近平总书记在《关

---

① 邓小平:《用坚定的信念把人民团结起来》,《邓小平文选》第三卷,人民出版社 1993 年 10 月版,第 190 页。

② 习近平:《加强纪律建设,把守纪律讲规矩摆在更加重要的位置》(2015 年 1 月 13 日),中共中央文献研究室编:《十八大以来重要文献选编》(中),中央文献出版社 2016 年 6 月版,第 347 页。

于〈关于新形势下党内政治生活的若干准则〉和〈中国共产党党内监督条例〉的说明》中指出,在长期实践中,党内政治生活状况总体是好的,但一个时期以来,也出现了一些亟待解决的突出矛盾和问题,排在首位的是,在一些党员、干部包括高级干部中,理想信念不坚定,对党不忠诚,他们出了问题首先是因为理想信念垮掉了。这就使我们认识到,要解决党内存在的一些突出矛盾和问题,必须把党的思想政治建设摆在首位,营造风清气正的政治生态。要解决这些问题,关键的是要让全体党员干部尤其是党的高级领导干部树立坚定的理想信念。"理想信念坚定,是好干部第一位的标准,是不是好干部首先看这一条。如果理想信念不坚定,不相信马克思主义,不相信中国特色社会主义,政治上不合格,经不起风浪,这样的干部能耐再大也不是我们党需要的好干部。"①

三、坚定理想信念的现实性和实践性

坚定理想信念,必须加强学习。要认真学习马克思列宁主义、毛泽东思想、邓小平理论、"三个代表"重要思想和科学发展观,认真学习习近平新时代中国特色社会主义思想,认真学习党章党规。

首先要认真学习好马克思主义理论,这是我们做好一切工作的看家本领。崇高信仰、坚定信念不会自发产生。要炼就"金刚不坏之身",必须用科学理论武装头脑,不断培植我们的精神家园。我们党是以马克思主义作为指导思想的政党,但这并不意味着我们党的广大党员不用学习就能够自发地掌握马克思主义。实践表明,只有真正学好马克思主义著作,掌握马克思主义基本理论,才能成为一个自觉的马克思主义者。

我们要学习好中国特色社会主义理论体系。当前尤其要学习好习近平新时代中国特色社会主义思想。通过学习,系统掌握马克思主义基本原理,学会用马克思主义立场、观点、方法观察问题、分析问题、解决问题,特别是聚焦现实问题,就能够不断深化对共产党执政规律、社会主义建设规律、人

---

① 习近平:《着力培养选拔党和人民需要的好干部》(2013年6月28日),《习近平谈治国理政》,外文出版社2014年9月版,第413—414页。

类社会发展规律的认识。适应时代进步和事业发展要求,广泛学习经济、政治、文化、社会、生态文明以及哲学、历史、法律、科技、国防、外交等各方面知识,就能够不断提高战略思维、创新思维、辩证思维、法治思维、底线思维能力,提高领导能力和领导水平。

我们要认真学习好党章党规。尊崇党章、贯彻党章、维护党章,着力把党章关于党内政治生活和党内监督的要求具体化,把改革开放以来特别是近年来党中央出台的重要文件和党内法规中关于党内政治生活、党内监督的有关规定和要求系统化,推动党内政治生活和党内监督制度化、规范化、程序化。

要把坚定的理想信念落实到日常工作中和具体行动中。我们不能空谈理想信念,要落实在行动上,体现在工作中。在革命战争年代,对于理想信念的检验更简单、更直接,那就是看面对敌人的疯狂进攻你敢不敢冲上去,能不能像董存瑞那样舍身炸碉堡,像黄继光那样用身体堵住敌人的枪眼,像王成那样喊出"向我开炮"。习近平总书记说:"对理想信念的检验,和平年代不像战争年代那样直截了当,但依然可以分出优劣高低。领导干部的一招一式、一言一行,都有理想信念的影子。特别是在关键时刻和重大考验面前,公私是否分明,法纪是否严明,就是对理想信念是否坚定的最好检验。"①在和平建设时期,生死考验有,但毕竟不多,检验一个干部的理想信念是否坚定比较难,但也不是不能检验的,习近平总书记在 2013 年全国组织工作会议讲话中讲到要看"六个是否","那就主要看干部是否能在重大政治考验面前有政治定力,是否能树立牢固的宗旨意识,是否能对工作极端负责,是否能做到吃苦在前、享受在后,是否能在急难险重任务面前勇挑重担,是否能经得起权力、金钱、美色的诱惑"②。而且这个检验不是一下子或一两件事完成的,需要一个过程和看长期表现,甚至要看一辈子。

---

① 习近平:《党员、干部都要按照"三严三实"要求鞭策自己》(2015 年 9 月 11 日),中共中央文献研究室编:《十八大以来重要文献选编》(中),中央文献出版社 2016 年 6 月版,第 677 页。

② 习近平:《在全国组织工作会议上的讲话》(2013 年 6 月 28 日),中共中央文献研究室编:《十八大以来重要文献选编》(上),第 340 页。

坚定理想信念要坚持高标准与守底线相结合。在全面从严治党过程中,必须把加强理想信念教育与严肃党的纪律和规矩结合起来,也就是把高标准和守底线结合起来。首先,要注重发挥理想信念的先导作用。习近平总书记指出:"坚持高标准和守底线相结合。全面从严治党,既要注重规范惩戒、严明纪律底线,更要引导人向善向上,发挥理想信念和道德情操引领作用。""对共产党人来讲,动摇了信仰,背离了党性,丢掉了宗旨,就可能在'围猎'中被人捕获。只有在立根固本上下功夫,才能防止歪风邪气近身附体。"①其次,要把依规治党与以德治党结合起来。习近平总书记在谈到2015年颁布的《中国共产党廉洁自律准则》和《中国共产党纪律处分条例》时就讲道:"全面从严治党,必然要求依规治党与以德治党紧密结合。道德使人向善,是纪律的必要前提和基础;纪律用来惩恶,是道德的坚强后盾和保障。新修订的准则,扣紧'廉洁自律'这个主题,坚持正面倡导、重在立德,重申党的理想信念宗旨、优良传统作风,这是党员和党员领导干部能够看得见、摸得着、够得着的一个标准,要树这么一个标准,这是高标准,展现了共产党人高尚的道德追求;而新修订的条例,围绕着党纪戒尺要求,开列'负面清单'、重在立规,划出了我们党组织和党员不可触碰的底线,这都是很清晰的。"②既强调思想建党和制度治党相结合,又强调依规治党与以德治党相结合。《中国共产党廉洁自律准则》是树立的道德高标准,《中国共产党纪律处分条例》就是设立的底线,这两个党内法规体现出了坚持高标准和守底线相结合。

我们要深入学习和贯彻落实以习近平同志为核心的党中央治国理政的新理念新思想新战略,认真学习和贯彻落实十八届六中全会精神、十九大精神,全面从严治党,严肃党内政治生活,净化党内政治生态,增强党内政治生活的政治性、时代性、原则性、战斗性。不断提高马克思主义思想觉悟和理

---

① 习近平:《在第十八届中央纪律检查委员会第六次全体会议上的讲话》(2016年1月12日),《人民日报》2016年5月3日。

② 习近平:《在十八届中央政治局常委会第一百一十九次会议关于审议中国共产党廉政准则、党纪处分条例修订稿时的讲话》(2015年10月8日),中共中央纪律检查委员会、中共中央文献研究室编:《习近平关于严明党的纪律和规矩论述摘编》,中国方正出版社、中央文献出版社2016年版,第65—66页。

论水平,保持共产党人对远大理想和共同理想的清醒认知和执着追求,提升党性修养、思想境界和道德水平,用理想之光照亮奋斗之路,用信仰之力开创美好未来。

（原载于《学习时报》2017 年 1 月 2 日第 1 版,

收入本书时略有修改）

走好新长征路的强大精神动力

在纪念红军长征胜利 80 周年大会上,习近平总书记在全面阐发伟大长征精神时指出,中国共产党人和红军将士用生命和热血铸就的伟大长征精神,是党和人民付出巨大代价、进行伟大斗争获得的宝贵精神财富,作为中国共产党人红色基因和精神族谱的重要组成部分,已经深深融入中华民族的血脉和灵魂,成为社会主义核心价值观的丰富滋养,成为鼓舞和激励中国人民不断攻坚克难、从胜利走向胜利的强大精神动力。习近平总书记要求我们,要牢记伟大长征精神、学习伟大长征精神、弘扬伟大长征精神,走好新的长征路。

伟大长征精神,就是把全国人民和中华民族的根本利益看得高于一切,坚定革命的理想和信念,坚信正义事业必然胜利的精神。长征胜利启示我们:心中有信仰,脚下有力量;没有牢不可破的理想信念,没有崇高理想信念的有力支撑,要取得长征胜利是不可想象的。

"革命理想高于天",长征的胜利是中国共产党人和人民军队理想信念的胜利。"中国共产党从成立之日起,就把共产主义确立为远大理想,始终团结带领中国人民朝着这个伟大理想前行。党和红军几经挫折而不断奋起,历尽苦难而淬火成钢,归根到底在于心中的远大理想和革命信念始终坚定执着,始终闪耀着火热的光芒。"①长征路上,红军就是凭着革命的理想信念粉碎了国民党的围追堵截、战胜了恶劣的自然环境并同"左"倾教条主义和张国焘分裂主义进行坚决斗争。

---

① 习近平:《在纪念红军长征胜利 80 周年大会上的讲话》(2016 年 10 月 21 日),人民出版社 2016 年 10 页版,第 3 页。

红四方面军前卫营走过党岭雪山时,有人看到雪地里伸出一只胳膊,手紧紧攥着,掰开一看是一个党证和一块银圆,党证上写着"中共党员刘志海,1933 年 2 月入党"。牺牲前,这名红军战士还想到交最后一次党费。"这不是普通的党证和银圆,这是红军坚定的理想和信念。"

理想信念是共产党人精神上的"钙",缺钙就会得软骨病。"坚定理想信念,坚守共产党人精神追求,始终是共产党人安身立命的根本。对马克思主义的信仰,对社会主义和共产主义的信念,是共产党人的政治灵魂,是共产党人经受住任何考验的精神支柱。"[1]在新的长征路上,我们一定要自觉做共产主义远大理想和中国特色社会主义共同理想的坚定信仰者、忠实实践者。我们要深入学习马克思列宁主义、毛泽东思想和中国特色社会主义理论体系,深入学习习近平新时代中国特色社会主义思想,把学习成果转化为坚不可摧的理想信念。

伟大长征精神,就是为了救国救民,不怕任何艰难险阻,不惜付出一切牺牲的精神。长征胜利启示我们:党的领导是党和人民事业成功的根本保证。人民军队是革命的依托、民族的希望,党对军队绝对领导是人民军队赢得胜利的根本保证。

长征胜利告诉我们,如果没有中国共产党领导,如果党没有一个坚强的领导核心和一个团结战斗的领导集体,如果没有一支永远听党指挥的人民军队,如果没有共产党和人民军队艰苦卓绝的战斗,中国革命的胜利和中华民族的解放都是不可能的。

各路红军在两年内穿越 10 余省,总行程 6.5 万余里;翻越 40 余座高山,跨越近百条江河,穿越茫茫草地;摆脱百万国民党军队和地方军阀的围追堵截,进行各种战役战斗 600 余次。只有中国共产党人和人民军队才能战胜这样的困难、作出这样的牺牲,其精神可歌可泣,感天动地。

遵义会议是我们党历史上一个生死攸关的转折点,开始形成以毛泽东同志为核心的党的第一代中央领导集体。邓小平同志说,"在历史上,遵义

---

① 习近平:《紧紧围绕坚持和发展中国特色社会主义学习宣传贯彻党的十八大精神》(2012 年 11 月 17 日),中共中央文献研究室编:《十八大以来重要文献选编》(上),中央文献出版社 2014 年 9 月版,第 80 页。

会议以前,我们的党没有形成过一个成熟的党中央。从陈独秀、瞿秋白、向忠发、李立三到王明,都没有形成过有能力的中央。我们党的领导集体,是从遵义会议开始逐步形成的","任何一个领导集体都要有一个核心,没有核心的领导是靠不住的。第一代领导集体的核心是毛主席"。① 毛泽东同志作为党的第一代中央领导集体的核心对红军长征进行了坚强有力的正确领导,使中国革命从挫折走向胜利。

长征胜利告诉我们,必须坚持党对军队的绝对领导。1927 年 9 月,秋收起义部队进行了三湾改编,将"支部建在连上",从政治上组织上确立了党对军队的绝对领导。1929 年 12 月的古田会议解决了"思想建党"的问题,规定红军必须服从党的领导,必须全心全意为着党的纲领、路线和政策而奋斗。正因为有这样一支时刻听党指挥的人民军队,长征才无往而不胜。

今天我们党面临的"四大考验""四种危险"是长期的、复杂的、严峻的。在推进中国特色社会主义伟大事业的历史进程中,我们党更加需要一个坚强有力的领导核心,需要一个团结成熟的领导集体,需要坚持党中央集中统一领导,在思想上政治上行动上始终同以习近平同志为核心的党中央保持高度一致。我们要牢牢把握加强党的执政能力建设和先进性建设这条主线,坚持全面从严治党,加强和规范党内政治生活,全面净化党内政治生态,自觉地站在党和人民立场上,对党忠诚、为党分忧、为党担责、为党尽责。

伟大的长征精神,就是坚持独立自主、实事求是,一切从实际出发的精神。长征胜利启示我们:只有掌握科学理论才能把握正确前进方向;只有立足实际、独立自主开辟前进道路,才能不断走向胜利。

遵义会议是我们党独立自主寻找适合中国国情的革命道路的一次成功实践。在我们党和红军面临生死抉择时,需要独立自主地作出判断,形成有力的组织领导。遵义会议要解决关乎党和红军前途命运的三个全局性问题,即引领红军向哪里去的战略方向问题,使党和红军摆脱被动局面的军事指挥问题,结束"左"倾教条主义错误在中央的统治问题。

---

① 邓小平:《第二代领导集体的当务之急》,《邓小平文选》第三卷,人民出版社 1993 年 10 月版,第 309—310 页。

把马克思列宁主义基本原理同中国革命具体实际结合起来,实行符合中国实际的战略策略,这是我们党在生死存亡考验中用血的教训换来的思想成果。"长征走过的道路,不仅翻越了千山万水,而且翻越了把马克思主义当做一成不变的教条的错误思想障碍。长征给我们的根本经验和启示,就是要坚持马克思主义基本原理同中国具体实际相结合,坚定不移走符合中国国情的革命、建设、改革道路。"①

在新的长征路上,我们要坚持马克思主义基本原理和贯穿其中的立场、观点、方法,这是马克思主义的精髓和活的灵魂。坚持以我们正在做的事情为中心,认真研究解决重大而紧迫的问题,实事求是,一切从实际出发,继续推进马克思主义中国化、时代化、大众化,继续发展21世纪马克思主义、当代中国马克思主义。

伟大长征精神,就是顾全大局、严守纪律、紧密团结的精神。长征胜利启示我们:一个党要立于不败之地,必须立于时代潮头,紧扣新的历史特点,科学谋划全局,牢牢把握战略主动,坚定不移实现我们的战略目标。

红军长征的胜利是谋划全局、顾全大局的结果。红军将士以铁的纪律维护团结统一,无条件地坚持局部利益服从全局利益。"每一个行程、每一次突围、每一场战斗都从战略全局出发,既赢得了战争胜利,也赢得了战略主动。这既是一种精神,也是一种智慧。"②红军长征胜利得益于南方几省留在根据地的红军队伍和游击队的游击战争,得益于东北抗日联军、坚持在国统区工作的党组织以及党领导的各方面力量都进行了艰苦卓绝的斗争。

长征胜利告诉我们,无论是在革命战争年代还是和平建设时期,无论是党员个人还是党的组织,都应该增强政治意识、大局意识、核心意识和看齐意识,都应从全党、全国各族人民和中华民族整体利益出发,维护党的团结、军队的团结和中华民族的团结。

在新的长征路上,广大党员干部和各级党组织要有铁一般的信仰,铁一

---

① 习近平:《在纪念红军长征胜利80周年大会上的讲话》(2016年10月21日),人民出版社2016年10月版,第13页。

② 习近平:《在纪念红军长征胜利80周年大会上的讲话》(2016年10月21日),人民出版社2016年10月版,第16页。

般的信念,铁一般的纪律,铁一般的担当。进一步增进党内团结、各党派和社会团体之间的团结、全国各族人民之间的大团结。在推进中国特色社会主义伟大事业的进程中,要科学谋划全局,统筹推进"五位一体"总体布局,协调推进"四个全面"战略布局,牢固树立新发展理念,促进改革开放的全面推进和深入发展。

伟大长征精神,就是紧紧依靠人民群众,同人民群众生死相依、患难与共、艰苦奋斗的精神。长征胜利启示我们:人民群众有着无尽的智慧和力量,只有始终相信人民,紧紧依靠人民,充分调动广大人民的积极性、主动性、创造性,才能凝聚起众志成城的磅礴之力。

"长征是历史纪录上的第一次,长征是宣言书,长征是宣传队,长征是播种机。"①长征播撒下革命的火种,扩大了党和红军的影响,巩固了党同人民群众的血肉联系,广大人民群众的支持是长征胜利的力量源泉。

长征出发时,中央苏区和各根据地的广大群众送儿、送郎当红军;在四川阿坝,当地藏、羌、回、汉各族人民勒紧裤带筹集粮食,为红军爬雪山、过草地提供了基本的物质支持;到达陕北后,陕甘宁边区人民像迎接亲人一样接纳了红军,使红军在陕北不断发展壮大。

在新的长征路上,我们仍然要解决好为了谁、依靠谁、我是谁的问题。要坚信党的根基在人民,充分发挥广大人民群众的积极性、主动性、创造性。要坚持党的群众路线,始终保持党同人民群众的血肉联系。

弘扬伟大长征精神,走好今天的长征路,是新的时代条件下我们面临的一个重大课题。习近平总书记要求我们,弘扬伟大长征精神,走好今天的长征路,必须坚定共产主义远大理想和中国特色社会主义共同理想,为崇高理想信念而矢志奋斗;必须坚定中国特色社会主义道路自信、理论自信、制度自信、文化自信,为夺取中国特色社会主义伟大事业新胜利而矢志奋斗;必须把人民放在心中最高位置,坚持一切为了人民、一切依靠人民,为人民过上更加美好生活而矢志奋斗;必须把握方向、统揽大局、统筹全局,为实现我

① 毛泽东:《论反对日本帝国主义的策略》,《毛泽东选集》第一卷,人民出版社1991年6月版,第149—150页。

们的总任务、总布局、总目标而矢志奋斗;必须建设同我国国际地位相称、同国家安全和发展利益相适应的巩固国防和强大军队,为维护国家安全和世界和平而矢志奋斗;必须加强党的领导,坚持全面从严治党,为推进党的建设新的伟大工程而矢志奋斗。"每一代人有每一代人的长征路,每一代人都要走好自己的长征路。今天,我们这一代人的长征,就是要实现'两个一百年'奋斗目标、实现中华民族伟大复兴的中国梦。"①我们要认真学习贯彻习近平总书记在纪念红军长征胜利 80 周年大会上的重要讲话精神,在伟大长征精神这一强大精神动力的激励下,走好自己的长征路。

（原载于《光明日报》2016 年 10 月 27 日第 1 版,
收入本书时略有修改）

---

① 习近平:《在纪念红军长征胜利 80 周年大会上的讲话》(2016 年 10 月 21 日),人民出版社 2016 年 10 月版,第 10 页。

长征胜利是中国共产党人
理想信念的胜利

习近平总书记在纪念红军长征胜利 80 周年大会上指出,长征是一次理想信念的伟大远征,一次检验真理的伟大远征,一次唤醒民众的伟大远征,一次开创新局的伟大远征,在中国历史上是绝无仅有的,在世界战争史乃至人类文明史上也是极为罕见的。中国共产党人和红军将士用生命和热血铸就的伟大长征精神,是党和人民付出巨大代价、进行伟大斗争获得的宝贵精神财富,是中国共产党人红色基因和精神族谱的重要组成部分,已经深深融入中华民族的血脉和灵魂,成为社会主义核心价值观的丰富滋养,成为鼓舞和激励中国人民不断攻坚克难、从胜利走向胜利的强大精神动力。

一、"革命理想高于天"

习近平总书记指出:"长征的胜利,是中国共产党人理想的胜利,是中国共产党人信念的胜利。"①

伟大的长征是中国共产党领导的中国革命遭受到重大挫折后的一次重大战略转移。国民党蒋介石对中央苏区发动了空前的"围剿","左"倾教条主义的错误领导导致第五次反"围剿"的失败,中共中央、中革军委率中央红军 8.6 万余人被迫离开苏区根据地进行战略转移。从 1934 年 10 月至 1936 年 10 月,红军第一、第二、第四方面军和第二十五军先后离开根据地进行了数万里的长征,经历了数百次战斗,摆脱了国民党的围追堵截,翻过

---

① 习近平:《在纪念红军长征胜利 80 周年大会上的讲话》(2016 年 10 月 21 日),人民出版社 2016 年 10 月版,第 3—4 页。

皑皑雪山,穿过茫茫草地,克服了饥饿严寒和极端恶劣的自然环境,战胜了党内"左"倾教条主义和分裂活动,胜利到达陕北。

"党和红军几经挫折而不断奋起,历尽苦难而淬火成钢,归根到底在于心中的远大理想和革命信念始终坚定执着,始终闪耀着火热的光芒。"①共产党领导的红军是为穷苦人民打天下、救国救民的,红军长征的目的是要北上抗日、争取中华民族的独立和解放,他们把国家和民族的利益看得高于一切,他们坚信正义的事业必然胜利。崇高的理想,坚定的信念,激励和指引着红军一路向前。红军就是凭着革命的理想信念英勇斗争、不怕牺牲,战胜国民党重兵的围追堵截;红军就是凭着革命的理想信念战胜长征途中恶劣的自然环境;红军就是凭着革命的理想信念克服"左"倾教条主义和分裂活动。"艰难可以摧残人的肉体,死亡可以夺走人的生命,但没有任何力量能够动摇中国共产党人的理想信念。"②

长征胜利启示我们:心中有信仰,脚下有力量;没有牢不可破的理想信念,没有崇高理想信念的有力支撑,要取得长征胜利是不可想象的。

二、坚定的理想信念源自真理的力量

"长征给我们的根本经验和启示,就是要坚持马克思主义基本原理同中国具体实际相结合,坚定不移走符合中国国情的革命、建设、改革道路。"③

长征途中的遵义会议是我们党把马克思列宁主义基本原理同中国革命的具体实际相结合,独立自主地解决中国革命问题的一次成功实践。遵义会议当时要解决关乎党和红军前途命运的三个全局性问题,即引领红军向哪里去的战略方向问题,使党和红军摆脱被动局面的军事指挥问题,结束"左"倾教条主义错误在中央的统治问题。因为战事紧迫,遵义会议没有来

---

① 习近平:《在纪念红军长征胜利80周年大会上的讲话》(2016年10月21日),人民出版社2016年10月版,第3页。

② 习近平:《在纪念红军长征胜利80周年大会上的讲话》(2016年10月21日),人民出版社2016年10月版,第4页。

③ 习近平:《在纪念红军长征胜利80周年大会上的讲话》(2016年10月21日),人民出版社2016年10月版,第13页。

得及完全解决党的思想路线、政治路线和组织路线的问题，但是我们的党和军队已经意识到马克思列宁主义不是书本上的僵死教条，必须实事求是，一切从实际出发，采取灵活机动的战略战术才能战胜敌人。遵义会议解决了道路和前进方向问题，党和红军坚持把自己的命运与中华民族的命运联系在一起，把军事上的战略转移与政治上的战略转变联系在一起，把长征前进的大方向与建立抗日的前进阵地联系在一起，以长征的胜利推动中国革命转危为安，为我们党团结带领人民打败日本军国主义侵略，争取民族独立人民解放，开辟了光明前景。

"长征的胜利，使我们党进一步认识到，只有把马克思列宁主义基本原理同中国革命具体实际结合起来，独立自主解决中国革命的重大问题，才能把革命事业引向胜利。"[1]这条真理在实践中得到确立，在实践中得到检验。长征的胜利是真理的胜利，坚定的理想信念源自真理的力量。

长征胜利启示我们：只有掌握科学理论才能把握正确前进方向；只有立足实际、独立自主开辟前进道路，才能不断走向胜利。

三、坚定的理想信念源自人民的力量

毛泽东同志 1935 年 12 月 27 日在《论反对日本帝国主义的策略》一文中指出："长征是历史纪录上的第一次，长征是宣言书，长征是宣传队，长征是播种机。"[2]长征宣传了中国共产党领导的工农红军，宣传了共产党和红军北上抗击日本侵略者的主张。"我们党始终植根于人民，联系群众、宣传群众、武装群众、团结群众、依靠群众，以自己的模范行动，赢得人民群众真心拥护和支持，广大人民群众是长征胜利的力量源泉。"[3]

长征出发时，中央苏区和各根据地的广大人民群众送儿、送郎当红军，准备了大量的粮食、衣被、草鞋和药品，送他们出发远征；在四川阿坝地区，

---

① 习近平：《在纪念红军长征胜利 80 周年大会上的讲话》（2016 年 10 月 21 日），人民出版社 2016 年 10 月版，第 5 页。

② 毛泽东：《论反对日本帝国主义的策略》，《毛泽东选集》第一卷，人民出版社 1991 年 6 月版，第 149—150 页。

③ 习近平：《在纪念红军长征胜利 80 周年大会上的讲话》（2016 年 10 月 21 日），人民出版社 2016 年 10 月版，第 6 页。

几路红军过草地,驻留时间长,当地藏、羌、回、汉各族人民勒紧裤带为红军筹集粮食、蔬菜、牲畜、土盐,为红军爬雪山、过草地提供了基本的物质支持。当红军巧渡金沙江进入大凉山彝族区时,先遣队司令员刘伯承与沽基家族首领小叶丹歃血为盟的故事广为流传,彝族群众护送红军快速通过彝族区,为抢渡大渡河赢得了时间。红军到达陕北后,陕甘宁边区人民像迎接亲人一样接纳了红军,使红军在陕北不断发展壮大。"同人民风雨同舟、血脉相通、生死与共,是中国共产党和红军取得长征胜利的根本保证,也是我们战胜一切困难和风险的根本保证。"①

长征胜利启示我们:人民群众有着无尽的智慧和力量,只有始终相信人民,紧紧依靠人民,充分调动广大人民的积极性、主动性、创造性,才能凝聚起众志成城的磅礴之力。

四、坚定的理想信念使我们团结统一

红军长征的胜利离不开党的领导,"谁使长征胜利的呢? 是共产党。没有共产党,这样的长征是不可能设想的。"②长征胜利告诉我们,如果没有中国共产党领导,如果党没有一个坚强的领导核心和一个团结战斗的领导集体,如果没有一支永远听党指挥的人民军队,如果没有共产党和人民军队不畏艰险、不惜牺牲的艰苦卓绝的战斗,中国革命的胜利和中华民族的解放都是不可能的。

党必须形成坚强有力的领导核心和团结战斗的领导集体。发扬党内民主,坚持民主集中制,严肃党内政治生活,开展积极的党内斗争,净化政治生态,维护党的团结统一,这是长征胜利的组织保障。红军长征的进程也是中国共产党开始走向成熟的过程,遵义会议就是坚持民主集中制的典范。遵义会议严肃批评了博古、李德在军事上犯的一系列严重错误,开展了积极的思想斗争,体现出良好的民主精神和素养,整个会议使不同意见充分交流和

---

① 习近平:《在纪念红军长征胜利 80 周年大会上的讲话》(2016 年 10 月 21 日),人民出版社 2016 年 10 月版,第 15 页。

② 毛泽东:《论反对日本帝国主义的策略》,《毛泽东选集》第一卷,人民出版社 1991 年6 月版,第 150 页。

碰撞,充分发扬了民主,最后会议进行了集中,形成了中央的集体决定,选举毛泽东为中央政治局常委,取消在长征前成立的"三人团",仍由最高军事首长朱德、周恩来为军事指挥者。遵义会议是我们党第一次在没有共产国际的干预下,依靠民主集中制来解决我们党自己的问题。遵义会议确立了毛泽东同志在红军和党中央的领导地位,开始确立了以毛泽东同志为主要代表的马克思主义正确路线在党中央的领导地位,开始形成以毛泽东同志为核心的党的第一代中央领导集体。这一领导集体对于红军长征进行了坚强有力的正确领导,取得了同党内"左"倾教条主义和分裂活动斗争的胜利,在军事上采取了灵活机动的战略战术,战胜了敌人,挽救了党,挽救了红军,使中国革命从挫折走向了胜利。

长征胜利启示我们:无论是在革命战争年代还是在和平建设时期,无论是党员个人还是党的组织,都应该增强政治意识、大局意识、核心意识和看齐意识,都应该从全党、全国各族人民和中华民族的整体利益出发,维护党的团结、军队的团结和中华民族的团结。

五、坚定的理想信念不能丢

习近平总书记强调指出,现在,时代变了,条件变了,我们共产党人为之奋斗的理想和事业没有变。我们要铭记红军丰功伟绩,弘扬伟大长征精神,深入进行爱国主义和革命传统教育,引导广大干部群众坚定中国特色社会主义道路自信、理论自信、制度自信、文化自信,在实现"两个一百年"奋斗目标、实现中华民族伟大复兴中国梦的新长征路上万众一心、顽强拼搏、奋勇前进。

在新的长征路上,我们的理想信念不能丢,伟大长征精神不能丢。"理想信念动摇是最危险的动摇,理想信念滑坡是最危险的滑坡。一个政党的衰落,往往从理想信念的丧失或缺失开始。"①理想信念是共产党人精神上的"钙",坚定理想信念,坚守共产党人的精神追求,始终是共产党人安身立

---

① 习近平:《在庆祝中国共产党成立95周年大会上的讲话》(2016年7月1日),人民出版社2016年7月版,第10页。

命的根本。我们一定要坚定理想信念,自觉做共产主义远大理想和中国特色社会主义共同理想的坚定信仰者、忠实实践者。

中国共产党领导红军进行的伟大长征,是历史上无与伦比的革命壮举,创造了气吞山河的人间奇迹,谱写了中国革命历史的光辉篇章。长征将永远铭刻在中国革命的丰碑上。回顾 80 多年前苦难而又辉煌的历史,认真学习习近平总书记纪念红军长征胜利 80 周年重要讲话,使我们更加清楚地认识伟大红军长征的历史意义,更加深刻地体悟伟大长征精神,更加明确了走好新的长征路的奋斗目标。

（原载于《中直党建》2016 年第 11 期）

青少年要走好自己的"长征路"

"习近平总书记说一代人要走好一代人的长征路。现在,时代变了,条件变了,我们共产党人为之奋斗的理想和事业没有变,红军长征的精神不能丢。我们青少年也一定会无愧于我们的时代,继承和发扬长征精神,走好自己的'长征路'。"

"红军长征创造了中外历史的奇迹,革命理想高于天,不怕牺牲、排除万难去争取胜利,面对形形色色的敌人决一死战、克敌制胜,这些都是长征精神的内涵。长征永远在路上,我们缅怀先烈,要不忘初心,走新的长征路。我们这一代人要走好我们这一代人的长征路,今天实现'两个一百年'奋斗目标,实现中华民族伟大复兴的中国梦就是新的伟大长征……"伟大的长征留下了伟大的长征精神,长征精神和习近平总书记的讲话同时激励着广大青少年要走好属于自己的"长征路"。

长征是人类历史上的壮举,在敌人的枪林弹雨围追堵截中,红军爬雪山,过草地,翻越了无数天堑,闯过了无数急流险滩,红军历时两年,经过了 14 个省份,在各路红军中走得最远的中央红军即红一方面军长征两万五千里,红二方面军长征近两万里,红四方面军长征一万余里,红二十五军长征近一万里,在前有围堵,后有追兵,敌我力量悬殊,自然环境恶劣情况下的长征,在人类战争史上是罕见的,是坚定的理想和信念让红军义无反顾,勇往直前。

一、"儿童军"播撒革命的火种

"长征精神,就是把全国人民和中华民族的根本利益看得高于一切,坚定革命的理想和信念,坚信正义事业必然胜利的精神。"

中国工农红军北上先导、最先抵达陕北的红二十五军是一支神奇的部队,这支地道的"儿童军"诞生在鄂豫皖根据地,1932年秋,红四方面军主力被迫撤离鄂豫皖苏区仅1个半月后,一群牺牲将士的遗孤以及留下来的红军子弟,重新组建了红二十五军,最小的有八九岁的儿童,大多是13岁至18岁的青少年,被称为"军魂"的军政委吴焕先也仅27岁。在与中央红军失去联系后,他们凭着坚定的理想信念孤军奋战,坚守大别山,抵抗20万敌人的"围剿"。中央红军长征出发一个多月后,红二十五军接到程子华带来的中央指示到外围去建立新的根据地,在军长程子华、政委吴焕先、副军长徐海东带领下,这支2987人的队伍,高举"中国工农红军北上抗日第二先遣队"的旗帜,1934年11月16日由河南罗山何家冲出发,开始了长征。这支由青少年组成的部队,在长征途中播撒革命火种,还建立了拥有50万人口的鄂豫陕革命根据地。

在长征途中,鄂豫陕省委和红二十五军曾长期与中央失去联系,他们凭着理想信念独立地坚持斗争,当副军长徐海东从缴获的一张《大公报》上获知中央红军和红四方面军两支主力部队已经在毛儿盖附近会合准备北上的消息后,独立地作出红二十五军西征北上的正确决策,主动向党中央靠拢,北上迎接中央红军。1935年9月15日,红二十五军到达了他们长征的终点陕西省延川县永坪镇,与刘志丹率领的西北红军会师,这支青少年的队伍出发时2987人,不断壮大,到达陕北时为3400多人,为迎接中共中央和红军陕甘支队的到来创造了条件。

二、青少年英雄不畏强敌

"长征精神就是为了救国救民,不怕任何艰难险阻,不惜付出一切牺牲的精神。"

自古英雄出少年,红军中不怕牺牲、勇于胜利的青少年英雄何止红二十五军。第五次反"围剿"前夕,在中央红军中成立了"少共国际师",全师平均年龄18岁,历任师长都是20多岁,师政委肖华上任时年仅17岁。刚成立不久的"少共国际师"在师长陈光和政委肖华的率领下,高举战旗,唱着少共中央总队部副总队长兼总训练部部长张爱萍创作的《少共国际师出征歌》,在江西誓师出征。在反"围剿"的战斗中英勇搏杀,不怕牺牲,少共战士们顽强抗敌，子弹、手榴弹打光了，就用石头砸向敌人；石头砸光了，英勇的战士们跳出战壕冲向敌群，与敌人展开了殊死的肉搏战。经过几十次的战斗，一万余人的部队死伤过半，"湘江战役"中"少共国际师"即"红十五师"负责掩护主力和中央纵队机关渡过湘江，面对敌人飞机和重炮的狂轰滥炸，红15师拼死实现了战略意图，最后一个团被敌人切断后，从层层包围中杀开一条血路，甩开了敌人的尾追，奋勇抢渡湘江，并连夜强行军赶上了师主力，但伤亡惨重，全师仅剩下2700余人，遵义会议以后"少共国际师"的编制取消，归并进红军其他师团，但是青少年英雄们这种不畏强敌、不怕牺牲的英雄气概，永远留在人们心中，被人们所敬仰。

长征队伍中年龄最小的男红军叫向轩，母亲贺满姑是贺龙的妹妹，他两岁坐牢，7岁参军，9岁时即1935年11月随红二、红六军团开始长征，长征中任通信连战士、通信班副班长。长征中年龄最小的女红军叫王新兰，是中共早期著名党员、红四方面军第33军军长王维舟的侄女，王新兰9岁报名参加了红军，在宣传队当宣传员。11岁时随大部队长征，长征路上，王新兰和战友一起编演节目、书写标语，穿山越岭，爬冰卧雪，无论吃多少苦，受多大罪，从不叫苦叫累，也从不掉队，和大家一起胜利到达陕北。长征中青少年英雄的事迹可歌可泣，感天动地。

习近平总书记说一代人要走好一代人的长征路。现在，时代变了，条件变了，我们共产党人为之奋斗的理想和事业没有变，红军长征的精神不能丢。我们生活在幸福的和平年代，不再会让9岁、11岁的孩子投入战争，但是我们肩负着实现"两个一百年"的奋斗目标和中华民族伟大复兴中国梦的光荣使命，要进行新的"伟大长征"。只要我们有"革命理想高于天"的坚定信念，有不怕牺牲、勇于胜利的英雄气概，我们就没有克服不了的艰难险阻，没有跨越不了的急流险滩，没有我们想干而干不成的事。

青少年红军英雄的事迹无愧于他们的时代，他们是时代的骄傲。当下，我们青少年也一定会无愧于我们的时代，继承和发扬长征精神，走好自己的"长征路"。

（原载于《人民政协报》2016年9月28日第11版）

七、构建人类命运共同体

人类命运共同体：全球治理的中国方案

推动构建人类命运共同体这一倡议得到越来越多国家和人民的欢迎和认同，这一倡议是中国贡献给全球治理的中国方案，为全世界的政党合作和全球治理指明了前进的方向

在博鳌亚洲论坛年会上，习近平主席又一次提到了努力构建人类命运共同体，共创亚洲和世界的美好未来。推动构建人类命运共同体这一倡议得到越来越多国家和人民的欢迎和认同，这一倡议是中国贡献给全球治理的中国方案，为全世界的政党合作和全球治理指明了前进的方向。

第一，人类命运共同体的倡议为世界贡献了协和万邦的和平发展观。5000多年历史的中华文明，始终崇尚和平，和平、和睦、和谐的追求深深植根于中华民族的精神世界之中，"以和为贵""协和万邦""天下大同"等理念世代相传。和平和发展是紧密联系、辩证互动的，没有和平，中国和世界都不可能顺利发展；没有发展，中国和世界也不可能有持久和平。中国的发展和世界的发展也是紧密联系、辩证互动的。中国人始终认为，世界好，中国才能好；中国好，世界才更好。中国通过争取和平国际环境发展自己，又以自身发展维护和促进世界和平。世界繁荣稳定是中国的机遇，中国发展也是世界的机遇，在中国与世界各国良性互动、互利共赢中开拓前进。

第二，人类命运共同体的倡议为世界贡献了和而不同的文明观。中国人"和而不同"的文化传统使我们一直秉持文明多样性的观点，我们认为中华文明和世界上其他文明是并行不悖的，人类文明多姿多彩，犹如百花园中争奇斗艳。每一种文明都是平等的，没有高低优劣之分，不同文明应该和谐共生，相得益彰。尊重文明的多样性，最重要的体现在尊重各国对于社会制度和发展道路的选择上。我们应该尊重各国自主选择社会制度和发展道路的权利。

我们不"输入"外国模式,也不"输出"中国模式,不会要求别国"复制"中国的做法。"鞋子合不合脚,自己穿了才知道"。一个国家的发展道路合不合适,只有这个国家的人民才最有发言权。世界上没有放之四海而皆准的发展模式,各方应该尊重世界文明多样性和发展模式多样化。各国都要从各自的文明传统和发展实践中汲取智慧,探索适合本国国情的发展道路,总结自己治国理政方面的经验。我们既要各种文明和文化"各美其美",也要通过文明对话和文化交流,使各种文明和文化"美人之美,美美与共"。

第三,人类命运共同体的倡议为世界贡献了同舟共济的安全观。党的十八大以来,习近平总书记在多个国际场合倡导树立共同、综合、合作、可持续的安全观。希望各国要同舟共济,而不是以邻为壑。在经济全球化时代,各国安全相互关联、彼此影响。人类生存在同一个地球上,一国安全不能建立在别国不安全之上,别国面临的威胁也可能成为本国的挑战。没有一个国家能凭一己之力谋求自身绝对安全,也没有一个国家可以从别国的动荡中收获稳定。安全应该是普遍、平等、包容的。建设一个普遍安全的世界,需要坚持共建共享。

第四,人类命运共同体的倡议为世界贡献了人与自然共生共存的生态观。建设生态文明关乎人类未来。构建人类命运共同体,我们应该坚持人与自然共生共存的理念,牢固树立尊重自然、顺应自然、保护自然的意识,像对待生命一样对待生态环境,对自然心存敬畏,坚持走绿色、低碳、循环、可持续发展之路。地球是人类的共同家园,也是人类到目前为止唯一的家园,为了人类共同的未来,我们应该共同呵护好不可替代的地球家园。我们要解决好工业文明带来的矛盾,以人与自然和谐相处为目标,实现世界的可持续发展和人的全面发展。

人类命运共同体倡议正在从理念转化为行动,"一带一路"倡议就是对人类命运共同体理念的实践。构建人类命运共同体是一个历史过程,需要付出长期艰苦的努力。只要大家一起来规划,一起来实践,一点一滴坚持努力,日积月累不懈奋斗,构建人类命运共同体的目标就一定能够实现。

（原载于《人民政协报》2018年4月12日第3版）

致力于迈向亚洲命运共同体

习近平总书记"坚持推动构建人类命运共同体"的重要论述是习近平新时代中国特色社会主义思想的重要内容之一。最近出版的习近平总书记的专题文集《论坚持推动构建人类命运共同体》一书,收集了党的十八大以来习近平总书记论述人类命运共同体的 85 篇文章,其中论述亚洲命运共同体的就有 20 多篇,占四分之一强。习近平总书记提出了通过迈向亚洲命运共同体、推动建设人类命运共同体的论断,这一论断是人类命运共同体重要论述的重要内容和组成部分。

一、亚洲面临着共同的挑战和共同的任务

习近平总书记说:"我们生活在同一个地球村,应该牢固树立命运共同体意识,顺应时代潮流,把握正确方向,坚持同舟共济,推动亚洲和世界发展不断迈上新台阶。"①

当前,国际形势继续发生深刻复杂变化,世界多极化、经济全球化深入发展,文化多样化、社会信息化持续推进,国际格局和国际秩序加速调整演变。亚洲面临着共同的挑战和共同的任务。例如,首先是经济全球化的挑战,世界经济变动对亚洲金融市场、资金流动、汇率稳定带来挑战,增加了本地区经济金融风险。发展是亚洲解决面临突出矛盾和问题的关键,亚洲迫切需要转变经济发展方式、调整经济结构,提高经济发展质量和效益,不断提高人民生活水平。亚洲安全是一个极为复杂的问题,恐怖主义、跨国犯

① 习近平:《共同创造亚洲和世界的美好未来》(2013 年 4 月 7 日),《论坚持推动构建人类命运共同体》,中央文献出版社 2018 年 10 月版,第 29 页。

罪、环境安全、网络安全、能源资源安全、重大自然灾害等带来的挑战明显上升，传统安全威胁和非传统安全威胁相互交织，安全问题的内涵和外延都在进一步拓展。

今天的亚洲，拥有全世界三分之二的人口和三分之一的经济总量，是当今世界最具发展活力和潜力的地区之一，近年来亚洲对世界经济增长的贡献率已超过百分之五十。亚洲谋和平、求稳定、促发展的共同愿望没有改变，亚洲在世界政治经济版图中的地位和作用上升的历史趋势没有改变，亚洲经济持续快速增长的动力和潜力没有改变。中国发展离不开亚洲和世界，亚洲和世界繁荣稳定也需要中国。习近平总书记要求我们，把握国际形势要树立正确的历史观、大局观、角色观。要看到，当前我国处于近代以来最好的发展时期，世界处于百年未有之大变局，两者同步交织、相互激荡。"面对风云变幻的国际和地区形势，我们要把握世界大势，跟上时代潮流，共同营造对亚洲、对世界都更为有利的地区秩序，通过迈向亚洲命运共同体，推动建设人类命运共同体。"①

二、建设亚洲命运共同体需要有共同的价值观

亚洲共同的价值观应该是符合联合国宪章的精神，遵循和平共处五项原则等国际关系基本准则。和平、发展、公平、正义、民主、自由，是全人类的共同价值，也是联合国的崇高目标。我们要坚持讲信修睦，合作共赢，守望相助，心心相印，开放包容。

要建设共同的亚洲价值，就要坚持正确的义利观。中国传统文化强调讲信义、重情义、扬正义、树道义。大国之间相处，要不冲突、不对抗、相互尊重、合作共赢。大国与小国相处，要平等相待，义利相兼，义重于利。中国开展对发展中国家的合作，不搞我赢你输、我多你少，深化同发展中国家务实合作，实现同呼吸、共命运、齐发展。

共商共建共享，既是"一带一路"建设的价值观，也应该是亚洲共同体

① 习近平：《迈向命运共同体，开创亚洲新未来》（2015 年 3 月 28 日），《论坚持推动构建人类命运共同体》，中央文献出版社 2018 年 10 月版，第 206 页。

的价值观。"一带一路"建设我们"要坚持正确义利观,以义为先、义利并举,不急功近利,不搞短期行为。要统筹我国同沿线国家的共同利益和具有差异性的利益关切,寻找更多利益交汇点,调动沿线国家积极性。"①

三、建设亚洲命运共同体需要有共同的和平观

和平和发展仍然是当今世界两大主题。没有和平,发展就无从谈起。中华民族历来爱好和平,和平、和睦、和谐的追求深深植根于中华民族的精神世界之中。中华民族一直追求和传承着和平和睦和谐的坚定理念。以和为贵,与人为善,己所不欲、勿施于人等观念和传统在中国代代相传,深深植根于中国人的精神中,深深体现在中国人的行为上。

自古以来,中华民族就积极开展对外交往通商,而不是对外侵略扩张;执着于保家卫国的爱国主义,而不是开疆拓土的殖民主义。中国人民愿意同世界各国人民和睦相处、和谐发展,共谋和平、共护和平、共享和平。我们主张以和平方式解决国际争端,反对各种形式的霸权主义和强权政治,永远不称霸,永远不搞扩张。中国将坚定不移走和平发展道路,同时也将推动各国共同坚持和平发展。

四、建设亚洲命运共同体需要有共同的安全观

亚洲在世界战略全局中的地位不断上升,在世界多极化、国际关系民主化进程中发挥着越来越重要的作用。亚洲地区安全是全球安全的一个十分关键的部分,对于维护全球安全发挥着至关重要的作用。习近平总书记提出:"我们认为,应该积极倡导共同、综合、合作、可持续的亚洲安全观,创新安全理念,搭建地区安全和合作新架构,努力走出一条共建、共享、共赢的亚洲安全之路。"②

共同,就是要尊重和保障每一个国家安全。安全应该是普遍的,平等

---

① 习近平:《推进"一带一路"建设,努力拓展改革发展新空间》(2016年4月29日),《论坚持推动构建人类命运共同体》,中央文献出版社2018年10月版,第339页。
② 习近平:《积极树立亚洲安全观,共创安全合作新局面》(2014年5月21日),《论坚持推动构建人类命运共同体》,中央文献出版社2018年10月版,第111页。

的、包容的。不能一个国家安全而其他国家不安全,一部分国家安全而另一部分国家不安全,更不能牺牲别国安全谋求自身所谓绝对安全。综合,就是要统筹维护传统领域和非传统领域安全。对恐怖主义、分裂主义、极端主义这"三股势力",必须采取零容忍态度。合作,就是要通过对话合作促进各国和本地区安全。要通过坦诚深入的对话沟通,增进战略互信,减少相互猜疑,求同化异、和睦相处。可持续,就是要发展和安全并重以实现持久安全。要推动共同发展和区域一体化进程,努力形成区域经济合作和安全合作良性互动、齐头并进的大好局面,以可持续发展促进可持续安全。

五、建设亚洲命运共同体需要有共同的发展观

我们要提倡创新、协调、绿色、开放、共享的发展观,实现各国经济社会协同进步,解决发展不平衡带来的问题,缩小发展差距,促进共同繁荣。

我们应该谋求共同发展,要充分发挥各自优势,优化经济资源配置,完善产业布局,建设利益共享的价值链,培育普惠各方的大市场。我们要积极推动构建地区金融合作体系,探讨搭建亚洲金融机构交流合作平台。

应该坚持开放发展,维护自由、开放、非歧视的多边贸易体制,反对各种形式的保护主义。坚定信心,为多边贸易体制注入新的活力。我们要携手建设开放型经济和区域合作框架,以开放包容精神推进亚太自由贸易区建设。我们要塑造更加开放的亚洲经济格局。

六、建设亚洲命运共同体需要有共同的合作观

我们要秉持开放、融通、互利、共赢的合作观,不断改革完善全球治理体系,坚持以公平正义为理念引领全球治理体系改革。

亚洲国家是中国的近邻。"我国周边外交的基本方针,就是坚持与邻为善、以邻为伴,坚持睦邻、安邻、富邻,突出体现亲、诚、惠、容的理念。发展同周边国家睦邻友好关系是我国周边外交的一贯方针。"[①]睦邻友好,守望

---

① 习近平:《坚持亲、诚、惠、容的周边外交理念》(2013 年 10 月 24 日),《论坚持推动构建人类命运共同体》,中央文献出版社 2018 年 10 月版,第 65 页。

相助，诚心诚意对待周边国家，争取更多朋友和伙伴。亚洲国家必须积极作为，在亚洲资源、亚洲制造、亚洲储蓄、亚洲工厂的基础上，致力发展亚洲价值、亚洲创造、亚洲投资、亚洲市场，联手培育新的经济增长点和竞争优势。

习近平总书记于 2013 年 9—10 月间在访问哈萨克斯坦和印度尼西亚时，先后提出了"丝绸之路经济带"和"21 世纪海上丝绸之路"即"一带一路"的倡议，"一带一路"建设的主要内容是互联互通，即政策沟通、设施联通、贸易畅通、资金融通、民心相通。这应该是全方位、立体化、网络状的大联通，是基础设施、制度规章、人员交流三位一体，五大领域齐头并进。

七、建设亚洲命运共同体需要有共同的文明观

我们要树立平等、互鉴、对话、包容的文明观。亚洲是不同文明、不同民族、不同宗教汇聚交融，共同组成多彩多姿的大家庭。我们要尊重文明多样性，推动不同文明交流对话、和平共处、和谐共生，不能唯我独尊、贬低其他文明和民族。我们要倡导交流互鉴，注重汲取不同国家、不同民族创造的优秀文明成果，取长补短，兼收并蓄。

中华民族历来注重学习，强调"三人行，必有我师焉。择其善者而从之，其不善者而改之"。强调和而不同、见贤思齐、海纳百川的精神。我们要加强双边和多边框架内文化、教育、旅游、青年、媒体、卫生、减贫等领域合作，推动文明互鉴，使文明交流互鉴成为增进亚洲人民友谊的桥梁、推动社会进步的动力、维护地区和世界和平的纽带。

2012 年 11 月，党的十八大报告首次提出"要倡导人类命运共同体意识"；2013 年 3 月，习近平总书记在莫斯科国际关系学院发表演讲，首次在国际场合对人类命运共同体理念作了深刻阐述；2015 年 9 月，习近平总书记出席第 70 届联合国大会一般性辩论，强调构建以合作共赢为核心的新型国际关系，打造人类命运共同体。2016 年 7 月在庆祝中国共产党成立 95 周年大会上再次强调"中国倡导人类命运共同体意识，反对冷战思维和零和博弈"；2017 年 1 月，习近平总书记在联合国日内瓦总部发表演讲，强调要共同构建人类命运共同体，建设一个持久和平、普遍安全、共同繁荣、开放包容、清洁美丽的世界。此后，"构建人类命运共同体"被载入联合国多项

决议,产生日益广泛而深远的国际影响。2017年10月,党的十九大将坚持推动构建人类命运共同体纳入新时代坚持和发展中国特色社会主义的基本方略。习近平新时代中国特色社会主义外交思想中坚持正确义利观,树立共同、综合、合作、可持续的新安全观,坚持亲、诚、惠、容的周边外交理念,"一带一路"倡议等都贯穿着构建人类命运共同体的思想内涵,推动构建人类命运共同体是习近平新时代中国特色社会主义思想中的重要内容,已经写进了新修订的《中华人民共和国宪法》和《中国共产党章程》。构建亚洲命运共同体是构建人类命运共同体的重要组成部分,是构建人类命运共同体的先手棋和重要推手。我们要认真学习领会习近平总书记构建人类命运共同体和亚洲命运共同体的重要论述,始终做世界和平的建设者、全球发展的贡献者、国际秩序的维护者。

（原载于《社会科学报》2019年4月18日第3版,发表时略有删节。）

后　记

　　2016 年 1 月初，我到中共中央党史研究室正式上班；2018 年 3 月，党和国家机构改革，在原中央党史研究室、中央文献研究室和中央编译局的基础上组建中共中央党史和文献研究院；2019 年 1 月，我在中央党史和文献研究院到龄退休。我在中央党史研究室、中央党史和文献研究院刚好工作了三年时间。这三年是我认真学习研究宣传习近平新时代中国特色社会主义思想和党的十九大精神的三年，认真学习研究宣传党的历史和党的建设理论的三年，深入调查研究基层党史工作的三年。三年中，我除了日常的行政管理工作之外，到全国各地出差大约 30 次，到基层调研、到有关单位和干部院校讲课。三年中，我发表大小文章约 60 篇，主要内容是学习宣传习近平新时代中国特色社会主义思想和十九大精神。本书即是在其中 43 篇理论文章的基础上整理而成的，这些文章都在重要的党报党刊正式发表过，其中《人民日报》4 篇，《光明日报》7 篇，《求是》杂志 4 篇，还有《经济日报》《人民政协报》《学习时报》《解放日报》《文汇报》《北京日报》以及《党建》杂志、《中共党史研究》杂志、《中国政协》杂志、《中国党政干部论坛》杂志、《前线》杂志等，有多篇文章也被《新华文摘》和《红旗文摘》转载，被许多单位作为理论学习的参考材料。希望本书的出版对于新时代中国特色社会主义理论、党史党建理论的学习和研究有所帮助和裨益。

冯　俊

2019 年 5 月 1 日于北京